MENSCH, ELBER!

MENSCH, ELBER!

GIOVANE ELBER –
DIE AUTORISIERTE BIOGRAFIE

Von Volker Dietrich und Petra Zimmermann
Mitarbeit Cintia und Elber Giovane de Souza

Schwarzkopf & Schwarzkopf
Verlag

INHALT

Vorwort 7
Elf 9
Dieses Mädchen da 13
Cintia: Der Elber ist blöd 15
Dona Ceia: Der kleine Prinz 17
Paulo Takahashi 20
Der erste Kuss 23
Määääh 24
Zahnpasta 25
Dona Ceia: Fünf Söhne 28
Joghurt, gebohrt 30
Unterschrift, erfunden 31
Schwarze Flecken, weiße Haut 41
Ein Teppich aus purem Gold 44
Dona Ceia: Ich will das nicht 45
Der Fälscher 46
Schweinefußball 49
Ernesto Paulo 52
Dona Ceia: Dieses Mädchen da 54
Der FC Londrina 55
Marias Brüste 56
Dona Ceia: Macumba 59
Weltmeisterschaft in Portugal 62
Dona Ceia: Die Stimme im Radio, sie fleht mich an 64
Cintia: Die Fußball-Fraktion bei Oma 67
Eine Million Dollar 70
Furzen tut er auch 74
Erst einmal gibt's neue Schuhe 77
Branchini 78
Milano – Zürich 80
Chili con Carne, Pommes – »Zwei Teller, Dankeschön« 89
Cintia: Der Elber bei Oma Isaura 92
Der Einsiedler 96
Cintia: Der Brief 98

Zürich, Limmatstraße 99
Dona Ceia: Das Kind spielt plötzlich wieder 104
Wie schmeckt Schnee? 109
Cintia: Viele Worte, kein Sex 110
Die Nummer 9: Für Teicalo, meinen toten Bruder 114
Es geht los 116
Cintia: Der erste Kuss 119
Der Wechsel zum VfB Stuttgart 121
Abschied von den Grashoppers 125
Dona Ceia: Wir brauchen dieses Geld 128
Mein Bein: Ein Bein aus Eisen 141
Großer Dunga, kleiner Elber 148
Cintia: In Winterbach 150
My Boy für sie 155
Cintia: Schwangerschaft – zu dritt. Und Backofen – bumm 157
Es gibt kein »magisches Dreieck« 159
Menschenskinder 164
Pokal der Tränen 166
Cintia: Die Frau ist kein Hindernis 169
Sechs Jahre danach 170
Die Bayern 173
Ausgerechnet Hitzfeld 175
Fenster auf! Ich will springen 176
Die Krise 185
Die drei Minuten gegen ManU 188
Cintia: Die Frau, der Kaugummi 190
Die Gier kehrt zurück 194
Miss Gunst 196
Triumph in Mailand 198
Der mit dem Pott pennt 201
Cintia: Alles ist gut 203
Der Vielfraß spuckt mich aus 204
Die Sache mit Hamburg 225
Tod durch die Kobra 226
Ein Ticket nach Lyon 230
Cintia: Die Kinder, sie leiden 234
Sie hüpfen, in Lyon 236

VORWORT

Dieses Buch bietet keine Sensationen, keine Skandale, keine Abrechnung. Dieses Buch handelt vom Leben. Begleiten Sie mich in die Rua do Amor Perfeito, zu meinen ersten Gehversuchen. Kommen Sie mit zum Bolzplatz am Ende der Straße, rüber in die von mir nicht unbedingt geliebte Schule oder zum Supermarkt, meinem ersten Arbeitsplatz. Ja, um ein Haar wäre ich kein Fußballer geworden, sondern Bankkaufmann. Mein Vater kannte den Direktor.

Mein Vater, meine Mutter, meine Brüder – was für ein Leben. Dieses Buch ist eine Zeitreise vom Gestern ins Heute. Und immer wieder lese ich darin, als würde ich in einen Spiegel blicken. Die Momente der Freude ziehen an mir vorbei, all die Triumphe, ebenso die Traurigkeit. Natürlich auch die Zufriedenheit darüber, was ich mit meinem bisherigen Tun so alles erreicht habe. Darf ich Ihnen jetzt all die Menschen vorstellen, denen ich so viel zu verdanken habe? Einige von ihnen sind tot, aber sie leben weiter – in meiner Erinnerung und den Anekdoten.

Dieses Buch ist mehr als eine Biografie. Ich blättere darin, und mit jedem Kapitel wird mir bewusst, dass nichts im Leben ohne Sinn ist. Jedes Erlebnis ein Puzzlestück, jede Erzählung ein Stück Leben, das aus mir einen glücklichen Menschen gemacht hat. Vertrauen in die eigene Stärke, nicht aufgeben, selbst wenn alles ausweglos erscheint: Das ist etwas, was ich weitergeben möchte. Und: Gibt es etwas Schöneres, als anderen Menschen den Spaß am Leben zu zeigen?

Leider besteht das Leben nicht nur aus Spaß.

Aber wenn es uns allen, auch in schweren Zeiten, gelingt, aufrichtig zu leben, für unsere Ziele zu kämpfen und womöglich zu gewinnen, ohne dabei anderen Leid zuzufügen – dann ist schon viel gewonnen.

Im Sommer 2004   *Elber Giovane de Souza*

ELF

Ich bin kein Kind. Ich bin nicht klein. Ich bin schon elf. Und mit elf bist du groß genug, um zu wissen, was gut ist und was schlecht. Lello beispielsweise ist super. Lello ist immer da, wo ich bin. Lello ist mein Freund. Und neulich, weiß nicht mehr genau, wo und wann, hat irgendeiner mit dem Finger auf uns gezeigt und gesagt: »Da kommen sie ja wieder, unsere Zwillinge.« So ein Quatsch, Blödmann der. Zwillinge sind doch immer Brüder. Und mit Brüdern ist das überhaupt nicht so wie mit Lello und mir. Ich schlafe nicht da, wo er schläft. Ich schlafe bei mir daheim, in unserem Haus. Mein Papa hat das damals gebaut, ganz allein, mit viel Holz. Es war die Zeit, als es hier oben, weit weg vom Stadtzentrum Londrina, noch keine große Siedlung gab, keine Straße, sondern gerade mal ein einziges Haus. Auch aus Holz, auch ganz neu. Mittlerweile stehen hier viele Häuser. Und in einem davon wohnt Lello.

Nein, Lello und ich, wir sind keine Zwillinge. Wir schlafen nicht in einem Doppelstockbett, oben oder unten. Es gibt kein Gebrüll wegen irgendwas. Kein Zank ums Essen. Wir hauen uns nicht. Außerdem ist Lello nicht schwarz wie ich, sondern ziemlich weiß im Gesicht. Und trotzdem wohnt er nicht da unten im Zentrum wie fast alle anderen Weißen, sondern gleich hier bei mir: die Straße runter, drittes Haus links.

Gut so. Kein Tag ohne Lello, auch kein Abend.

Wir gehen fast immer gemeinsam zur Schule. Einer holt den anderen ab, dann geht's die Straße ganz runter, Richtung Zentrum, wir quatschen, wir rennen, drei Kilometer lang, dann sind wir da. Gehen zusammen ins Klassenzimmer. Lello und ich, wir machen alles zusammen. Und auf dem Nachhauseweg kriegen wir immer Hunger. Dann kaufen wir in irgendeinem Geschäft das ein, was wir wollen. Geld? Na ja, manchmal hat er was dabei, ein anderes Mal ich. Und wer von uns eben Geld in der Tasche hat, zahlt. Damit wir uns auf dem Weg nach Hause etwas zum Essen kaufen können. Was Leckeres.

Etwas, das es zu Hause jetzt mitten in der Woche bestimmt nicht gibt.

Dona Ceia, meine Mama, muss viel arbeiten. Sie macht den Haushalt bei anderen Leuten, die ich nicht kenne. Mein Papa geht auf Baustellen, wo er dann beim Hausbauen hilft. Oder wenn es gerade keine Häuser zu bauen gibt, dann geht er in eine Fabrik und hilft dort den Leuten bei der Arbeit. Mein Papa kommt immer erst spät nach Hause. Wenn es schon dunkel geworden ist. Tagsüber ist also die Mama meiner Mama die Chefin im Ring.

Nimm dich in Acht vor Omas linker Hand! Sie schlägt. Sie kommt wie aus dem Nichts, sie trifft vor allem immer dann, wenn du überhaupt nicht damit rechnest. Mein Papa José sagt immer zur Oma: »Wenn du die Kinder schlagen musst, dann aber nicht auf den Kopf, hörst du? Wenn Kinder zu viel Schläge auf den Kopf kriegen, dann können sie blöd davon werden.« Mein Papa will nicht, dass womöglich einer seiner vier Söhne blöd wird, vielleicht nicht richtig schreiben lernt, oder lesen. Und das nur, weil sie immer so frech gewesen sind und eine Oma haben, die sich nichts gefallen lässt.

Oma muss also aufpassen, dass sie uns nicht am Kopf erwischt, wenn wir was ausgefressen haben. Und weil das verdammt schwer ist, weil wir ja nicht so blöd sind und stehen bleiben, wenn die Oma hauen will, kommt die Schlaghand der Oma immer ziemlich überraschend. Womm! Und meist immer genau dann, wenn du überhaupt nichts angestellt hast. Ungerecht ist das. Manchmal tut's auch weh.

Die Oma sagt: »Stellt euch nicht so an, bei keinem von euch trifft's einen Unschuldigen.«

Oma schläft bei uns im Zimmer. Wir Kinder in den zwei Doppelstockbetten, sie unten auf der Matratze, die tagsüber hochgestellt an der Wand lehnt.

Weil meine Mama Dona Ceia oft bei anderen Leuten arbeiten muss, kocht Oma fast jeden Tag bei uns in der Küche. Meist so ungefähr das Gleiche: Reis und Bohnen. Bohnen mit Reis. Bohnen mit Kartoffeln, Kartoffelmus mit Bohnenragout. 30 Kilogramm Reis und 15 Kilogramm Bohnen, sagt sie, braucht sie schon jede Woche, um zu verhindern, dass da irgendwer in der Familie die Berechtigung dafür haben könnte zu sagen, er sei hungrig geblieben. Niemand von uns muss hungern. Aber manchmal hungern wir einfach so, weil der Reis und die Bohnen ausgegangen sind.

30 Kilogramm Reis und 15 Kilogramm Bohnen kosten so ungefähr ganz schön viel. Jedenfalls so viel, wie ich nie bekommen werde von dem Geld, das mir Caio, der Älteste von uns fünf Brüdern, in die Hand drückt. Dafür, dass ich mitgelatscht bin mit dem Handwagen und den anderen, um altes Eisen zu sammeln. Auch Glasflaschen. Oder Dosen. Völlig egal was. Was sich zu Geld machen lässt, kommt auf den Wagen, wird weggezogen.

Ich, der Elber Giovane de Souza, aber alle nennen mich nur Elber, ich bin kein Kind mehr. Und sag ja nicht Kleiner zu mir, sonst gibt's was auf die Fresse, ganz gepflegt. Ich kann nämlich auch hauen, wenn ich sauer bin. Du musst einfach hauen, wenn du sauer bist. Die anderen hauen nämlich auch. Selbst unsere Oma haut zu, einfach so. Also nenn mich nicht Kleiner, klar?

Also ich, der Elber, ich habe nicht viel Geld. Aber ich habe einen Freund: Lello. Und wenn ich auf dem Schulweg kein Geld habe für Brot oder Schinken, dann hat bestimmt Lello was in irgendeiner seiner vielen Hosentaschen. Du musst in diesen Hosen höllisch aufpassen, dass nichts verloren geht. Sie sind aus alten Stoffresten zusammengenäht, werden von Mama immer wieder zusammengeflickt. Niemand hier in unserer Straße trägt gekaufte Hosen, sondern nur Hosen von der Mama gemacht. Völlig egal wie sie aussehen, wichtig ist nur, dass die Taschen kein

Loch haben. Weil sonst die Murmeln rauspurzeln, oder das Geld. Und futsch.

Lello und ich, wir tauschen Murmeln, wir geben uns gegenseitig Geld. Wir zwei verstehen uns besser, als sich Brüder verstehen können. Ich glaube, Lello und ich, wir sind die besten Freunde, die es geben kann. Auf jeden Fall aber sind wir die besten Freunde, die ich kenne. Und ich kenne eine ganze Menge von Londrina. Da, wo ich lebe.

Totgefahren haben sie Lello auf dem Schulweg nach Hause.

Ich weiß nicht warum. Ich weiß nicht genau, wie. Aber was ich weiß, das ist noch ganz genau, wie er da am Boden liegt. Neben ihm liegt sein Fahrrad, das aussieht wie eine Acht, total verbogen. Aber sein Schulranzen ist noch da, wo er ihn immer ganz langsam mit diesem Gummiband ranschnürt: am Hinterrad, wo der Gepäckträger dran ist. Lello hat seinen Gepäckträger hintendran gehabt. Nicht vorn, wie die Typen, die einen Job beim Supermarkt ergattert haben. Und Geld verdienen können, weil sie vor der Kasse stehen, in irgendeinem Diensthemd, und der Kundschaft den Einkauf in die Tüten stopfen. Das Zeug dann zum Auto bringen – oder auch nach Hause. Du sagst: »Jawoll, werte Frau, in einer Stunde ist es bei Ihnen. Spätestens.« Dann holst du dein Fahrrad, packst die Einkaufstüte drauf, der Gepäckträger muss dann vorn sein. Damit man sieht, wenn was vom Kunden rausfliegt.

Aber das mit dem Supermarkt erzähl ich später.

Lello liegt da einfach so am Boden. Ganz still. Nein, nicht wie im Schlaf. Überhaupt nicht. Alles an ihm ist so seltsam verdreht. Die Arme: so weit hinten. Die Beine: ganz komisch. Aber der Schulranzen, der klebt noch am Gepäckträger. Und neben Lello dieser riesige Bus. Steht da, als hätte er angehalten, um Leute ein- oder aussteigen zu lassen. Blinklichter überall. Menschen stehen rum, die glotzen, die tun alle so aufgeregt. Und da, mitten auf der Straße, voller Staub, da liegt Lello. Neben ihm sein Fahrrad.

Lello!

Ich will hinrennen, aber nein. Irgendetwas in mir lähmt die Beine, eine Stimme tief drin im Bauch sagt: Nein Elber, geh langsam. Bleib jetzt stehen. Guck erst mal. Da, sein Kopf, kein Gesicht, nur eine Seite zu sehen. Mein Gott: Blut ist doch rot. Blut fließt doch die Haut runter, wie Wasser. Macht vielleicht unten eine kleine Pfütze, wenn's dich ganz schlimm erwischt hat. Aber Blut, Blut ist doch nicht weiß und glibberig wie das da. Weißes Zeugs neben Lello, quillt direkt aus seinem Kopf.

Scheiße. Lello ist ganz bestimmt tot.

Jemand spricht mich an. »Elber«, sagt der, »hau ab. Renn zu Lellos Mutter, sag ihr, sie soll runter ins Krankenhaus kommen. Sofort.«

Los jetzt. Weg hier. Schnell, ganz schnell machen, was du gesagt bekommst. Rennst los, denkst: Scheißrad. Niemand von uns hat ein Fahrrad. Niemand. Nur Lello. Und normalerweise schiebt er es nach der Schule nach Hause. Geht zusammen mit uns allen von der Clique diesen Weg, diese Straße, diese Kreuzung hier. Und hätten wir zwei uns heute früh nicht gestritten, wäre Lello jetzt hier. Hier bei mir.

Ich renne los, Richtung nach Hause. Lellos Mutter kommt mir entgegen. Sieht mich, packt mich mit beiden Händen an den Schultern, schüttelt, schreit: »Wo ist Lello, was ist los?« Ich kriege Angst, ich weiß nicht, was tun. Und sage einfach: »Nichts Schlimmes. Nur ein Unfall. Er ist im Krankenhaus, du sollst hinkommen. Sofort.« Sie lässt mich los, ich renne weg. Scheiße. Und jetzt? Was geschieht jetzt?

DIESES MÄDCHEN DA

Der Streit mit Lello war wegen diesem blöden Mädchen da. Dieses Püppchen mit den großen Augen. Die eigentlich unten in der Stadt wohnt, aber ständig jeden Sonntag in unsere Siedlung hochkommt, ihre Großmutter besuchen. Dona Isaura kann ich gut leiden, sie wohnt im Haus neben uns. Nette alte Frau. Doch ihre Cintia, diese Kuh, die hasse ich. Weil sie mir Lello wegnimmt, jeden Sonntag. Statt mit mir, spielt er ständig mit ihr. Diesen albernen Mädchenkram mit Abklatschen, Rumsingen – bestimmt schenkt er ihr auch seine besten Murmeln, einfach so. Und vorher geht er heim, duscht sich, zieht saubere Klamotten an, kämmt sich sogar einen Scheitel, so ganz kerzengerade auf eine Seite. Wenn Lello sich für Cintia gekämmt hat, kann man oben auf seinem Kopf eine ganz weiße Linie sehen. Schneeweiße Haut hat Lello auf dem Kopf unter den Haaren. Ich nicht. Bei mir ist alles dunkel. Fast schwarz.

Ich bin sauer: Sechs Tage lang sind wir ein Herz und eine Seele. Brauchen kein Hemd, keine Schuhe, nur unsere kurzen Hosen. Von Mama zusammengenäht. Wir lassen Drachen steigen, wir spielen Fußball, mit unseren Murmeln oder den anderen Jungs. Und am siebten Tag, immer am Sonntag, lässt Lello mich stehen, lässt mich einfach im Stich. Nur wegen dieser Cintia.

Auch gestern wieder, scheißblöder Sonntagmittag. Mann, ich war so wütend, so enttäuscht. Und heute, noch vor der ersten Stunde bei uns in Klasse fünf, da hab ich ihm die Meinung gesagt. Und er, er schaut nur. Ganz ruhig. So wie neulich, als ich mich mit seinem Bruder, dem Wilson, so fürchterlich geschlagen habe. Blut ist getropft, aus Wilsons Nase. Und Lello, der hat nur dagestanden, hat nichts gesagt, nichts getan. So wie jetzt. Streit mit Lello, er ist nach der letzten Unterrichtsstunde – wir hatten Heimatkunde, ein Fach, das ich mag – Lello also ist dann einfach abgebraust, mit seinem Fahrrad. Volle Pulle voraus. Sich kurz umgedreht und gerufen, dass er erst wieder morgen mit uns zusammen nach Hause geht.

Und jetzt das. Lello, weißes Zeugs aus seinem Kopf. Es gibt kein Morgen mehr. Ich gehe nie mehr nach Hause. Die Welt steht still, Lello macht keinen Mucks. Weiß Cintia, dass er tot ist. Wenn die nicht wäre, hätte ich keinen Streit mit Lello gehabt.

Ich weine nicht. Ich hasse sie.

Cintia:
DER ELBER IST BLÖD

Nicht jeder ist reich, der im Stadtzentrum von Londrina wohnt. Wir haben nicht viel Geld. Papa arbeitet im Krankenhaus als Buchhalter, Mama passt auf, dass es reicht zum Leben. Und dass ihre Kinder nicht so aussehen wie Straßenjungs. Vor allem sonntags, wenn wir Mamas Mutter besuchen, soll ich mich anständig anziehen. Wir gehen jeden Sonntag hoch zu Oma Isaura, die in der neuen Siedlung von Londrina wohnt. In diesem kleinen Haus mit der Mauer davor, die genau die richtige Höhe für mich hat. Da setze ich mich drauf und warte auf Lello. Lello weiß, dass er sich auf mich verlassen kann. Jeden Sonntag, komme was wolle, bin ich hier bei Isaura, setz mich auf die Mauer, lasse die Beine baumeln, guck auf die Straße und warte darauf, dass Lello endlich auftaucht.

Lello ist einfach anders als alle anderen Jungs hier, die den ganzen Tag nur draußen auf der Straße herumtollen. Haben die eigentlich keine Mamas? Sehen alle gleich aus. Gleich schmutzig. Keine Schuhe an, kurze Hosen, nackter Oberkörper, und überall klebt dieser braunrote Staub von der Straße an ihnen. Du musst richtig rubbeln, mit der Bürste, um ihn wegzukriegen. Und er kann kriechen, ganz tief unter die Finger- oder Fußnägel. Setzt sich da rein, geht nicht mehr freiwillig raus. Es sei denn, du hast ein weißes Kleid an. Mama wird richtig sauer, weil sie immer wieder diese hässlichen Sonntagsflecken sieht, die nur ganz, ganz schwer rausgehen beim Waschen. Sie will nicht, dass ich mit Flecken im Kleid rumlaufe. Und deshalb hat sie ihrer Mama gesagt, dass Oma Isaura ein bisschen aufpassen soll, mit wem ich spiele. Den Lello findet sie prima. Weil der so nett ist, sagt sie, »und sauber ist er auch. Ein Ordentlicher.«

Außerdem ist Lello so ruhig, so freundlich und viel lieber als alle anderen. Nicht so, wie sein komischer Freund, der immer so böse guckt, wenn Lello am Sonntag nicht mit ihm, sondern mit mir spielt. Ruft so böse Sachen rüber, wenn er uns irgendwo spie-

len sieht. Na und? Mir doch egal. Ich tu so, als hör ich ihn nicht. Und Lello geht manchmal zu ihm, sie reden was, danach ist sein Freund dann verschwunden. Und Lello ist dann für ein paar Minuten noch ruhiger als sonst. Hat sich bestimmt gestritten mit seinem komischen Freund. Der Elber ist wirklich blöd. Der kann mich nicht leiden, behandelt mich wie eine dämliche Puppe aus der Stadt, obwohl er mich überhaupt nicht richtig kennt. Mir doch egal. Soll eben wegbleiben. Stört er schon nicht.

Lello gefällt mir sowieso viel besser. Ist genauso groß wie ich, ganz schwarze, kurze Haare, weißes Gesicht – und extra für mich zieht er sich Schuhe und T-Shirt an, riecht sogar gut. Lello ist mein bester und einziger Freund.

Ich weiß nicht mehr ganz genau wann. Ich weiß auch nicht mehr genau, wie das war. Aber ein Sonntag war's. Winterzeit. Grauer Himmel. Im Haus duftet es herrlich nach dem frisch gebackenen Holzofenbrot von Oma Isaura. Wir kommen rein, sie sagt nicht viel, nur das: »Dein kleiner Freund Lello ist tot. Ein Bus hat ihn überfahren.«

Die Welt stürzt ein, fällt auf meinen Kopf.

Lellos Schwester kommt vorbei, erzählt von ihrem Bruder: »Er hat im Schlaf von dir gesprochen, ich bin sicher, er hat dich geliebt.« Ich bin zehn, ich habe keine Sonntage mehr.

Nie wieder werde ich auf der Mauer sitzen, ich will kein weißes Kleid mehr anziehen, auch nicht diese schwarzen Lackschuhe. Ich gehe überhaupt nicht mehr raus auf die Straße. Man hat mir Lello weggenommen – und alle anderen können mir gestohlen bleiben. Ich bleibe hier drin, bei Isaura. Sie kann so wunderschöne Geschichten erzählen. Und sie weiß, wie es Lello jetzt so geht. »Er ist jetzt da, wo er schon früher war, vor seiner Zeit bei uns.« Mein Engel ist wieder im Himmel. Und die Jungs von der Straße sind auch verschwunden. Spielen jetzt nicht mehr hier vorm Haus, sondern zwei Straßen weiter.

Dona Ceia:
DER KLEINE PRINZ

José ist mein Mann. Ein guter Mann. Er scheut die Arbeit nicht, er kümmert sich um seine Familie. Und er trägt das Geld nicht in die Kneipen, sondern zu uns, nach Hause. Wir haben zwar nicht viel Platz hier, aber es war eine gute Entscheidung, hier oben, weit weg vom Zentrum, uns dieses kleine Haus zu bauen. Als eine der Ersten hier. Weil das Grundstück viel billiger ist, wenn es noch keine richtige Straße gibt, viel Staub. Auch diese Ungewissheit, wie viele Leute hier noch alle bauen wollen. Und was das denn für Leute sein werden, die man dann als Nachbarn bekommt. Es gibt in Londrina viele nette Menschen, aber wie überall in Brasilien auch solche, mit denen man lieber nichts zu tun haben will. Und plötzlich wohnen die gleich neben dir. Es ist also ein Risiko, da zu bauen, wo sonst noch keiner gebaut hat.

Mir gefällt unser Haus. Es ist nicht groß, aber groß genug. Eine Küche mit Vorratsraum, zwei Zimmer, und sogar für ein kleines Bad hat es noch gereicht. Das Klo haben wir nach draußen verlegt, was eigentlich auch ganz praktisch ist. Ich will keinen Dreck im Haus haben, keinen Gestank, kein Ungeziefer. Es soll hier ordentlich zugehen. Und José könnte ruhig mehr essen. Auch jetzt, da wir noch einen Esser mehr im Haus haben.

Okay, es hätte nicht unbedingt sein müssen, dieses fünfte Kind. Noch ein Sohn. Aber bisher sind wir doch auch recht gut über die Runden gekommen. Und der kleine Elber hier macht überhaupt keine Probleme. Ich konnte weiter arbeiten während der Schwangerschaft, ganz normal. Die Geburt? Einmal kurz geniest, schon war er draußen, der kleine Wurm. Im Nachhinein hätten wir also das Geld fürs Krankenhaus sparen können. Hätte daheim bleiben können und das Kind kriegen. Wie bei den vier anderen auch. Na ja – egal jetzt.

José jedenfalls soll aufhören, sich Sorgen um die Zukunft zu machen. Das wird schon. Und außerdem haben Kinder nicht nur Mäuler, die man zu stopfen hat, sondern auch Hände, die helfen können. Er sieht doch, wie fleißig seine Söhne sind. Dass sie zusammenhalten. Da, Teicalo, unser Ältester. Acht Jahre ist er nun schon. Könnte sich nach der Schule doch den ganzen Tag draußen herumtreiben und Fußball spielen. Wie so viele andere in seinem Alter. Teicalo ist außerordentlich begabt, sagen alle, das sehe man sofort. Wie er läuft, den Ball behandelt, sich bewegt, und schießen kann er ganz besonders gut. Der könnte mal ein richtig guter Fußballer werden, sagen sie. Wer weiß, vielleicht entdeckt ihn ja mal jemand vom FC Londrina? Hör zu, Mann! José, du Fußballverrückter! Stell dir vor, das wär doch was, deinen Teicalo im Fernsehen spielen zu sehen. Wie er Tore schießt, berühmt wird, viel Geld verdient. Vielleicht sogar nach Europa rüber darf. Im Flugzeug nach Spanien oder Italien.

José winkt immer ab, wenn ich mir so etwas vorstelle. Ich soll nicht immer Großes träumen, sagt er, sondern wichtig ist, dass die kleinen Dinge des Lebens Wirklichkeit werden. Die Bank hat geschrieben, wegen der Zinsen fürs Haus. Die Zahlungsfrist ist verstrichen. Sie wollen wissen, was nun ist. Was soll schon sein? Kriegen ihr Geld schon. Dann, wenn wir's haben. Und außerdem: Nicht die, sondern wir haben hier dieses Haus gebaut. Es gehört uns, nicht denen. Die haben nur eine Unterschrift von uns, die bezeugt, dass wir uns Geld von ihnen geliehen haben. Um das Holz kaufen zu können, die Rohre, was man eben so braucht beim Hausbauen. Wir haben uns krumm gelegt, nicht die. Die schwimmen doch im Geld, bauen sich ihre großen Paläste aus Stein, mitten im Zentrum. Der Direktor hat sogar einen eigenen Chauffeur, der nur dafür bezahlt wird, dass er ihn herumfährt. Macht die Autotür auf, damit es der Herr Direktor nicht machen muss beim Aussteigen. Sollen uns in Ruhe lassen, die von der Bank. Können sich ihre Briefe sparen. Wir zahlen schon, wenn wir Geld übrig haben.

Ich glaube, José wird sich nie, niemals in seinem Leben, in ein Flugzeug setzen.

Männer. Können Tiere schlachten, Häuser bauen, wollen klug sein, stark, zäh – aber haben Angst vorm Fliegen. Gut, bleibt Jo-

sé eben daheim, wenn unser Teicalo dann mal irgendwann in Spanien spielt. Bekommt er von seinem reichen Sohn einen schönen, großen Fernseher geschenkt. Den kann er ins Wohnzimmer stellen, sich in einen gepolsterten Sessel setzen, die Beine hochlegen und ungestört so viel Fußball gucken, wie er will. Und statt José passen eben wir darauf auf, dass es unserem Teicalo in Europa gut geht.

Nein, ich träume nicht. Ich lebe in guter Hoffnung. Und Kinder, Kinder sind kein Problem. Kinder sind deine Bestimmung. Gott hat sie dir gegeben, Gott wird sie dir auch wieder nehmen, wenn er es für richtig hält. Und wir sind jetzt eben zu siebt, eine richtige Familie, die zusammenhält. Habt ihr Teicalo gesehen – wie er sich um das Baby kümmert? Fährt doch tatsächlich den kleinen Elber im Kinderwagen spazieren. Ihm völlig egal, was die Leute sagen, wie sie ihre Witze machen, dass seine Kumpels Spottlieder erfinden und sich lustig machen über die beiden. Niemand hier in der Siedlung hat einen Kinderwagen. Niemand, nur wir. Und auch wir hätten keinen, wenn nicht die Madame, bei der ich tagsüber den Haushalt mache, mir ihren ausrangierten Wagen überlassen hätte. Weil sie ihn nicht mehr brauche, sagt sie. Zu alt fürs Kinderkriegen; ihre Töchter noch zu jung.

Schön. Haben wir für den kleinen Elber also ein fahrbares Bett. Und Teicalo macht sich einen Spaß daraus, als Ältester seinen jüngsten Bruder auf vier Rädern durch die Gegend zu schieben. Andere in seinem Alter haben nur Augen für Fahrräder oder Mopeds. Tecal ist mit dem Kinderwagen unterwegs. Und unser kleiner Elber hat von den Nachbarn schon jetzt, eben erst auf der Welt, einen Spitznamen bekommen. Sie nennen ihn »kleiner Prinz«.

José hingegen, mein schmaler Mann, José wird immer mehr zur dürren Bohnenstange. Will erst seine Söhne satt sehen, bevor er zugreift. Und wenn es Fleisch gibt, einmal in der Woche, meist am Samstag, bevor wir alle gemeinsam zur Abendmesse gehen; am Fleischtag greifen sich alle am Tisch, so schnell wie möglich, die besten Stücke. Wenn José dann so tut, als habe er heute kei-

ne Lust auf Fleisch, dann passt mir das zwar überhaupt nicht, aber ich sag lieber nichts. Du sollst deinen Mann nicht rügen, wenn die Kinder mit am Tisch sitzen. Und ich weiß ja, dass er nur deshalb nicht richtig isst, damit noch genügend Reste für den nächsten Tag übrig bleiben. Bei uns wird nichts weggeworfen. Bei uns wird nichts faulig. Gott gibt uns das Essen, damit wir essen, nicht um es wegzuschmeißen.

Wir kaufen unsere Lebensmittel nur selten im Supermarkt, sondern in diesem kleinen Laden, unten bei uns an der Ecke. Weil wir kein Auto haben, um runter in die Stadt zu fahren. Und weil man hier bei uns an der Ecke anschreiben lassen kann. Man bezahlt, wenn es Lohn gegeben hat. Und fast jeder achtet darauf, dass die Schuldenliste im Laden nicht zu lang wird. So kommt es, dass wir eigentlich nie viel Geld im Haus haben. Weil, wenn man Geld hat, geht man damit ja gleich zum Laden und bezahlt dort seine Schulden. Wenn du also heute Geld in die Hand bekommst, ist es eigentlich schon längst weg, im letzten Monat verfuttert worden. Ich glaube, das ist es, was meinem Mann so auf den Magen schlägt. Wenn die Kinder im Bett sind, streiten wir. Es passt mir einfach nicht, wenn jemand hungert, damit andere satt werden. Ich sage: Das muss sich ändern. Und er? »Lass mich in Ruhe.«

PAULO TAKAHASHI

Warum kommen so viele Menschen zu dir, wenn du tot bist? Was für ein Gedränge am Grab von Lello. War er wirklich so beliebt? Bestimmt. Und jetzt sagen alle, dass sie sich verabschieden von ihm. Ich geh jetzt lieber weg von da. Lellos Mutter guckt mich so komisch an. Dieser Blick, diese Augen, kein Wort. Sie guckt nur. Mitten rein in mein Gesicht, und von da aus noch viel tiefer rein. Wie ein Bohrer, der dir ein Loch macht. Vorne rein, ganz durch nach unten. Aber es tut nicht weh. Und trotzdem hast du Schmerzen. Irgendwo tief drin in dir. Ist da die Seele?

Er hört nicht auf, dieser Blick von Lellos Mutter. Immer wenn wir uns über den Weg laufen, guckt sie mich so komisch an. Als würde sie nicht mich sehen, sondern Lello. Ich pass jetzt auf, dass ich ihr so wenig wie möglich über den Weg laufe. Manchmal versteck ich mich sogar, wenn ich sie die Straße hochkommen sehe. Ich will sie nicht sehen, und vor allem will ich nicht, dass sie Lello in mir sieht. Ich bin ich. Ich heiße Elber Giovane de Souza. Alle nennen mich nur Elber. Ich habe mich nicht von Lello verabschiedet, und er sich nicht von mir.

Er ist tot, aber wir zwei leben.

Und manchmal erzähl ich ihm, was gerade so los ist, hier bei uns. Wenn er antwortet, kann nur ich ihn hören. Weil er noch stiller spricht als damals. Ganz ruhig ist seine Stimme, aber deutlich zu verstehen. Lello ist immer noch da. Mal oft, mal gar nicht mehr. Und ich gehe jetzt nicht mehr zur Grundschule, sondern schon bald in die siebte Klasse. Lello findet es übrigens auch in Ordnung, dass ich auf gar keinen Fall dieses Scheiß-Englisch lernen werde.

Englisch – was soll ich mit Englisch? Ich bin Brasilianer, Brasilien ist riesig. So groß wie die Welt. Oder jedenfalls fast. Meine Welt ist Londrina. Ich bin jetzt 13, und ich war noch nie in meinem Leben auch nur eine einzige Minute nicht in Londrina. Vielleicht, wer weiß, bleibe ich sogar mein ganzes Leben lang in dieser Stadt, die so groß ist, dass ich bis heute noch nicht mal alle Straßen kenne. Weil du Zeit brauchst, um rumziehen zu können, dorthin, wo du noch nie warst. Und ich, ich habe wirklich nicht viel Zeit. Denn ich habe jetzt einen Job. Einen, bei dem ich Geld verdienen kann.

Mein Bruder Carlos und die anderen ziehen immer noch diesen klappernden Wagen hinter sich her, sammeln Schrott, Glas, Dosen. Ich gehe nicht mehr mit. Ich gehe zur Schule, aber davor und danach immer zu Paulo Takahashi. Japaner ist der und wohnt hier bei uns in der Siedlung. Drei kleine Kinder haben sie, außerdem einen Obst- und Gemüsestand unten auf dem großen Markt. Vor der Schule, ganz früh morgens, so gegen fünf, nimmt mich der Japaner in seinem Auto mit zu den Bauern. Ich darf beim Aufladen der Kisten helfen, dann geht's zum Markt, den Stand aufbauen und einräumen. Um acht fängt die Schule an, am Nachmittag ist Schluss, oft braucht mich dann der Japaner zum Babysitten. Mach ich gern. Ist ein total einfacher Job. Und außerdem: Lello hat gekichert wie schon lange nicht mehr, als er mal wieder da oben vom Himmel runtergeguckt und gesehen hat, was ich jetzt kann. Etwas, das bestimmt nicht viele andere Jungs in meinem Alter können: Ich kann Windeln wechseln, Fläschchen geben, Babys hüten – ohne viel Geschrei.

Paulo Takahashi ist sehr zufrieden mit meiner Arbeit. Seine Frau auch. Und deshalb nehmen sie mich auch zu den Festen mit, die die Japaner ziemlich häufig feiern. Keine Ahnung, warum die so viel Feste machen. Aber es gibt viel, sehr viel und lecker zu essen. Ich hau mir immer kräftig den Bauch voll, bringe am Abend sogar noch was mit nach Hause. Das, was übrig geblieben ist, den Rest vom Fest. Am Anfang hat Mama schon ganz komisch geguckt, alles untersucht, was ich da mitbringe. Erst mal ganz vorsichtig geknabbert hat sie, an all den unbekannten Sachen. Aber dann hat's ihr gut geschmeckt. Den anderen natürlich auch. Und jetzt, jetzt ist der Japaner ein Freund von uns geworden, ein Freund der Familie. Und wir müssen nicht mehr viel im Laden einkaufen, weil Paulo mir nicht nur manchmal bisschen Geld gibt, sondern immer auch viel zum Essen: Obst, Gemüse, Kartoffeln, lauter frische Sachen – für die ganze Familie. Das Anschreiben im Laden hat sich erledigt, die Schulden dort auch. Mama geht hin, sucht sich den Reis aus, den Schinken, das Brot, alles andere ebenfalls – und bezahlt einfach vorn an der Kasse.

Der Ladenbesitzer ist seither irgendwie freundlicher als früher. Besser gelaunt, nicht mehr so mürrisch. Mein Papa José übrigens auch. Er hat einen neuen Job gekriegt, muss nicht mehr auf Baustellen, sondern jeden Tag in ein ziemlich großes Wohnhaus, wo er aufpasst, dass alles in Ordnung ist. Mama sagt, es ist uns noch nie so gut gegangen wie jetzt gerade. Na also. Warum, mein Gott, soll ich in meiner freien Zeit jetzt englische Vokabeln pauken? Nur weil die in der Schule das wollen! Bringt doch nichts. Und was nichts bringt, muss man auch nicht können. Ich mach in meiner freien Zeit das, was ich will, und nicht das, was die Lehrer wollen. Und Schluss.

DER ERSTE KUSS

Die Schule kann mich mal. Weiß gar nicht, warum ich da noch hingehen soll. Obwohl: Patricia ist schon ein Grund. Monatelang hab ich sie bequatscht, wie blöd doch José ist, dieser Typ, von dem sie sagt, sie sei verknallt in ihn. Verknallt in José – sie irrt sich. José sieht scheiße aus, José hat nichts drauf, José ist nix für Patricia. Aber sie glaubt mir's nicht. Ziert sich, sagt sogar, dass ihr Vater nicht einverstanden ist, wenn wir zwei miteinander gehen würden. Von diesem Moment an weiß ich: Die kriegst du. Ich geh zur Schule, jeden Tag, ich lass nicht locker, bin immer in der Nähe von Patricia, zeige meine beste Seite, mache auf tollen Typ. Einen auf erwachsen. Frag nicht, wie lange es dauert, bis es dann endlich klappt: Wir küssen uns. Gleich nach der Schule, und zwar auf den Mund. Ganz lang. Du musst dabei durch die Nase atmen. Danach gehen wir miteinander. Hand in Hand, ist doch klar. Und in der Hose wächst die Beule.

Hab Gott sei Dank ein Hemd an. Kurze Ärmel, lang geschnitten, so lang, dass man es schnell aus der Hose rausziehen und runterhängen lassen kann. Erwachsene Jungs tragen keine selbst genähten Hosen mehr, erwachsene Jungs brauchen Hemden, wenn sie mit ihren Mädels gehen. Und erwachsene Jungs hoffen, wenn sie so mit ihrem Mädel rumlaufen, dass niemand dahin guckt, wo plötzlich mehr ist als sonst. Patricia hat, glaub ich, hoffentlich nix davon gemerkt. Gut so.

MÄÄÄÄH

Nein, sie hat keinen Namen von mir gekriegt. Weil nicht alle Tiere einen Namen brauchen. Klar, Hunde brauchen einen. Damit du was rufen kannst, wenn dein Hund kommen soll. Damit die Leute wissen: Da schau her, der hat einen Hund. Ich weiß nicht, warum die Leute Hunde haben, wenn die Hunde nichts bewachen können. Das leere Haus, die Nacht, dein Fahrrad. Oder vielleicht kleine Schwestern. Und wenn Hunde bewachen sollen, dann müssen sie auch was taugen können, wenn's mal ernst wird. Nicht nur bellen, danach den Schwanz einziehen und gleich abhauen, wenn du ihnen einen Stein an die Rübe knallst. Beim Angriff angreifen, das musst du. Auch als Hund. Ich kann keine Hunde leiden, die zubeißen. Die aggressiv sind, die also das tun, weshalb sie nützlich sind. Nein, ich habe keinen Hund. Nie besessen. Ich hab was anderes: Ich hab eine Ziege. Ganz weiß, mit schwarzen Flecken überall.

Um ehrlich zu sein: Ich hab sie nur deshalb, weil mein Vater eines Tages mit der Ziege nach Hause kam. Einfach so. Ich glaube, er hat sie gewonnen. Oder von jemand abkassiert, als Lohn für irgendeine Arbeit. Ist ja auch egal. Kommst nach Hause, steht plötzlich eine Ziege vor der Haustür. »Gehört dir«, sagt dein Vater. Da stellst du dich doch nicht blöd und fragst. Vor allen Dingen nicht dann, wenn du die Ziege nicht dämlich findest, sondern total genial. Ich liebe diese Stimme. Wir unterhalten uns. Und schnell, eigentlich sofort, ist klar: Die Ziege da ist keine Ziege, sondern ein junger Ziegenbock, der unheimlich auf mich steht. Ich brauche nur ein paar Meter von ihm weggehen, sofort fängt er an zu meckern. In allen Tonlagen. Hoch, tief, ganz lang, ohne Luft zu holen. Dann wieder kurze, richtig laute Dinger, rausgestoßen wie Kanonenkugeln, du siehst seine kleine, rauhe, rosafarbene Zunge. Hängt raus, als muss er gleich kotzen.

Mein Ziegenbock, ich liebe ihn.

Wir trainieren Gesang miteinander. Er lernt schnell. Verdammt schnell. So schnell, dass es jetzt Zeit wird fürs große, alles entscheidende Experiment. Ich binde ihn gegenüber von unserem Haus an der anderen Straßenseite fest, gehe wieder zurück, setze mich auf die Veranda – er kann mich nicht mehr sehen. Nie zuvor gehörte Töne schallen durch die Siedlung, einfach bockstark. Die Entscheidung ist gefallen: Da, wo er nun ist, soll er bleiben. Und wenn er ruhig wird, vielleicht um kurz Luft zu holen, oder auch weil er einfach faul ist, dann ruf ich nur kurz was rüber: »Boo-ock, booo-oook.« Schon kommt er wieder in Hochform, mein Freund. Wird irgendwann ziemlich heiser, die arme Sau.

Hab doch glatt vergessen, ihm bisschen Wasser hinzustellen, neben seinem Pflock und dem kurzen Seil. Als Papa José nach Hause kommt, krieg ich handfesten Stress. Die Nachbarn haben gepetzt, alle anderen wohl auch. Und am nächsten Tag, ich komm gerade von der Schule und will weiter zum Japaner, ist der Ziegenbock weg. Urplötzlich. So, wie er gekommen ist. Mama sagt, Papa José habe ihn verkauft. Nun ja – kann man nichts machen. Und am Sonntag drauf ist bei uns großes Familienfest, bei dem auch die Nachbarn kommen. Obwohl niemand Geburtstag hat, keiner Geschenke mitbringt. Es kommt Fleisch auf den Tisch. Viel Fleisch. Ich beginne zu ahnen. Und Carlos, das Bruderschwein, guckt mich an, mit diesem verschmitzten Lächeln. Und macht plötzlich »Määääh«, dann wieder »Määääh«. Sie prusten los am Tisch, alle, ein riesiges Gelächter. Schenkel werden geklatscht, Gläser klirren, als feierten sie den Sieg der Messer über die Kunst des Meckerns.

Ich esse weiter. Jeder Bissen ein Triumph. Bis nichts mehr auf dem Teller liegt.

ZAHNPASTA

Das Feuerwerk geht so. Du suchst dir einen Stock, groß genug. Vielleicht einen Meter lang, nein, besser eineinhalb. Nicht zu dünn, nicht zu dick. Er darf sich nicht biegen, wenn du ihn über deinem Kopf hin und her schwenkst. Fest muss er also sein, am besten ist ein alter aus Holz. So einer, wie er gern überall rumliegt, an Schuppen, in Straßengräben, auch vor Baustellen. Und dunkel muss es sein. Am besten stockfinster, also kurz bevor sie dich zum Schlafengehen rufen. Für das Feuerwerk nimmst du also deinen Stock, besorgst dir eine Plastiktüte, reißt sie in zwei Teile, bohrst sie aufs Holz. So dass es aussieht wie eine Fahne. Das Plastik muss fest sitzen, aber nicht zu fest. Sonst kriegst du es nämlich nicht in die Luft geschleudert, wenn es brennt. Also aufpassen! Wenn dann alles richtig an seinem Platz sitzt, zündest du die Plastiktüte an, wartest ein bisschen, bis sie schön brennt. Vorsicht jetzt, gleich geht's los!

Schnell musst du jetzt sein, geschickt und vorsichtig. Du hältst den Stock am ausgestreckten Arm, möglichst weit weg von dir, wirbelst ihn herum. So hoch wie möglich. Schnell, schneller, immer schneller. Und dann, irgendwann, fängt das Plastik an zu fließen. Es tropft, lauter lodernde Feuerbälle, die du in die Luft hochschießen kannst, die dann runterfallen wie Kometen oder Sternschnuppen. Es qualmt, es stinkt, und du, du bist mittendrin. Herr des Feuers, Beherrscher der Sterne, König aller Kometen, die vom Himmel hinab auf die Erde gestürzt werden, um dort Angst und Verderben zu bringen, bevor sie dann verglimmen. Wie mickrige Glühwürmchen, auf dem Rücken liegend, zu Boden gefallen. Aber es ist nur die Ruhe vor dem Sturm. Der nächste Angriff. Ein gewaltiger Feuerball, hoch oben am Zenit, wird größer, immer größer. Steigt höher, immer höher.

Was riecht hier so komisch? Was liegt da auf meinem linken Oberarm? Er brennt! Es brennt. Und wie es brennt. Es hört gar nicht mehr auf zu brennen. Mein Gott, Scheiße: brennendes Plastik, vom Stock runtergetropft, liegt da auf meinem Arm. Von der Schulter bis runter zum Ellbogen. Ich haue drauf, es bleibt dran, es zischt, es stinkt, es fließt nicht runter, sondern rein in den Arm. Erst roter Feuerfladen, jetzt immer dunkler. Schmerz, mein Gott, was für ein Schmerz! Mir wird schwarz vor Augen.

Ein Teufel kommt mit seiner Gabel, rammt sie mir in die Seite. Ich schreie. Schreie, so laut ich nur kann. Weißes Licht flackert vor meinen Augen, das Herz rast. Ich renne los. Nach Hause. »Mama, Mama.« Sie steht da, vor der Tür, es macht patsch, patsch. Und noch mal patsch. Die übliche Abreibung, wenn ich mal wieder was verbockt habe. Oder nicht gekommen bin, wenn sie mich nach Hause gerufen hat. Ich will was sagen, alles erklären. Es geht nicht. Der Teufel, die Gabel, es tut weh, so weh, wie noch nie zuvor irgendetwas weh getan hat. Nein, nicht das Hinterteil, wo Mama draufgehauen hat. Sie haut nicht ins Gesicht. Nie. Weil Papa doch nicht will, dass seine Söhne blöd werden, bloß weil man sie zu oft auf den Kopf gehauen hat.

Ich höre nicht auf zu schreien. Sie sieht den Arm. Nimmt mich, rein ins Haus, kaltes Wasser: macht alles nur noch schlimmer. Schnell ins Krankenhaus? Geht nicht. Es ist kurz vor Mitternacht, und so spät ist die kostenlose Ambulanz in unserem Krankenhaus längst geschlossen. Wer jetzt kommt, kommt zur Nachtschicht. Und wer die Nachtschicht arbeiten lässt, muss zahlen. Wir haben kein Geld im Haus, sagt Mama. Aber sie hat was anderes. Etwas, das hilft gegen Brandwunden.

Sie kommt mit einer Tube. Schraubt sie auf, drückt drauf: Weiße Creme kriecht heraus. Zahnpasta! Sie schmiert es drauf, mitten rein, in die Hölle des Teufels, es brennt so, wie kein Plastik brennen kann, sondern nur das Fegefeuer. Mama schmiert, alle anderen halten mich fest. Jemand im Raum schreit, dessen Stimme ich kenne. Aber er schreit anders als sonst. Höher, irrer, von ganz weit weg. Und das Echo in mir drin. Ich bin's, der so schreit. Sie lassen mich los. Mein Arm hängt runter. Zahnpasta-Arm.

Dona Ceia:
FÜNF SÖHNE

Warum hab ich keine Tochter? Ein Mädchen, das auch mal bei mir sitzt, zu Hause auf der Veranda, wir reden miteinander, wir verstehen uns, ich erzähle ihr von damals, wie das ist mit den Männern, warum du sie machen lassen musst, um das zu machen, was du willst. Fünf Kinder, fünf Söhne. Nicht mehr lange, und alle sind Männer. Immer irgendwo unterwegs. Und jetzt also auch unser Jüngster. Spät ist es, stockfinster schon da draußen. Kinder gehören zu dieser Zeit ins Bett. Ich übrigens auch. »Elber«, ruf ich, »Elber, hörst du?« Klar hört er mich, aber er hört mal wieder nicht auf mich. Spielt da draußen mit Feuer rum. Ich seh es doch. Wieder mal irgendeines seiner Abenteuer. »Eeeelber.« Nichts. Keine Reaktion. Na, der kann was erleben. Feuer wird er kriegen, von mir. Höchstpersönlich.

   Welch ein Geschrei. Kommt angerannt, ja klar, wieder mal irgendeinen Scheiß gebaut, macht jetzt einen auf Auaweh. Fall ich überhaupt nicht mehr drauf rein. Zack – und zwei, drei auf den Arsch. Damit er spürt, dass es so nicht geht. Wenn ich rufe, hat er zu kommen. Oder sich wenigstens zu melden. Ich hasse es, missachtet zu werden. Ich bin nicht Luft, ich bin Josefa Laudicélia de Souza. Seine Mutter. Ich habe fünf Söhne auf die Welt gebracht: Als ersten, 1964, António Carlos, unseren Teicalo. Im Zwei-Jahre-später-Takt dann José Carlos, Joao Bosco, Carlos Alberto, und am 23. Juli 1972 den Jüngsten: Elber Giovane. Hätten ihn ja auch Helder nennen können, wie so viele Kinder in Brasilien heißen. Auch ein schöner Name, finde ich. Aber es wurde eben ein Elber draus. Und sein Zusatzname Giovane. Klingt doch schön, dieses Elber Giovane de Souza.

   Jeder von uns sollte einen Namen haben, der klingt wie eine Melodie. Nicht so wie ich: Josefa – niemand nennt mich Josefa. Und wenn mich einer so nennt, dann will er mich ärgern. Ich will aber nicht geärgert werden. Ich will, dass man mich achtet. Respektiert. So, wie ich bin. Und deshalb war ich auch so sauer auf den Elber. Weil er mich brüllen hat lassen, ohne auch nur einen einzigen Mucks zu machen. Jetzt tut er mir Leid, der Arme. Sein Arm sieht furchtbar aus. Dieses heiße Plastik hat sich seinen Weg gebrannt, wie Lava bei einem Vulkan. Ist dann hart geworden, beim Abziehen hing verkohltes Fleisch dran. Musste ich machen, weil das Krankenhaus zu hat, so spät abends. Zum Glück hab ich dann noch die Tube gefunden, die wir vor ein paar Jahren vom Arzt gekriegt haben, als sich Elber die Handflächen beim Zündeln verbrannt hat. Lag in der dritten Schublade bei den Nähsachen, ganz unten. Mein Gott, wie hab ich gesucht. Und auch geflucht. Weil, wenn du mal was brauchst, also wirklich was brauchst, ganz dringend, dann findest du in diesem Haus allen möglichen Scheiß. Aber bestimmt nicht das, wonach du suchst.

Dem Herrn sei Dank, dass ich sie dann doch noch gefunden habe, diese Brandsalbe. Die habe ich damals nicht weggeworfen, als sich der Elber beim Johannesfeuer so schlimm die Hände verbrannt hat. Man sollte nicht alles gleich wegwerfen. Nein, ich werfe so schnell nichts weg, was man vielleicht noch mal benötigen kann. Jetzt beispielsweise. Wieder der Elber. Ging schwer auf, der Verschluss. Und man musste erst ganz stark drauf drücken, bis was rauskam. Das trockene Zeugs am Anfang habe ich weggekratzt. Mit dem Messer. Ging nicht zum Schmieren, viel zu trocken. Wie nass gewordenes Mehl, das wieder trocken geworden ist. Aber dann, nach einer Weile, kam sie aus der Tube rausgeschossen, die Brandsalbe. »Sie muss dick aufgetragen werden«, hat damals der Arzt zur mir gesagt, ich erinnere mich noch gut. Und danach soll man am besten ein Tuch über die Wunde legen, dass sich keine Fliegen oder sonst was draufsetzen können, ihre Eier ablegen, aus denen dann später diese widerlichen, kleinen, weißen Maden schlüpfen. Sich reinbeißen ins Fleisch, sich alles entzündet, die Wunde eitert und nur ganz schlecht wieder heilt. Dick auftragen – genau so haben wir das auch gemacht. Und Elber, der arme Wurm, hat nur noch gewimmert. Hat tatsächlich geglaubt, seine Mama mache ihm jetzt auch noch Zahnpasta auf den Schmerz. Kinder eben.

JOGHURT, GEBOHRT

Was'n da los? Plötzlich wachsen aus deiner Haut dort Haare, wo vorher keine waren. Grüßt euch, willkommen daheim. Los, wachst. Zeigt euch. Elber will wissen, wie er bald ausschaut. Ein Rasiermesser werde ich mir kaufen, Seife zum Einschäumen, einen eigenen Pinsel, ganz für mich allein. Und wehe, ich erwische jemand anderes außer mir, der mein Rasierzeug benützt, ohne vorher zu fragen. Gehört mir, nur mir. Hab ich mir vom eigenen, selbst verdienten Geld gekauft. Ja, ich hab's geschafft. Ich hab den Job in der Viscardi-Filiale. Stehe hinter der Kasse im Supermarkt, in einer Diensthose, diesem grünen Oberteil mit kurzen Ärmeln und V-Ausschnitt, und packe der Kundschaft die eingekauften Waren in Plastiktüten. Schnell musst du sein, mindestens so schnell wie die von der Kasse. Wenn das Laufband aus Gummi dir die Ware rüberschiebt, darf's keinen Stau geben. Spätestens dann, wenn die Kundschaft gezahlt hat, muss alles in den Tüten sein. Manchmal auch im Einkaufswagen. Denn einige Kunden wollen, dass ihr Zeugs rüber zum Parkplatz gebracht wird. Zum Auto. Da stehst du dann vor deren Schlitten, packst die vollen Tüten in den Kofferraum – und manchmal, aber sehr selten, stecken sie einem Kleingeld in die Seitentasche vom Dienstkittel. Dann musst du dich bedanken, sagen alle, ohne zu wissen, wie viel sie dir eigentlich reingeworfen haben.

Oft kommen die Kunden auch ohne Auto hierher zu Viscardi ins Stadtzentrum. Die wollen anschließend noch was anderes erledigen und lassen deshalb ihre Tüten im Supermarkt. Mein Job ist dann der Heimservice. Ich bring ihnen die gekauften Sachen direkt ins Haus. Ein anderer muss dann hinter die Kasse zum Einpacken, und ich trage die Tüten zum Fahrrad, pack alles drauf. Unglaublich, was die Leute so alles brauchen und dann auch kaufen. Massenhaft unnötiges Zeugs. Aber auch Leckeres. Joghurt beispielsweise. Den verstaut man lieber nicht in die Satteltaschen, sondern vorn auf den Gepäckträger mit dem Korb dran. Du musst beim Radfahren durch die Stadt, die Straßen, manchmal auch die Rüttelpisten den Berg hoch zur Kundschaft schon aufpassen, dass nichts zerdrückt wird von der Ware. Soll alles heil bleiben. Jeder von uns vom Heimservice hat da seine eigene Taktik beim Tütenladen. Ich packe so, dass die empfindlichen Sachen nicht hinten sind, sondern vorne im Korb. Damit ich sehe, was los ist.

Abfahrt! Strampeln, oft den Berg hoch. Es ist heiß, du kommst ins Schwitzen – und vor dir, direkt vor deinen Augen, liegen die leckersten Sachen im Korb. Wenn du beim Joghurt vorsichtig, ganz vorsichtig mit dem Finger ein Loch oben in den Deckel bohrst, kannst du was rauslutschen. Aber Vorsicht: Man muss noch was drin lassen in dem Becher. Damit es später beim Kunden so aussieht, als sei da was ausgelaufen.»Booah, tut mir Leid«, sagst du dann, »ist wahrscheinlich beim Einpacken zerdrückt. Hab's zu fest geschnürt. Sie kriegen einen neuen Joghurt.«

Danach fährt man zurück zum Supermarkt, mit dem gebohrten Joghurt vorne im Korb, kannst jetzt ruhig noch ein paar Schlucke nehmen. Im Supermarkt gesteht man dann seinem Chef das kleine Missgeschick. Natürlich mit Trauermiene und Unschuldsaugen. Kein Problem. Er schickt dich dann zur Kühltheke, du holst dir noch einen Joghurt – und ab zur Kundschaft. Der zweite Joghurt aber sollte dann besser ohne Loch ankommen.

UNTERSCHRIFT, ERFUNDEN

Jeder von uns hat Tricks auf Lager. Im Leben ist es wie beim Fußball: Wer nicht tricksen kann, fällt durch den Rost. Unten durch. Ich will nicht fallen, ich will nicht da liegen, wo die Asche liegt. Ich will leben. Gut leben. Am besten immer besser. Und das geht am einfachsten, wenn du in deiner Clique nicht unten durch bist, sondern der Boss. Ich, Elber, ich werde bald 14. Meine Kumpels hören zu, wenn ich was sage. Ich sage: Wenn ich das Geld, das ich jeden Monat vom Supermarkt kriege, zur Bank bringen würde, in Dollars umtauschen, dann würden die mir jedes Mal 30 Dollar rüberschieben.

Mach ich aber nicht. Mit Dollarscheinen kannst du vielleicht bei deinen Kumpels angeben, aber bestimmt nichts im Laden kaufen. Und ich will mir jetzt kaufen können, was ich will. Und wenn ich nichts will, dann wird auch nichts gekauft. Ich hasse diese reichen Typen, die rumprotzen. Die mit der großen Klappe. Aber nichts auf dem Kasten. Wenn mir einer von denen blöd kommt, so richtig blöd, na dann aber hallo. Wie neulich, in meiner beschissenen neuen Schule. Ich bin jetzt Sekundarstufe, mit Englisch und so. Nennt mich einer von den reichen Weißärschen doch tatsächlich »du schwarzes Äffchen, du«. Ich glaube nicht, dass er nach meiner Abrechnung mit ihm an diesem Tag noch irgendetwas hat sagen können. Zumindest nicht deutlich, mit solch dicken Lippen. Der hat überhaupt nie wieder was zu mir gesagt. Wohl aber mein Portugiesisch-Lehrer, nachdem er irgendwann mal spitz gekriegt hat, dass die Unterschriften unter den schlechten Schulnoten nicht von meinen Eltern stammen, sondern von mir. Nein, nicht gefälscht. Höchstpersönlich selber erfunden. So richtig schwungvoll, mit links zu Papier gebracht. Und zwar von Anfang an, immer sauber die gleiche Unterschrift. Niemand hat einen Verdacht geschöpft. Ging gar nicht. Denn meine Eltern haben niemals mitgekriegt, dass sie was unterschreiben sollten. Hab ja ich für sie erledigt. Und dass es in dieser Willi-David-Schule einen Elternsprechtag gibt, an dem eigentlich fast jeder Lehrer die Mama oder den Papa vom Elber unbedingt sprechen wollte, wahrscheinlich über mich ablästern – dieser Elternsprechtag wurde immer zum Großen-Bruder-Sprechtag. Hab Bosco hingeschickt, der dann glaubwürdig bestätigt hat, gegen ein geringes Entgelt versteht sich, dass Elbers Eltern so viel arbeiten müssen, dass sie nun wirklich keine Zeit mehr haben, um auch noch zu einem Schul-Sprechtag zu gehen.

Aufgeflogen bin ich dann trotzdem. Aber nicht rausgeflogen aus der Schule. Und als dann endlich Schluss ist mit der Sekundarstufe, hat mein Portugiesisch-Lehrer, ein lieber alter Herr mit

8. August 1973 – mein erster Fototermin

Zwei Heilige

Offizielles Foto mit Papa Ze und Mama Ceia am Tag meiner Erstkommunion

Großer Auftritt in der Kirche: Erstkommunion von Elber

Auch Cintia feierte ihre Erstkommunion im selben Jahr

Die vier Orgelpfeifen – meine drei Brüder und ich. Das Foto war das Geburtstagsgeschenk für unsere Oma. Text auf der Rückseite: Für unsere Omi viele Küsschen von Jose Carlos, Joao Bosco, Carlos Alberto und Elber Giovane – Londrina, 13. Juli 1977

Das einzige Foto,
das es von meinem toten Freund Lello gibt

Aufpassen, dass sich die dürre Bohnenstange ja nicht schmutzig macht
vor der Kirche – und Mama hängt noch an der Wäscheleine

Familienfeier im Hause de Souza, Oma, Mama, Papa Ze, ich und ein Nachbar

(Fast) alle Kinder aus unserer Straße

Ich beim Babysitten im Hause Takahashi

Mein Papa Ze und ich in Siegerpose

Auf Papas Arm mit meinen Brüdern und Nachbarjungs und mit Oma, Mama und Papa

Schweinefußball mit Ronny, dem Sohn von Takahashis

wenig Haaren und viel Mundgeruch, noch einen Wunsch: »Elber«, sagt er, »ich will dein Gesicht nie in der Zeitung sehen.« Ziemlich miese Sozialprognose. Aber dem werd ich's zeigen. Ich bin kein Gauner, ich werde kein Ganove. Mein Gesicht kommt nicht in die Zeitung, als Foto von der Polizei, die den Verbrecher sucht. Ich werde kein Betrüger, sondern, wenn's weiter so gut läuft, ein ziemlich hohes Tier bei der brasilianischen Bank. Es gibt da nämlich einen, der mich zu seinem Ziehsohn auserkoren hat.

SCHWARZE FLECKEN, WEISSE HAUT

Der Mann, zu dem mich mein Vater geschickt hat, ist groß, sehr groß. Einen Anzug trägt er, ein weißes Hemd, bis oben hin zugeknöpft. Die Kragen zeigen steif nach unten und dazwischen, wie eine pralle Blume, der Krawattenknoten. Der Mann hat ein weißes Gesicht, voller schwarzer Flecken. Fingernagelgroß. Eins, zwei, drei, vier – Mensch, biste bekloppt oder was? Hör auf zu zählen, starr ihn nicht so an. Wenn er merkt, dass du so auf seine Punkte glotzt, das macht keinen guten Eindruck. Sieht aus, als ob er gleich fertig ist mit seinem Gespräch. Vielleicht ein Kunde. Nein, Quatsch, Bankkunden kommen doch nicht so einfach ins Büro vom Personalchef rein. Kunden haben unten zu warten, in der Schalterhalle. Wie beim Arzt im Wartezimmer. Aber in der Bank wirst du ganz bestimmt nicht aufgerufen, wenn du dran bist. Sondern abgeholt wirst du. Nein, ich bin noch nie abgeholt worden. Schon gar nicht von einer Sekretärin. Womöglich eine im ganz kurzen Rock. Verflucht schmale Schuhe haben die oft, mit kleinen, kreisrunden Absätzen, auf denen einer wie ich nie und nimmer laufen könnte.

Elber auf Stöckelschuhen – wie die Tunten beim Karneval. Wow. Das wär doch mal ein Foto.

Da drüben am anderen Ende vom Flur: Die ist bestimmt Sekretärin, jede Wette. Holt sich jetzt Wasser. Ich würde ins Klo gehen, zum Wasserhahn. Aber hier, in der Bank, holt man sich Wasser von einem Automaten, der im Flur steht. Die Becher, alle durchsichtig, zieht man sich von einem Stapel runter, ohne dass sie runterpurzeln. Sieht gut aus. Sie trinkt, die Sekretärin. Nur einen Schluck. Wirft danach den ganzen schönen Becher weg, in den Mülleimer. Mannomann.

Ja, stimmt, verdammt heiß heute. Und ich frag mich, ob das denn bequem ist für die Sekretärinnen, diese durchsichtigen Strumpfhosen. Sind aus Perlon, Nylon, oder was weiß ich. Jedenfalls Kunststoff, den man aus Erdöl macht. Schwitzt man da nicht elendig? Nee, bestimmt nicht. Sonst würd man ja den Schweiß sehen, wie er auf der Haut perlt, runterläuft. Sie kommt her. Hierher. Meine Richtung. Ich gucke: Nee, keine Schweißflecken. Aber Beine, booaah ey. Und auch sonst: keine schlechte Adresse hier, denk ich mal.

Frauen mit kleinen Absätzen hinten an der Ferse gehen irgendwie nicht so, wie man sonst so geht. Aber hat was, dieser Gang. Ich steh da, ganz cool, sie geht an mir vorbei, guckt mich nicht mal an. Tussi, blöde.

Elber!

Der Mann, zu dem ich gehen soll, wegen meiner Lehrstelle, der Mann steht immer noch da drüben und quatscht mit dem anderen. Hat mich noch nicht entdeckt. Schöne Schuhe hat der an. Funkeln, wie neu. Kein Körnchen Staub dran. Klar, niemand hier in der Banco di Brasil, im Zentrum von Londrina, hat Schmutz irgendwo. Aber einige bestimmt Dreck am Stecken, denk ich. Und muss grinsen.

Elber! Reiß dich zusammen jetzt. Blödmann. Der Mann da drüben kann jeden Moment fertig sein mit seinem Gespräch. Und dann schaut er rum, sieht dich. Dann bist du dran, geht es los mit dir und ihm. Vermassele das ja nicht, hörst du! Wenn du dich nachher anstellst wie ein Idiot, steht dein Vater morgen als Depp da. Mein Papa José: In seinem Pass steht ja José de Souza. Und weil damals, als er geboren wurde, niemand von seiner Familie so richtig schreiben konnte, weiß er bis heute nicht, wann er denn jetzt wirklich Geburtstag hat. Was er weiß, ist, dass seine Familie eine der ersten war, die hier nach Londrina gekommen sind. So ungefähr 1940, sagt er, muss er wohl auf die Welt gekommen sein. Plus, minus ein Jahr. Völlig egal, eigentlich. Überhaupt nicht egal ist jetzt aber, dass du das Ding hier nicht verkackst. Also, Elber: Konzentrier dich. Bleib locker.

Scheiße. Der Mann mit den schwarzen Punkten im Gesicht fuchtelt wild mit seinen Händen in der Luft rum. Sieht schwer nach Ärger aus, mieser Laune. Na dann, gute Nacht. Nie und nimmer kriegt einer wie ich hier einen Job. Ich sag euch: Der Gepunktete da, der fertigt mich ab wie einen räudigen Straßenköter. Hallo, Dalmatiner! Hier ist sie, die Mülltonnen-Töle! Elber!

Is' gut. Ich bleib jetzt ernst. Kein Grinsen.

Da drüben steht schließlich die Chance deines Lebens. Jemand, der deinen Vater kennt, weil dein Vater dort arbeitet, wo der Mann da wohnt. In diesem großen Appartement-Haus. Nicht jeder kommt da so einfach rein. Weil es bewacht wird. Und in Schuss gehalten. Beispielsweise von meinem Vater. Seit er Hausmeister ist und nicht mehr Arbeiter auf dem Bau, in der Fabrik, bei der Ernte oder was weiß ich, wo sonst noch – seitdem ist mein Vater nicht mehr so fix und fertig nach Feierabend. Sondern auch mal richtig gut drauf. Neulich beispielsweise. Ich komm heim, ziemlich spät, er sitzt da und wartet. Und zwar auf mich. Nur auf mich. Da wohne so ein hohes Tier von der Bank bei ihm im Haus, ein netter Mensch sei das. Einer, mit dem er häufig über dies und das redet. Natürlich viel über Fußball. Und so sind sie dann auf die Kinder zu sprechen gekommen. Oder genau gesagt: auf mich. Nein, der Elber habe noch keine Lehrstelle, ja, er sei gut in der Schule, sehr gut sogar. Selbstverständlich ein guter Junge, ein sehr guter sogar. Aber klar doch, interessiere er sich fürs Bankgeschäft. Ins Büro kommen, sich vorstellen? Mein Vater meint, wir sollten dem Mann da drüben dankbar sein für das, was er für uns tun will.

Er streitet. Aber, dem Himmel sei Dank, nicht mit mir. Komischer Streit. Sie geben sich die Hand, lächeln, Köpfe nicken – und adeus. Fertig. Nur wir. Nur Flur. Er sieht mich. Also los, Elber! Ran. Da kommt die Chance, bleib cool, nütze die Gelegenheit.

EIN TEPPICH AUS PUREM GOLD

Gibt es Teppiche aus Gold, purem Gold? Der hier, im Bürozimmer der Banco do Brasil, der ist bestimmt aus Gold. Nur Gold kann so glänzen. »Komm, setz dich«, sagt der Mann mit den schwarzen Flecken im weißen Gesicht, setzt sich hinter seinen schwarzen Schreibtisch. Ich davor, auf einen gepolsterten Stuhl mit Beinen aus Stahl. Vielleicht auch Eisen, weiß nicht so genau. Wir reden, ganz normal. Der Mann ist freundlich. Lacht viel, wenn ich was erzähle. Von meinem Job beim Japaner, vom Einpacken im Supermarkt, vom Hallenfußball erzähl ich und davon, dass ich gern, sehr gern, lieber auf eine private Schule gehen würde. Aber mir das nicht leisten kann. Weil die privaten Schulen kosten. Und das Geld, das ich im Supermarkt verdiene, meinem Leben geben will, nicht den Lehrern. Ob ich ein guter Schüler bin, will er wissen. Ja klar, lüg ich, zwar nicht der beste, aber dass es immer besser wird mit mir und auch meinen Noten. Und wie schwierig es ist, das alles zeitlich unter einen Hut zu bringen: Schule, Supermarkt, Fußball, Freundin, Freizeit. Alles zu Fuß. Ohne Moped. Ich bin zwar schon 15, aber nicht motorisiert.

»Du wirst mein kleiner Sohn hier«, sagt der Dalmatiner zum Straßenköter, verspricht mir eine Lehrstelle als Bankkaufmann. Ich also demnächst hier? Unter den Reichen, den Schönen, diesen Teppichen aus Gold und den Frauen in durchsichtigen Strümpfen bis fast hoch zum Po?

Papa José ist stolz, Mama Dona Ceia kann's nicht fassen, meine Brüder sind skeptisch, die Kumpels ziemlich baff. Und ich, der Elber, in einer völlig anderen Welt. »Wird schwer für dich werden«, höre ich jemand flüstern. »Musst dich ganz schön ranhalten«, sagt die Stimme, »aber du packst es, jede Wette. Du musst es einfach packen.« Die Stimme kommt mir so vertraut vor. So nah. So überhaupt nicht vom Ohr. Eher von drinnen, von ganz tief unten in mir drin. Lello?

Dona Ceia:
ICH WILL DAS NICHT

Ich weiß nicht, was los ist mit dem Elber. Der Junge kennt keine Schranken, keine Grenze, ständig ist er da, wo man ihn nie und nimmer erwartet hätte. Jetzt also bei der Bank. Warum nehmen die bei der Bank einen Jungen, der nun wirklich nicht gut ist im Rechnen? Mit allem hätte ich gerechnet. Dass er anfängt mit Rauchen. Tun sie doch alle in seinem Alter. Oder mal Rauschgift probiert. Unser Elber war doch schon immer so neugierig auf alles, was er nicht kennt. Und wenn die Polizei ins Haus gekommen wär, vielleicht mit einer Anzeige, weil sich die Jungs mal wieder fürchterlich verdroschen haben – hätte mich zwar fürchterlich aufgeregt, aber eigentlich nicht sonderlich überrascht. Mein Elber. Verdient sein Geld jetzt bei der Bank, darf als Jugendlicher zwar nur vier Stunden am Tag arbeiten, bringt im Monat aber trotzdem drei- bis viermal so viel Gehalt nach Hause wie sein Vater. Typisch für die von der Bank. Haben einfach zu viel Geld. Obwohl: Die private Abendschule ist auch nicht eben billig. Und dann all die anderen Sachen, die da verlangt werden. Bücher, Hefte, Essen, anständige Kleidung, damit er nicht auffällt zwischen all den Reichen – alles kostet, alles bezahlt er mit seinem eigenen Geld. Wir könnten das nicht. Nein, wirklich nicht. Wir haben nicht so viel übrig. Und dann gibt es ja noch die anderen Söhne. Wenn einer kriegt, müssen das auch die anderen kriegen können, wenn sie es brauchen. Du kannst nicht ein Kind bevorzugen, ohne zu riskieren, dass sich die anderen benachteiligt fühlen. Ich will das nicht. Alle meine Kinder sind gleich wichtig. Egal wie sie heißen, was sie sind, was sie machen. Mein kleiner Elber macht sich gut. Prima sogar. Aber ich weiß nicht so recht: Einer wie er mit Schlips und Kragen hinterm Bankschalter? Fremdes Geld zählen? Mich würde es nicht wundern, wenn uns der Junge bald wieder mit etwas ganz anderem überrascht.

DER FÄLSCHER

Der Außenseiter ist ein Außenseiter, weil er nicht mittendrin ist wie alle anderen, sondern von woanders herkommt. Ich komme von der Arbeit, wenn die Abendschule beginnt. Ich bin müde um 18 Uhr. Und ich muss dann noch vier Stunden nicht nur durchhalten, sondern mich anstrengen. Ich war mein Leben lang auf staatlichen Schulen. Wenn du da was lernen willst, lernst du was. Wenn nicht – na dann eben nicht. Scheißegal. Die Lehrer juckt das nicht. Haben ja eh genug mit denen zu tun, die wirklich was lernen wollen. Ich hatte nie Bock, das zu lernen, was die in der Schule lehren. Hatte anderes zu tun. Besseres. Gut Fußball spielen, zum Beispiel. Oder wie man Geld verdient, auch wichtig. In der Clique der Boss zu bleiben ist auch nicht ganz einfach. Da musst du eben Sachen machen, die sich die anderen nicht trauen. Klar, Schule schwänzen, Lehrer verarschen, sich auflehnen gegen Autoritäten. Machst eben dein Kinderding, so gut du kannst. Oder genau so, wie du meinst, dass es passt. Jetzt, ein paar Jahre später, passt gar nichts mehr.

Meine Chefs von der Bank wollen gute Schulnoten sehen. Die von der Abendschule sehen jedoch einen, der abends nicht nur müde ist, sondern auch Wissenslücken hat. Was heißt Lücken? Vulkankratergroße Löcher hat er, der Elber. Und um mich herum keine Typen, die mir helfen wollen, sondern Krücken oder fette Kröten. Die Krücken hängen am Rauschgift, die Kröten am Geldtropf ihrer Alten. Mit beiden habe ich nichts, aber auch überhaupt nichts am Hut. Sollen mich in Ruhe lassen mit ihren Drogen. Diesem Zeugs, das sie kaputtmacht, ohne dass sie es merken. Und wenn, dann ist es zu spät. Gehen vor die Hunde, müssen klauen oder andere bescheißen. Ich bescheiße keinen. Ich klaue auch nicht. Aber ich, der Außenseiter, muss mir jetzt schleunigst etwas einfallen lassen, damit ich nicht seitwärts rausfalle. Jedenfalls kann ich mit diesem Zeugnis da nicht bei der Bank anrücken.

Der Job bei der Bank ist ein Kinderspiel. Zumal dann, wenn du in der Firmenmannschaft einen prima Job machst. Bin Torschützenkönig im Hallenfußballteam. Hauen alles weg, was gegen uns antritt. Sind jetzt sogar Stadtmeister von Londrina geworden. Ganz souverän. Und der Elber macht Dinger rein, die sonst wohl kein anderer reinmachen würde. Jetzt zahlt sich aus, dass ich immer nur auf dem Kleinfeld gekickt habe. Immer auf engstem Raum. Den Ball so annehmen, dass der Gegner nicht rankommt. Ihn abschirmen, mit allem, was du hast. Deinen Körper musst du einsetzen beim Fußball, Masse zeigen. Stabil stehen, robust sein im Zweikampf. Und vor dem Tor: Wer zaudert, kann nicht zaubern. Schnelligkeit ist alles, der Überraschungsmoment, du musst versuchen, das scheinbar Unmögliche doch noch möglich zu machen.

Nein, ich spiele nicht auf großen Plätzen, elf gegen elf. Ich spiele den Fußball so, wie er Spaß macht. Den Schweinefußball.

Ja, Schweinefußball. Schweinefußball fängt eigentlich immer damit an, dass deine Mama in ihrer großen Kiste kramt, Stoffreste rausholt und dir dann zeigt, wie man einen Lumpenball macht. Wickeln musst du, immer um die Faust rum. Einmal so rum, dann anders rum – rund muss es werden, ganz fest zusammen. Und wenn der eine Stoff weg ist, brauchst du Leim. Viel Leim. Den schmierst du auf den noch kleinen Lumpenball, lässt ihn trocknen – und weiter geht's. Mit neuem Stoff. So lange, bis die Stoffreste zum richtig großen, schönen Ball geworden sind. Unser Lumpenball. Jeder von uns hat einen gehabt. Damals, als wir angefangen haben mit Fußball.

Lumpenbälle hüpfen nicht. Aber Lumpenbälle können fliegen. Je nachdem, wie man draufhaut. Mit dem Fuß, versteht sich. Niemand von uns macht Hand beim Fußball. Auch nicht der, der im Tor stehen muss. Denn keiner, der Fußball spielen will, mag Torwart sein. Hand ist blöd, gilt nicht. Und mit einem Lumpenball spielst du eigentlich nur so lange, bis jemand kommt mit einem richtigen Ball. Ein richtiger Ball kann hüpfen. Und dann, wenn er so rumhüpft, dann musst du nicht nur wissen, wie man draufhaut auf den Ball, sondern auch, wie man ihn wieder runter kriegt, wenn er hüpft. Es dauert eine Weile, bis man das kann. Jeder von uns will das können. Weil man sonst von den anderen immer nur ins Tor gestellt wird. Also musst du üben, ausprobieren, bei den anderen gucken, was die so machen. Der Ball, dein Fuß – Fußball.

Und dann geht's los mit dem Schweinefußball. Keine Pfosten, kein Schiedsrichter, zehn Kumpels – fünf gegen fünf. Alles ist erlaubt, nur kein Handspiel.

Nein, ich habe noch nie in einem Verein gespielt. Ich habe keinen Trainer, der mir sagt: Tu dies, tu das. Lauf so oder so. Niemand entscheidet darüber, wie ich spiele, ob ich spielen darf, oder nur rumhocken muss. Klar schaue ich gern zu, wie sie Fußball spielen, auf diesen riesiggroßen Plätzen. Auf Gras, das überall dort, wo viel passiert, längst zu blanker Erde geworden ist. Auf den richtigen Fußballplätzen musst du rennen wie blöd. Rennst und rennst – und kriegst dann doch keinen Ball. Weil der woanders hingespielt wird. Nicht zu dir. Ich spiele auch deshalb so gern Schweinefußball, weil dir der Ball keinen Zentimeter vom Fuß wegrutschen darf.

Und ich liebe Hallenfußball.

Der Präsident vom FC Londrina hat gesehen, wie wir, die Hallenfußballmannschaft der Banco do Brasil, Stadtmeister von Londrina geworden sind. Und ich, Elber Giovane de Souza, war der Torschützenkönig des Turniers. Zum Probetraining hat er mich eingeladen. Ich werde nicht hingehen. Und ich werde denen irgendwann auch sagen, warum.

Es klappt also gut mit dem Fußball und bei der Bank. Aber es klemmt woanders. Und zwar so gewaltig, dass nun ein echter Notfall vorliegt. Ich muss etwas ändern an diesem beschissenen Zeugnis. Gott sei Dank gibt es diese Maschinen, mit denen man allerhand kopieren kann. Du nimmst also dein Zeugnis, deckst auf dem Original mit kleinen weißen Papierschnipseln die Noten ab, kopierst das Ding, bekommst ein Zeugnis, völlig notenfrei. Du spannst das Papier, dein Blankozeugnis, in eine Schreibmaschine, tippst hinter die entsprechenden Fächer, exakt an der Stelle, wo zuvor die Originalscheißnoten standen, deine Wunschnoten. Noch mal hin zur Kopiermaschine, zwei, drei Testexemplare fertigen, darauf achten, dass die Helligkeitsstufe stimmt – fertig. Danach legst du den Nachweis deiner Fertigkeiten beim Ausbildungschef vor, verbunden mit dem Hinweis, das Originalzeugnis befinde sich bereits wieder in der Schule. Und Ruhe im Reich der Arbeit. Darfst auch weiterhin die Kontoauszüge der Privatkunden alphabetisch zur Postablage ordnen, kannst beim Ausbildungsthema Personalabrechnung Einsicht in den Gehaltsstreifen aller Vorgesetzten nehmen, weißt jetzt also, wie viel Kohle man im Bankgewerbe an oberster Stelle abkassiert – und denkst: So viele Nullen. Vor dem Komma und auf Direktorenposten. Ich bin jetzt bald 17. Und ich ahne: So gut, wie es mir jetzt geht, so gut kann es nicht mehr lange gehen.

SCHWEINEFUSSBALL

Klar gibt es diese Typen, die von Fußball sprechen, wenn sie über ihre Vereine reden. Aber Fußball gibt es nicht nur in Vereinen. Fußball ist überall. Jedenfalls überall dort, wo ich bisher war. Und Fußball ist auch dort, wo nicht nur Starke gegen Schnelle spielen, sondern auch einer wie Ivan mitmachen kann. Ivan ist arm dran. Jeder sieht das, jeder weiß das – und niemand sagt was. Ivan hat keine Beine mehr, er läuft auf seinen Händen. Und trotzdem kann er Fußball spielen, auch ohne Beine. Klar sieht das komisch aus, aber niemand von uns lacht über ihn. Aber wir haben Spaß beim Kicken. Und wir scherzen, blödeln, reißen Witze. Einer geht so: Wer kann in ganz Londrina am besten aus der Hüfte schießen? Na? Alle gucken nach oben, als würden sie überlegen. Und ganz unten sitzt Ivan, reißt die Faust hoch. »Ich!«

Fußball macht Spaß. Wir spielen noch immer auf der Straße, zwei gegen zwei, drei gegen vier (aber Ivan zählt eigentlich nicht wirklich als Vierter). Nein, falsch. Wir spielen nicht gegeneinander, sondern wir spielen miteinander gegeneinander. Jeder will zeigen, was er draufhat. Los, lass sehen.

Damals, als Lello noch gelebt hat, hatten wir noch nicht allzu viel drauf am Ball. Mein Bruder Carlos, das war der gute Fußballer, der Talentierte, der Beste. Na und? Ist ja auch drei Jahre älter als ich. Außerdem braucht es seine Zeit, bis du den Nachfolger vom Lumpenball mehr kontrollieren kannst, als er dich kontrolliert. Ein Ball aus Plastik springt, hüpft, geht ab wie nix, wenn du ihn richtig triffst. Und es kann dauern, bis du ein Team gefunden hast. Nein, ich spiele nicht im Verein, ich spiele Schweinefußball.

Wir brauchen keinen Sportplatz, wir spielen da, wo Platz ist. Optimal sind sieben hier, sieben andere dort – los geht's. Tore sind Jacken oder Stangen, Tore sind ziemlich klein. Man muss sich also anstrengen, um Tore schießen zu können. Du musst kombinieren können, schnell spielen, direkt, zack-zack. Und natürlich willst du auch mal das tun, was sonst kaum einer tut. Kleine Kunststücke versuchen, Tricks, Täuschungen, freches Zeugs.

Die vom Verein können mir mittlerweile den Arsch putzen, mich sehen die jedenfalls so schnell nicht wieder.

Wie oft war ich bei denen zur Talentsichtung? Keine Ahnung mehr. Aber was ich noch weiß, ist dieser Andrang. Jedes Jahr mehr als 200 Kandidaten, alle wollen zeigen, was sie draufhaben. Dass sie funktionieren und machen können, was sie gesagt bekommen. Die Talentsichtungen beim FC Londrina: Jedes Mal bin ich erst hin, wenig später wieder frustriert zurück. 200 Kandidaten, jeder darf nur ein paar Sekunden lang zeigen, was er kann. Nein, danke jetzt. Ihr könnt mich mal. Ich spiele Schweinefußball – und ich schieße dabei verdammt viel Tore.

Ja Lello, du siehst richtig: Die Jungs von der Bank-Betriebsmannschaft haben mich in ihre Hallenmannschaft geholt. Da spiel ich jetzt. Und manchmal weiß ich selber nicht mehr so genau, was zurzeit wichtiger ist für mich: die Banklehre, der Hallenfußball – oder die Zeit dazwischen?

Wenn du wirklich gut Fußball spielen willst, nebenbei auch noch die Ausbildung am Hut hast, dann bleibt nicht mehr allzu viel Zeit für anderen Kram. Vor allen Dingen jetzt nicht. Meine Abschlussprüfung zum Bankkaufmann steht im nächsten Jahr an. Und jetzt, gerade jetzt, müssen die Pfeifen von Regierung, oder was weiß ich, die Zulassungsregelungen ändern. Vom nächsten Jahr an, so ein neuer Paragraf, werden die Abschlussprüfungen nicht mehr am Ausbildungsort vorgenommen, sondern nur noch in der Zentrale. Alle Prüflinge gemeinsam an einem Ort.

Scheiße, Lello, weißt du, was das für mich heißt? Ich pack das nie und nimmer ohne Hilfe. Die von der Bank glauben doch, dank der Kopierer, dass ich ein Musterschüler bin. Ich hab's schleifen lassen, ich hab ein mulmiges Gefühl in der Magengegend. Und das jeden Tag mehr.

Aber morgen, morgen gibt es erst einmal was Besonderes. Wir vom FC Londrina spielen bei der Landesmeisterschaft mit. Eine ziemlich große Sache soll das werden, weil Londrina in diesem Jahr auch Geburtstag feiert, den fünfzigsten. Der Bürgermeister ist da, Zuschauer kommen, Menschen von überallher. Und ein Trainer vom brasilianischen Fußballverband soll auch da sein, hab ich gehört. Ich gehe jetzt früh ins Bett. Wer lange schläft, ist länger fit.

ERNESTO PAULO

Ich hab's doch gesagt: Wir räumen alle weg, die gegen uns antreten. Der FC Londrina gewinnt die Juniorenmeisterschaft des Landes, ich schieß meine Tore und werde zum Torschützenkönig des Turniers gewählt. Und dann, als ich gerade heim will, sagt jemand: »Hey, warte mal. Ernesto Paulo will mit dir reden.« Ernesto Paulo ist Trainer der brasilianischen Junioren-Nationalmannschaft. Extra angereist für dieses Turnier ist er, hat mich gesehen und für gut genug befunden, um für die anstehende Junioren-Südamerikameisterschaft in Venezuela nominiert zu werden.

Es ist verrückt, ich kann es nicht glauben, aber es ist so, wie nie gedacht: Ich habe eben erst angefangen mit Fußballspielen, schon stehe ich in der Nationalmannschaft der bis 18-Jährigen. 22 Spieler hat Ernesto Paulo für die Südamerikameisterschaft in Venezuela nominiert, 20 dürfen mit. Und ich, Elber Giovane de Souza, bin einer von ihnen.

Venezuela, ich war noch nie so weit weg von daheim. Und um ehrlich zu sein: Eigentlich war ich bis jetzt überhaupt noch nie richtig weg aus Londrina. Ja klar, damals der Ausflug ans Meer. Ich war 15, und Carlos, mein älterer Bruder, hat mich zum Betriebsausflug mitgenommen. Fast 700 Kilometer im Bus, mit all seinen Kollegen. Dann das Meer, wir steigen aus, rennen quer durch die Stadt, verlaufen uns, wissen vor lauter Hochhäusern und Trubel gar nicht mehr wohin – na ja, den Strand haben wir jedenfalls nicht gefunden, sind immer nur im Kreis herumgelaufen, bis wir keine Lust mehr hatten und einen trinken gingen. Blöd, ich weiß.

Und jetzt werde ich bald Venezuela sehen, dort Fußball spielen, in einem dieser riesigen Vögel sitzen und fliegen.

Der Elber in 'nem Flugzeug. Verrückt. Der einzige Flug, den ich bis jetzt hinter mir habe, war unfreiwillig und mit einer knallharten Landung. Seither ist mein Motorrad am Tank verbeult. Ja, ich hab mir neulich ein Motorrad gekauft. Nix Schickes, nur eine kleine Agrale. Aber sie fährt, sie bringt dich überallhin in der Stadt. Und außerdem hat sich Carlos, ganz der Boss, jetzt ein eigenes Auto gekauft, mit dem wir rumkurven können. Einen Opel Chevette.

Viel gekostet hat die Karre nicht, ein paar Besonderheiten hat sie ebenfalls. Beispielsweise kann man die Seitenfenster nicht einfach so runterkurbeln. Aufzumachen gehen die nur, wenn man mit der einen Hand die Scheibe kräftig nach unten drückt, während die andere kurbelt. Vorsicht! Nicht zu fest! Denn wenn die Glasscheibe zu tief drin steckt in der Tür, dann bekommst du sie mit den Fingern nicht mehr zu packen und wieder hochgezogen. Und dann muss man die Innenverkleidung der Autotür erst leicht wegbiegen, so weit, dass man eine Hand durchgeklemmt bekommt. Mit der kannst du dann die Scheibe wieder vorsichtig nach oben schieben, bis sie irgendwann einen Halt findet.

Carlos findet es scheiße, wenn immer die Innenverkleidung weggebogen werden muss, sie hängt schon wie ein Lappen an der Tür und klappert beim Fahren. Die Druckknöpfe sind nicht mehr ganz so in Ordnung. Total ausgeleiert eben. Aber egal. Jedenfalls ist es immer ein Spaß mit uns und unserem Opel Chevette, der alten Klapperkiste. Die Seitenfenster klebt Carlos manchmal mit Klebestreifen oben fest, doch dem feinen, roten Staub von der Straße ist das völlig egal. Er kriecht und kriecht und kriecht durch alle Ritzen. Er ist schon immer gekrochen, überallhin. Vor allem unter den Fußnägeln fühlt er sich wohl. Auch unter den Fingernägeln, so weit rein, dass es richtig wehtun kann, ihn da wieder rauszukratzen. Und wo Haut draußen ist, ist auch roter Staub drauf. Wenn wir dann von Londrina mit unserem Auto ankommen, bei der Party, dem Geburtstag oder einem Familienfest irgendwo, dann sehen wir immer alle gleich aus: Alle unter einer roten Staubschicht eingepackt, und das Einzige, was bei den Rothäuten rausticht, sind dann unsere weißen Zähne beim Lachen. Ja, wir lachen viel, wenn wir zusammen unterwegs sind.

Mensch, Lello, du Engel, hör zu, ich rede mit dir! Ich werde bald fliegen. Nach Venezuela. Nicht mehr lange, und ich bin oben in der Luft. Über den Bäumen, bei den Wolken, verrückt. Total irre.
Mal schauen, was Maria dazu sagt.
Maria ist meine Neue. Ich gehe mit ihr. Zwar erst seit ein paar Wochen, doch schon jetzt ist klar, dass mehr draus werden kann. Viel mehr als nur gehen. Maria sieht klasse aus, sie wohnt bei uns im Viertel, ein paar Häuser weiter von uns. Bin gespannt, wie sie reagiert, wenn ich ihr sage, was jetzt bald los ist bei mir. Ich spiele für Brasilien, ich fliege nach Venezuela. Mir wachsen Flügel, es geht nach oben, und ich träume nicht, ich lebe.
Lello, lach nicht! Du wirst dabei sein, wenn ich fliege. Komm doch einfach mit, los, bist eingeladen.

Dona Ceia:
DIESES MÄDCHEN DA

Ich habe es geahnt, nein, ich hab das gewusst. Als Mutter spürst du manchmal Dinge, die noch nicht sind, sondern erst noch werden. War doch klar, dass diese kleine kesse Blonde da unten nicht lange an ihm vorbeigehen wird. Und jetzt hat er also nicht nur ein Auge auf sie geworfen, sondern die Maria doch tatsächlich schon mit nach Hause gebracht. Elber und diese Maria. Na ja, warum auch nicht? Der Junge ist jetzt ja schließlich in dem Alter, da du als Mutter mit so etwas rechnen musst. Gestern noch dein Kind, heute schon einer von diesen Burschen, aus denen morgen dann unsere Männer geworden sind. Hat er sich also Maria geschnappt, der Elber. Ist ja aber auch wirklich ein hübsches Ding. Blond, schlank, alles am rechten Platz. Nun ja, die Nase. Die Nase ist vielleicht schon ein klein wenig zu groß für dieses feine Gesicht. Oder schief? Ich werde ja wohl noch genügend Möglichkeiten bekommen, mir das in Ruhe anzuschauen. Und dann werde ich dem jungen Mädel auch mal sagen, dass sie sich ein bisschen mehr anziehen soll, wenn sie raus auf die Straße geht. Muss doch nicht sein, so viel nackte Haut vor all den fremden Leuten. Und außerdem gibt es doch jetzt auch Büstenhalter zu kaufen, die längst nicht mehr so teuer sind, dass man sie sich nicht leisten kann. Also, ganz ehrlich, diese Maria leistet sich schon einiges. Neulich, wir haben unten im Stadion unserem Elber beim Fußball zugeschaut, da fängt es auf einmal heftig an zu regnen. Und Maria steht da, mitten im Regen, keine Jacke, kein Schirm, nur ein Minirock, ein kleiner Fetzen Stoff als Oberteil, der ihr am Körper klebt. Das geht doch nicht, sieht doch aus wie nackt. José, mein Mann, hat natürlich geschmunzelt und so getan, als kriegt er nichts mit. Aber er hat immer wieder hingeschaut. Männer eben. Ich jedenfalls hab ihr dann ganz schnell eine Decke besorgt und gesagt, sie soll sich jetzt mal schnell einwickeln, damit sie sich nicht erkältet später.

Hätte ich etwa sagen sollen: Da, rein in die Decke, du Luder! Diese Maria, also wirklich. José sagt, sie und unser Elber, das würde passen, die zwei werden heiraten. Hundert Prozent. Ich weiß nicht so recht. Aber was ich weiß, ist, dass die Mutter von Maria eine ist, die Voodoo macht. Eine Zauberin ist sie, vielleicht auch eine Hexe. Auf alle Fälle aber ist sie eine, mit der ich keinen Ärger haben will. Nicht dass sie uns noch irgendetwas Schlimmes anhängt, einen bösen Fluch, den bösen Blick oder was weiß ich. Also Elber, tu mir einen Gefallen, ja? Und sei bitte vorsichtig mit dieser Maria. Hörst du?

DER FC LONDRINA

Ich soll jetzt also auch für den FC Londrina spielen können. Ohne Sichtung, sagt der Präsident vom Klub. Einfach nur mal vorbeikommen soll ich, und mittrainieren. Ganz in Ruhe, danach könne man ja miteinander noch ein klein wenig sprechen. Okay,

warum nicht? Londrina spielt in der dritten Liga, war bisher unerreichbar für mich – und jetzt, plötzlich, laden die mich ein. Komisch, der Fußball. Lange Zeit geht nichts, jetzt gehen plötzlich Türen auf, wo vorher noch Mauern waren. Ich glaube, die Sache mit der Bank schminke ich mir lieber ab. Ich setz wohl besser auf Fußball. Alles auf eine Karte.
Was meinst du, Lello? Los, sag was.

MARIAS BRÜSTE

Bei den Fußballern, die für Vereine spielen, da hängen total schräge Vögel. Manche sehen aus, als würden sie sich auf diesen dürren Ästen festklammern, aus denen später dann mal eine Karriere wachsen soll. Nichts wächst bei denen. Gar nichts. Wahrscheinlich nicht mal mehr das Ding in der Hose. Arschkriecher, gelackte. Die Typen hängen sich derart rein, dass selbst Mädels nicht mehr so die Rolle spielen wie bei uns. Also bei mir. Herrjeh, ich bin 17. Und mit 17 bist du doch nicht nur scharf auf Bälle, sondern auch auf andere runde Dinger zum Spielen.
Maria hat einen Busen – ich kann euch sagen!
Niemals, absolut niemals und nicht mal zuvor in meinem Leben, habe ich behauptet, Priester werden zu wollen. Ich will nicht rumquatschen, ich will mir nichts verbieten lassen, ich bin ich: Und ich gehe mit Maria. Richtig fest.
Es gibt Leute hier, die finden Marias Nase zu lang. Und dass es doch ziemlich freizügig sei, mit so wenig Stoff auf der Haut ins Stadion zu kommen. Sie schaut, wie ich hier spiele, beim FC Londrina. Und die Zuschauer schauen dahin, wo sie steht, läuft, manchmal auch sitzt. Schönes Mädel, meine Braut. Ich schaue, dass niemand sie anmacht. Maria gehört mir, alles klar?
Als die Sache mit Ernesto Paulo passiert ist und er mich zur brasilianischen Juniorenauswahl eingeladen hat, ging dann alles wie von selbst. Nein, einen Profivertrag hab ich noch keinen be-

kommen, ich bin hier beim FC Londrina noch Spieler gegen Aufwandsentschädigung. Umgerechnet knapp zehn US-Dollar zahlen sie mir jeden Monat dafür, dass ich komme, trainiere, mitspiele.

Zehn Dollar sind nicht schlecht für den Anfang, denk ich mal. Aber ich bin sicher, die werden mir bald mal noch mehr Geld geben. Denn die Südamerika-Meisterschaft in Venezuela hat für mich auf der Ersatzbank begonnen, und sie ist so zu Ende gegangen, dass ich derjenige war, der die meisten Tore für Brasilien geschossen hat. Ich, der Torschützenkönig: Elber Giovane de Souza. Noch vor einem Jahr war ich ein Nichts, kein Jemand, sondern ein Niemand. Und jetzt hat der Niemand einen Stammplatz in der brasilianischen Junioren-Auswahl.

Die Leute in Londrina drehen sich jetzt plötzlich um, wenn sie mir auf der Straße begegnen. Sie reden über mich, irgendwas, ich weiß nicht so genau was. Vor Venezuela wollte ich noch Bankkaufmann werden, meine Lehre fertig machen, zur Abschlussprüfung gehen, alles ordentlich zu Ende bringen. Jetzt weiß ich nicht mehr, was ich will. Oder doch, eines weiß ich: Von Maria will ich nichts mehr. Die kann mich mal. Kreuzweise kann die mich. Reingelegt hat sie mich, gelogen hat sie, betrogen – und dass ich diesen Drecksunfall gebaut habe, daran hat sie ebenfalls Schuld.

Hatten wir vor meinem Trip nach Venezuela nicht ausgemacht, jeden Tag miteinander zu telefonieren? Doch, hatten wir. Und am Anfang hat alles auch noch prima geklappt. Weil bei ihr zu Hause kein Telefon ist, ist sie in unser Haus rübergekommen, sind ja nur ein paar Schritte. Wir haben gequatscht und für den nächsten Tag wieder 'ne Uhrzeit zum Telefonieren ausgemacht. Ich rufe daheim an, Mama ist da, Papa ist da, Carlos natürlich auch – aber keine Maria. Und am nächsten Tag das Gleiche. Ich sag zu Carlos, er soll doch mal rüber zu Maria und fragen, was eigentlich los ist. »Klar doch«, sagt er, »mach ich.« Danach ist sie wieder nicht am Telefon, sondern lässt über Carlos ausrichten, es gebe Probleme daheim. Familiäres Zeugs und so. Ich denk mir, aha – und deshalb kann die jetzt nicht mal mehr mit ihrem Typ quatschen? Carlos sagt: »Du, ich glaube, die Maria hat einen anderen, einen Neuen.«

Na super, wirklich prima. Ich in Venezuela, weit weg von daheim, mein Stern geht auf – und meine erste große Liebe geht unter. Glückwunsch Elber, herzlich willkommen im nächsten Leben: Kriegst jetzt also Geld fürs Fußballspielen – und gleich kostet dich das die Freundin.

Bin ich wirklich schon Fußballer? Weiß nicht. Aber sauer bin ich. So sauer, dass ich sofort nach meiner Rückkehr aus Venezuela zu Maria gehe. Sie guckt so komisch, mir ist kalt und heiß zugleich, wir reden blödes Zeug, ich will, dass sie ein schlechtes Gewissen bekommt, leiden soll sie, sich verteidigen. Wie jemand, der was ausgefressen hat und jetzt dasteht zur Buße. Los, sag schon warum? Was ist los mit mir, dass du mich so behandelst, mich derart hängen lässt? Und jetzt sag: Was hat der andere, was ich nicht habe?

Ach, Scheiße. Wir machen Schluss. Aus, vorbei. Raus jetzt hier. Schnell weg. Ich flenne, die Lippen zittern, und urplötzlich werden die Augen dick, immer dicker, bis alles verschwimmt und in dieses salzige Wasser fällt, das aus den Augen rinnt, von der Nase rotzt. Elber! Putz dir den Mund. Reiß dich zusammen! Sieht mich jemand? Wenn Lello nicht heulen wollte, hat er den Mund ganz fest zugemacht, sich so stark wie nur möglich auf die Zunge gebissen. Ich hab's genau gesehen, dieses Zittern vom Unterkiefer, wie die Lippen immer weißer werden. Und einmal, weiß nicht mehr genau wann, hat er nach dem Aufgarkeinenfallheulenmüssen auf den Boden gespuckt, es war rot. Blutrot.

Weg hier, Elber! Rein in dein Auto, Zündschlüssel, rumdrehen, rauf aufs Gas, Abfahrt. Und zwar schnell. Mein Kopf ist leer, die Benzinuhr zeigt Null – tanken muss ich. Und plötzlich macht es nur noch Patsch. Ein kurzes, lautes, höllisch trockenes Patsch. Dann Stille. Nichts mehr. Gar nichts. Scheiße. Die Ampel war rot, ich hab nix gesehen. Nicht die Ampel, nicht die Kreuzung, natürlich auch nicht das Taxi von rechts. Einen Mo-

nat lang muss ich schuften, kicken und mir Geld besorgen, damit der Taxifahrer wieder ein Auto hat, mit dem er seinen Job machen kann. Herzlichen Dank auch, Maria. Keine Freundin mehr, kein Geld, kein Auto.
Aber eine Einladung vom brasilianischen Fußballverband. Drin steht, sie haben mich für die Junioren-Weltmeisterschaft in Portugal nominiert.

Dona Ceia:
MACUMBA

Der Junge spricht nicht. Schweigt einfach, und wenn er was sagt, dann nur: Lass mich in Ruhe, ja! Aber ich muss wissen, was da los war mit Maria und ihm. Neulich noch ein Paar, jetzt nichts mehr. Hat er sie etwa sitzen lassen? Einfach so. Männer tun das manchmal, wenn sie da angekommen sind, wo sie von Anfang an hinwollten. Und dann stellen sie plötzlich fest, dass sie eigentlich doch ganz was anderes wollen. Marias Mutter jedenfalls ist sauer. So sauer, dass sie meinen Mann zur Sau gemacht hat. Was das denn soll, mit seinem Sohn. Macht fast ein Jahr lang der Maria den Hof, verspricht ihr alles Mögliche – und dann wirft er sie weg. Sie habe irgendetwas von Ehre geredet, sagt José, und davon, dass ihre Tochter keines dieser billigen Mädchen sei, ja, und dass uns das Verhalten von Elber jetzt teuer zu stehen kommen würde; wir würden schon sehen. Wir und dieser Mistkerl Elber.

Mir ist nicht wohl, diese Frau macht Macumba. Sie kann uns etwas anhängen, irgendwas Böses. Ich muss in die Kirche. Ich werde beten. Gott darf das nicht zulassen, ich bete um seinen Schutz. Der Herr hilft, wenn wir ihm helfen. Er ist stark, stärker als jeder Zauber. Er siegt über das Böse, er wacht über die Seinen. Und mein Sohn Elber ist auch sein Sohn. Morgen, morgen gehe ich in die Kirche, zünde ich die Kerzen an. Und Elber selber muss das auch tun. Er muss.

Ich habe Angst, so furchtbar große Angst, dass noch einmal so etwas Schreckliches passieren wird wie damals mit unserem Teicalo. Mein Sohn Teicalo, er ist tot.
Einfach tot. Einfach so, von jetzt auf nachher krank geworden ist er. Und heute weiß ich immer noch nicht, ob wir unseren Erstgeborenen vielleicht nicht doch hätten retten können. Und wenn nicht wir, dann vielleicht andere Ärzte, bessere als die, die damals bei uns im Krankenhaus waren.
Mein Gott, der Teicalo. Neun Jahre alt war er damals. Neun Jahre, aber ganz ein anderer Typ als all die anderen Neunjährigen. Jedenfalls hat er sich fast schon rührend um unseren Kleinsten gekümmert. Den Elber hat er doch tatsächlich jeden Tag im Kinderwagen durch die Gegend chauffiert, aufgepasst hat er auf den kleinen Wurm, und wenn die anderen in seinem Alter ihn geneckt haben, als Babysitter verspottet oder wissen wollten, mit wem er denn eigentlich das Kind da gemacht habe, dann hat Teicalo nur zurückgelacht, sich nichts draus gemacht. Ja, und eigentlich hat jeder von uns damals ja auch gemeint, dass aus Teicalo ein ganz besonders guter Fußballer werden kann. So talentiert, so geachtet von den anderen, die mit ihm Fußball gespielt haben. Das jedenfalls haben mir die Leute dann erzählt, nachdem er gestorben ist. Ich selber konnte mich damals nicht so sehr um den Ältesten kümmern, herrje, wie denn auch, wenn du alle zwei Jahre ein neues Kind kriegst, die hungrigen Mäuler stopfen musst, dich um die kleinen Würmer sorgst?
Eines Abends also sagt Teicalo, ihm sei schlecht. Später dann kamen auch noch Kopfschmerzen dazu. Nun ja, wir dachten eben, die Grippe geht um, hier in der Siedlung, hat sich der Junge eben draußen angesteckt. Und weil er dann noch darum gebeten hat, ob jemand losziehen kann, um ihm Streichhölzer zu besorgen, mit denen er für seinen Vater ein Vatertagsgeschenk basteln wollte – na, da dachte jeder: Okay, Teicalo, wird schon wieder, wirst sehn.
Er jedoch geht dann früh, sehr früh ins Bett, lässt die Streichhölzer liegen, hat aber zuvor noch seine Schulaufgaben erledigt.

Nachts um drei dann weckt er uns auf, mitten im Schlaf. Sagt, er hat ganz, ganz starke Kopfschmerzen. Mein Gott, was macht eine Mutter mit drei kleinen Kindern, die mitten in der Nacht vom Ältesten aus dem Schlaf gerissen wird? Kopfschmerzen – okay, ich suche Kopfschmerztabletten, gebe sie ihm, und ab, alle zurück ins Bett.

Niemand von uns, kein Einziger hat damals schon mal etwas von Meningitis gehört. Die Hirnhaut entzündet, mein von rasenden Kopfschmerzen geplagter Sohn wird mitten in der Nacht ohnmächtig. Wir bringen ihn sofort ins Krankenhaus, wo er dann am frühen Morgen, kurz nach sieben, stirbt.

Die Ärzte sagen, Teicalo hatte eine Meningitis mit irgendwelchen Monokokken oder so. Ganz genau habe ich es nicht verstanden. Nur so viel, dass es eine derart schlimme Form von Entzündung gewesen sein soll, dass es nur wenig Chancen für ihn gegeben habe.

Dann geben sie dir dein totes Kind zurück, später kommt vom Krankenhaus eine Rechnung für die medizinische Betreuung. Denn unsere Krankenversicherung, die für arme Leute, die hätte nur bezahlt, wenn wir nicht mitten in der Nacht mit unserem todkranken Sohn ins Krankenhaus gekommen wären. Aber so – hier die Rechnung. Zahlen Sie bis spätestens ... so und so viel. Dann auch noch die Kosten für seine Beerdigung – normalerweise hatten wir damals keine 100 Cruzeiros einfach so parat. Alles Geld, das übrig war, ging in die Ratenzahlung für unser Haus und das Grundstück. Doch José, mein Mann, hatte seltsamerweise gerade in diesem so schrecklichen Monat das Geld noch nicht zur Bank gebracht. Weil er so ein komisches Gefühl gehabt hat, sagte er.

Ja, komische Gefühle. Es ist komisch mit diesen komischen Gefühlen. Wenige Tage vor seinem Tod haben wir noch Teicalos neunten Geburtstag gefeiert. Und weil auch der kleine Elber bald seinen ersten Geburtstag hatte, haben wir die Feiern eben zusammengelegt. Weil man dann nur eine Torte backen muss, weil man ja viele Eier, Sahne und Milchcreme für eine schöne Geburtstags-

torte braucht. Wir zünden also die Kerzen an, zuerst darf der kleine Elber seine erste Kerze auspusten. Er pustet – und sie geht nicht sofort aus, sondern flackert wieder an. Ein gutes Zeichen. Denn gehen beim Auspusten von Geburtstagskerzen nicht sofort alle Kerzen aus, dann heißt das: ein langes Leben, dein Lebenslicht brennt weiter. Wir haben alle gejubelt, den kleinen Elber hochleben lassen. Danach wurden neun Kerzen angezündet, Teicalo durfte auspusten – keine wollte weiterbrennen. Und dann ist er gestorben. Mit neun.

Es ist so furchtbar, ein totes Kind zu haben. Diese Schmerzen, wenn dein Kind sich quält, du nur zuschauen kannst, keine Hilfe, kein Ende der Qual. Von jetzt auf nachher, niemand weiß genau warum, ist nichts mehr so, wie es sein sollte. Du weißt: Diese Welt ist ungerecht, in dieser Welt passieren schlimme Dinge, jederzeit kann dir auch Böses widerfahren.

Macumba kann Böses bewirken. Ich muss das verhindern, ich kann das nicht zulassen, ich werde Vorsorge treffen. Und der Elber selber soll das auch tun. Ich sag es ihm. Morgen gleich werde ich mit ihm sprechen.

WELTMEISTERSCHAFT IN PORTUGAL

Ich denke nicht viel, ich mach einfach – und spiele bei der Junioren-Weltmeisterschaft in Portugal genauso, wie ich schon immer Fußball gespielt habe: mit den anderen und für mich. Die Mannschaft muss wissen, dass du Tore schießen kannst, du selber darfst nie vergessen, dass du Tore schießen musst. Wie? Spielt keine Rolle. Hauptsache, du willst es. Du musst es so sehr wollen, dass nichts anderes mehr Platz hat in deinem Kopf, deiner Seele, deinen Bewegungen. Als die Weltmeisterschaft der Junioren beendet ist, bin ich Torschützenkönig und werde hinter den beiden Portugiesen Joao Pinto und Figo zum drittbesten Spieler des Turniers gewählt. Es gibt Leute, die sagen, ich bin schmächtig. Viel zu dünn für einen Stürmer, zu wenig Muskeln, zu wenig Kraft, zu wenig Durchsetzungsvermögen. Wenn sie meinen – lass sie reden. Ich jedoch fühle mich stark, gut, unbezwingbar. Lass die anderen doch dicke Waden haben, fette Muskeln, breite Schultern. Ich bin flink, ich bin schnell, ich bin immer da, wo es gefährlich werden kann. Oder vielleicht bin ich es ja, der die Gefahr für all jene ist, die so aussehen, wie die Experten sie haben wollen. Egal. Giovane Elber de Souza war 18 Jahre lang nur einer von den vielen schwarzen Flecken, die auf den Straßen von Londrina das Leben nicht farbig, sondern zum Alltag machen. Und jetzt, weit weg in Portugal, wird aus dem dunklen Fleck urplötzlich etwas ganz anderes gemacht. Ein Spieleragent aus Lissabon hat Mama und Papa daheim angerufen, den beiden gesagt, sie sollen unbedingt schnell hierher nach Portugal kommen. Auf seine Kosten. Denn ihr Sohn, der Elber, werde hier zum Star.

Papa José hat »Danke« gesagt – und dass er trotzdem nicht kommen könne. Ich weiß, er hat Flugangst, er wird niemals in seinem Leben, unter keinen Umständen, ein Flugzeug betreten. Aber eines will er ebenfalls nicht tun: auf anderer Leute Kosten reisen. Und damit seinen Sohn unter Druck setzen, dass er jetzt dem Mann etwas schuldig ist, der seine Eltern nach Europa eingeladen hat. Denn eines ist klar, ich weiß das aus all den Telefongesprächen mit meinem Bruder Carlos, meiner Mama und Papa José: Daheim in Londrina spielen die Leute verrückt, nichts mehr ist so, wie es vor dem Abflug nach Portugal war. Die Zeitungen schreiben jeden Tag über die Weltmeisterschaft der Nachwuchs-Selecao, der Junioren-Auswahlmannschaft. Im Radio bringen sie was, selbst im Fernsehen, im Programm von Globo, kommen Berichte über uns. Und natürlich zeigen sie alle Tore, auch meine. Carlos sagt: »Hey Junge, du bist berühmt geworden. Überall in Brasilien kennt man jetzt deinen Namen.«

Dona Ceia:
DIE STIMME IM RADIO, SIE FLEHT MICH AN

Ich weiß, wie Hunger ist, ich weiß, was Hunger ist – und ich bin so froh, dass diese Zeit vorbei ist, wo man nichts ist, nur weil man zu wenig isst. Die Armut ist im Kopf, du spürst sie im Magen, sie kriecht durch deinen Körper und frisst sich langsam, ganz langsam überall dorthin, wo du schwach bist. Wer kein Geld hat und keine Kraft, den nagt sie ab, bis nur noch Knochen da sind, eingepackt in dünne Haut, durch die das Licht schimmert und deine Adern zum Leuchten bringt. Unserem Herrn sei Dank: Wir müssen nicht hungern. Schon lange nicht mehr muss irgendeiner von uns sagen, er ist satt, obwohl er nicht satt sein kann, von dem bisschen, was er auf dem Teller hatte. Die Großen essen nicht das weg, was die Kleinen zum Großwerden brauchen. Der Vater gibt seinen Kindern die besten Stücke, der große Bruder passt auf, dass der Jüngste nicht zu kurz kommt. Und die anderen teilen das, was noch zu teilen ist. Das ist die Regel in unserem Haus, so konnte jeder von uns das werden, was er heute ist.

Unsere Kinder sind jetzt junge Männer. Alle sind wohlgeraten. Keiner ist krank, behindert oder doof im Kopf. Unser Haus gehört uns, wir haben Reis, wir haben Bohnen, wir kaufen uns Eier, wir haben Geld. Genug Geld zum Überleben, zwar nicht viel zum Leben, aber wir leben viel besser als manch andere hier in unserer Siedlung.

Jeder hier in unserer Straße schaut jeden Tag, was der andere macht. Nachbarn sind wichtig, sie helfen dir beim Überleben. Was machen sie, was du nicht machst? Was können sie, was du nicht kannst? Geht es ihnen besser als dir – warum? Geht es bergab – wie das? Nein, wir kontrollieren uns nicht gegenseitig, sondern wir leben miteinander. Haus an Haus, links und rechts entlang dieser Straße, deren roter Staub kein Dreck ist, sondern die zweite Haut deiner Kinder. Sie spielen draußen, wir leben drinnen. Und jeder muss selber gucken, wie er zurechtkommt und was zu tun ist, dass er vor den Augen der anderen bestehen kann.

Seit Elber, unser Jüngster, von der Weltmeisterschaft aus Europa zurückgekommen ist, gucken die Leute in der Straße mich an, wie sie mich nie zuvor angeguckt haben. Da ist etwas Neues in den Blicken, etwas anderes im Tonfall. Ich spüre, sie fangen viel heftiger an miteinander zu reden, je weiter ich von ihnen weg bin, nach dem Gespräch mit mir. Ich weiß, was los ist. Ich kann mir denken, was Thema ist. Und ja, ich bin stolz auf das, was passiert ist. Elber, mein Sohn, ist jetzt berühmt. Ich übrigens auch. Jeden Tag, dreimal, am Morgen, am Nachmittag und abends kurz vor zehn, fleht ein Mann im Radio immer das Gleiche. Ungefähr so: »Hochverehrte Dona Ceia, Mama von unserem Elber, Mutter in Londrina, Bürgerin unserer Heimatstadt. Bitte mach, bitte sag deinem Sohn, dass er nicht weggehen soll nach Europa. Hier bleiben soll er, hier bei uns beim FC Londrina. Wir brauchen ihn doch, diesen zauberhaften Fußballer, seine wunderbaren Tore. Wir wollen ihn nicht verlieren, wir dürfen ihn nicht gehen lassen. Bitte, Dona Ceia, sprich mit deinem Sohn. Verbiete ihm zu gehen.«

Ich kenne den Mann vom Radio nicht. Wer ist das, der mir sagt, was ich meinem Sohn sagen soll?

Mein Elber: Es geht jetzt alles so schnell mit ihm, so furchtbar schnell. Neulich noch, als er vom Fußballspielen aus Venezuela zurückgekommen ist, war ich ganz und gar nicht einverstanden damit, dass er bei der Banco do Brasil aufgehört hat. So kurz vor der Abschlussprüfung. »Mach das doch jetzt noch fertig«, hab ich zu ihm gesagt, »zwei Jahre lang haben die dich doch gewollt. Du kannst doch jetzt nicht aufhören, einfach so.« Mit dem Kopf geschüttelt hat er, gesagt, dass ich keine Ahnung habe von dem, was da los ist bei der Bank. Die Sache mit der neuen Prüfungsverordnung, dass er ganz woanders hin soll, um sich prüfen zu lassen. Und dass er jetzt, mit all dem Training, den Spielen und den Turnieren für Brasilien, sowieso keine Zeit mehr hat, um zu lernen. »Wann denn?«, hat er gefragt, und »wofür denn?« Sei doch sonnenklar, dass er mit Fußball viel mehr Geld für sich und uns verdienen kann als mit dem Geldzählen für fremde Leute.

Was sollst du darauf sagen? Und außerdem: Der Elber war ja schon immer einer, der gemacht hat, was er will, und nicht das, was andere aus ihm machen wollen.

Ist er jetzt eben Fußballer. Und kommt im Radio, in den Zeitungen, selbst im Fernsehen haben sie neulich mal seinen Namen gesagt.

Nein, Marias Mutter hat keinen Fluch ausgelegt. Sie hat nichts Böses geschickt. Und wenn doch, dann hat die Hand Gottes das getan, wofür ich gebetet und in der Kirche die Kerzen gestiftet habe. Es war gut, dem Herrn und Schöpfer in dessen gesegnetem Haus mit aller Inbrunst auf die Knie gefallen zu sein. Vater unser, der du bist im Himmel, gesegnet sei dein Name, vergib mir die Schuld und vergebe auch meinem Sohn, dem Elber. Er ist ein guter Junge, ein aufrichtiger, ein ehrlicher. Bitte Herr, ich bitte dich: Schütze ihn vor dem Bösen, bewahre ihn vor dem Übel – ich flehe zu dir, dem Allmächtigen: sei uns gnädig.

Ja, er ist uns gnädig. Ich fühle es. Kein Hunger mehr, schon lange nicht mehr. Wir sind wohlauf. Und mein Elber, der Schmächtige, der immer mitgelaufen ist mit den Großen, aber sich nicht kleinkriegen lassen wollte, diesen Elber wollen sie jetzt nach Europa holen, damit er dort Fußball spielt.

Neulich ist ein Herr extra aus Europa hierher zu uns gekommen. Zu uns nach Hause. Hat sich mit meinem Mann José unterhalten, sprach fleißig Portugiesisch, unsere Sprache. Ein gebildeter Mann, ein Ausländer, mit Anzug und Krawatte, weißes Hemd, schwarze Schuhe. Gelacht haben die beiden, irgendwann gegangen sind sie. Wahrscheinlich was trinken, was weiß ich. Und jetzt sagt José, der Herr aus Belgien sei ein Bekannter des ehemaligen brasilianischen Nationaltrainers. Den Namen habe ich vergessen, irgendetwas Italienisches. Dieser schicke Herr aus Belgien jedenfalls habe gesagt, dass unser Elber die Chance seines Lebens bekommen wird. Denn in Europa gibt es viel zu wenig gute Fußballer, die so spielen, wie Elber das tut. Sie brauchen Stürmer in Europa, Leute, die Tore schießen können, die jung sind, ganz jung. Am besten, so jung wie Elber. Das ist der Grund, warum jetzt

diese Herren aus Europa zu uns nach Brasilien kommen, nach jungen Männern gucken und viel Geld versprechen, wenn sie unsere Söhne mitnehmen dürfen.
Mein Gott, Europa. In Europa ist es kalt. In Europa gibt es Schnee. Europa ist doch nicht die Welt von uns – und warum, um Himmels willen, muss mein Sohn in Europa sein Glück suchen, kann es nicht auch hier finden? Hier bei uns. Brasilien ist doch groß genug. Und mein Elber noch viel zu jung für ein Leben in Eis und Schnee. Die Sprache, ja und was ist eigentlich mit der Sprache? Er kann kein Englisch, er wollte es nie lernen. Elber hasst doch andere Sprachen.
Europa, mein Gott.

Cintia:
DIE FUSSBALL-FRAKTION BEI OMA

Jeden Sonntag das Gleiche: aufstehen, frühstücken, sich fertigmachen – und dann zur Siedlung hoch, wo Oma wohnt. Da sitzen wir dann rum, die ganze Familie, es wird geredet, gegessen, die Küche gemacht, dann wieder hingesetzt. Du kannst die Uhr danach stellen, wann wer was macht. Mein Opa macht immer das Gleiche: redet über Fußball, Fußball, Fußball. Ich glaube, er verpasst kein einziges Spiel. Wenn im Radio etwas über Fußball kommt, dann hat er es eingeschaltet, so laut, dass sich die Anderen fast nicht mehr unterhalten können. Oma sagt immer: »Jetzt dreh endlich mal das Ding leiser.« Ich glaube, sie sagt das nicht, weil sie glaubt, dass ihr Mann das auch tun wird, sondern nur, dass sie es gesagt hat. Wegen uns, weil sie weiß, dass uns das ständige Gedudel stört. Fußball. Immer nur Fußball. Ich kann nichts anfangen mit Fußball, es interessiert mich nicht. Und ich habe keine Ahnung, wer denn jetzt wo gegen wen spielt, und warum das so wichtig sein soll, wenn die einen verlieren und die anderen nicht. Und diese Sonntage hier, die nerven nur noch. Was soll ich hier? Alle anderen in meinem Alter sind jetzt unten in der

Stadt, treffen sich an der großen Avenida, gucken, was geht, und wer mit wem. Du musst unten an der Avenida sein, um zu wissen, was los ist in der Stadt. All deine Freundinnen sind da, trinken Kaffee, plaudern, man macht Scherze, man hat Spaß, man gehört einfach dazu, wenn man sonntags auf der Avenida ist. Und alle Jungs sind auch da, zeigen sich, quatschen dich an. Ich aber hocke oben bei den Großeltern in der Siedlung, wo nichts, absolut nichts passiert, was mich interessiert. Wenn da etwas läuft, dann das Radio, natürlich auch der Fernseher. Und wenn Fußball kommt, dann darf der Vater meiner Mama nichts, absolut nichts verpassen. Manchmal hört er zwei Sender gleichzeitig, auf zwei verschiedenen Radios. Dreht hier rum, dreht dort rum – und wenn dann im Fernsehen auch noch irgendwelche Geschichten über Fußball gesendet werden, muss das natürlich auch noch parallel laufen. Adriano, der jüngste Bruder meiner Mutter, wohnt auch immer noch bei seinen Eltern, also bei Oma und Opa. Auch so ein total Fußballverrückter. Die beiden sitzen da, ihre Welt ist rund, alles dreht sich um den Ball, das Leben ist ein Rechteck mit zwei Toren – und neuerdings haben sie auch einen neuen Helden ausfindig gemacht. »Einer von uns«, sagen sie, also einer von der Siedlung hier, den sie persönlich kennen, der hier wohnt, auch noch bei seinen Eltern. Sie reden immer nur von »der Junge von unten«. Ja, »der Junge von unten« sei ein ganz toller Fußballer; einer mit großer Zukunft; einer, der jetzt Tore schießt, nicht nur für Londrina, sondern auch für Brasilien. Und dann, wenn sie den Jungen von unten zum Helden von morgen machen, dann glänzen ihre Augen, wird die Stimme so feierlich. So, als ob sie stolz darauf wären, dass einer von hier dort angekommen ist, wo sie nie waren.

Sie waren ihr Leben lang immer nur hier. Verdammt, ich wäre lieber ganz woanders, anstatt hier herumzuhocken. Ich bin bald siebzehn, versteht ihr! Mit siebzehn willst du nicht bei Oma und alten Männer herumhocken, die nur Fußball im Kopf haben und über Jungs von unten schwärmen. Mit siebzehn willst du dir selber deine Jungs aussuchen und schwärmen dürfen.

Hier oben jedenfalls komme ich nicht ins Schwärmen, nach hier oben komme ich nur, weil meine Mama darauf besteht. Okay, als Kind war das damals noch eine ganz andere Geschichte. Ich hab für Lello geschwärmt, mit ihm gespielt, er hat mich verehrt. Aber dann, nachdem er tot war, diesen grässlichen Unfall hatte, danach war dieses Haus von Oma kein Platz zum Spielen mehr, sondern nur noch ein Ort der Trauer, der Erinnerung, des Unbehagens. Mit der Schwester von Lello habe ich zwar noch ein paar Mal gespielt, wir wollten dann auch später in Kontakt bleiben. Aber mit den Jahren wurde es immer weniger, mittlerweile ist nichts mehr da. Also, was soll ich hier oben, außer den Sonntag vertrödeln? Sollen die anderen doch tun, was sie tun wollen. Ich jedenfalls will sonntags nicht mehr hoch, sondern bleiben, wo ich bin, das tun, was die anderen tun. Ich will nicht zum Außenseiter werden, ganz einfach. Ich will so sein, wie die anderen sind. Die anderen, die dürfen am Wochenende ausgehen, wohin sie wollen und so lange sie können. Freitag, Samstag und auch am Sonntag ist hier bei uns in Londrina doch endlich richtig was los. Alle sind unterwegs, alle. Nur ich, ich darf nur an den Samstagen losziehen. Und spätestens um drei oder vier Uhr ist Schluss für mich. Mama wartet daheim, sie geht nicht schlafen, sondern sitzt und wartet auf mich. Und immer, jedes Mal wird es verdammt knapp, denn die meisten Partys, fast alle Veranstaltungen oder Treffs beginnen doch erst um Mitternacht. Hast du also nur drei, höchstens dreieinhalb Stunden Zeit, um mitzumischen. Drei Stunden! Drei Stunden sind nichts, fast nichts. Versteht das Mama nicht? Will sie das nicht verstehen? Ich bin doch kein Hündchen, das die kurze Leine braucht, auch kein Püppchen mehr in Lackschuhen, das sich nicht schmutzig machen darf. Und Jungs, herrje, die Jungs. Mit keinem von denen ist es bisher gut gegangen. Ein, zwei Monate lang vielleicht, höchstens. Und nichts Ernstes war dabei. Aber du musst als Mädchen doch auch mal testen, wie du ankommst. Wissen, was geht und wie es geht. Du willst doch mitreden können, wenn die anderen davon reden, wer sie erobert hat oder wen sie erobert haben. Jungs sind nicht wirklich wichtig für mich, aber sie tun deinem Selbstbewusstsein gut, können dein Selbstwertgefühl stärken. Aber von alledem hat Mama wohl keine Ahnung. Sie hat nur eines: Angst davor, dass ich an den Falschen gerate, mich womöglich unglücklich mache. Mütter eben. Nein, vorbei. Ich geh jetzt einfach nicht mehr mit, wenn die Sippe jeden Sonntag rauf zur Oma marschiert. Sollen sie doch – aber ohne mich.

EINE MILLION DOLLAR

Eigentlich ist er nur ein dünner Draht, dieser Gaszug am Motorrad. So dünn, dass er auch schon mal reißen kann. Du siehst diesen dünnen Draht zwar nicht, aber du weißt, es gibt ihn. Und du kannst selber bestimmen, mit deiner eigenen Hand, deiner eigenen Kraft, wie stark du Gas gibst, wie schnell es dann nach vorn geht. Ich hab in letzter Zeit unentwegt Vollgas gegeben, immer volle Pulle, volles Rohr, höchster Gang. Und es ging ab, wie nie zuvor etwas abgegangen ist in meinem Leben. Venezuela, Portugal, zurück nach Londrina – und jetzt, nur ein paar Wochen später, düse ich, keine Ahnung wie schnell, durch den Himmel in Richtung Italien.

Der AC Mailand erwartet mich zur Vertragsunterschrift. Ich muss nur noch meinen Namen auf ein Stück Papier schreiben, danach bin ich reich, unheimlich reich. So reich, dass ich nicht einmal weiß, wie das ist, wenn man so reich ist, wie ich es bald sein werde. Bisher habe ich beim FC Londrina zehn Dollar im Monat verdient. Okay, zehn Dollar sind nicht gerade viel, aber zehn Dollar sind genug, um gut zu leben, wenn du daheim essen und schlafen kannst, dein Geld nicht in die Bars trägst oder in irgendwelche Mädels steckst. Zehn Dollar im Monat, bar auf die Hand – das war gestern. Morgen schon schreibe ich meinen Namen auf ein Stück Papier, danach werden sie mir 100 000 Dollar auf ein Konto überweisen. 100 000 Dollar jedes Jahr, und das fünf Jahre lang. Der AC Mailand nimmt mich unter Vertrag.

Ich, Giovane Elber de Souza, Stürmer des Drittligisten FC Londrina, ich sitze im Flugzeug nach Italien, ich strecke die Beine aus, gucke aus dem Fenster, um mich herum nur grelles, gleißend helles Blau. Hey, Lello, kannst du mich sehen? Ich bin zwar nicht im Himmel, aber ziemlich nah bei dir. Los, guck raus, hier bin ich, ganz weit oben über der Erde, was weiß ich wie viele Kilometer über dem Boden.

Nein, ich träume nicht, ich lebe. Nur ein paar Stunden noch, dann bin ich Fußballprofi beim großen AC Mailand. Und so, wie die Dinge stehen, werden sie dem FC Londrina bald eine Million Dollar nur dafür bezahlen, dass man mich gehen lässt. Eine Million Dollar Ablösesumme, das ist der nackte Wahnsinn. Und eine Million Dollar, das ist so viel Geld, wie nie zuvor jemand in Brasilien für einen Juniorenspieler kassiert hat. Die Zeitungen schreiben vom »teuersten Transfer aller Zeiten«, nennen mich »Elber, der Millionen-Junge«.

Der Gaszug. Er klemmt, er muss sich wohl irgendwo verhakt haben und kann nicht mehr zurück. Und diese Kiste, die mein Leben ist, die fährt Vollgas mit mir. Alles, wirklich alles geht jetzt in einem Tempo voran, dass es nichts mehr zu lenken gibt, nichts zu bremsen – nur einen einzigen Weg: geradeaus, schnurstracks geradeaus. Mensch, Lello, ich weiß nicht, ob die Richtung stimmt. Keine Ahnung, wohin das führt. Und wie sollte ich auch? Seit ich von der Weltmeisterschaft aus Portugal wieder daheim angekommen bin, hat mir fast jeder etwas anderes geraten. Ich soll auf gar keinen Fall jetzt schon weg aus Brasilien, sagt Luca, mein Ex-Trainer vom Juniorenteam. Viel zu früh sei das alles, viel zu schnell springe der Fußball mit mir um. Das alles sei jetzt doch wirklich nicht mehr normal. »Elber, mein Junge«, hat er gesagt, »hör mir zu, ja? Hör gut zu und vertraue mir. Du hast das Zeug, um in Brasilien ein ganz Großer zu werden. Ich weiß das, ich spüre das. Die Leute lieben dich, sie wollen dich sehen, dich und deine Tore. Bleib erst noch ein paar Jahre hier im Land, werde Nationalspieler, sammle mit der Selecao große Triumphe, werde reifer und erfahrener. Dann, erst dann kannst du auch das wirklich große Geld verdienen, eine große internationale Karriere machen.« Richtig gefleht hat Luca, ich solle jetzt Geduld haben, Geduld mit mir und dem Fußball. »Vertraue mir.«

Vertrauen! Geduld! Ich habe keine Geduld; mit wem sollte ich Geduld haben? Mit Kindern sollte man Geduld haben, nachsichtig sein, alles zu seiner Zeit. Aber ich, ich bin kein Kind mehr. Ich bin 19 Jahre alt, und ich habe lange genug auf diese Chance hier warten müssen.

Außerdem ist diese Chance nicht nur durch meine Arbeit gekommen, sondern es war auch Glück dabei. Und davon nicht zu wenig. Ja, das Glück hat mitgespielt, als Ernesto Paulo mich mal beim Turnier in Londrina gesehen hat und ich nicht verletzt war, sondern Tore geschossen habe. Viele Tore, eins nach dem anderen. Etwas Glück war dabei, dass ich beim Auswahlturnier in Venezuela erst durch die Verletzung eines anderen Stürmers in die Stammelf der brasilianischen Auswahlmannschaft gerutscht bin. Und ohne Glück schießt du auch bei einer Junioren-Weltmeisterschaft nicht so viele Tore wie sonst kein anderer. Glück kannst du nicht fassen, nicht halten, nicht zwingen. Das Glück kommt, das Glück geht. Also, was heißt hier Vertrauen? Du kannst deinem Glück nicht vertrauen, du musst es nutzen, exakt dann beim Schopf packen, wenn es da ist. Und danach darfst du es nicht mehr loslassen. Nein, ich habe kein Vertrauen in mich, in mein Glück. Ich denke, ich muss es jetzt auskosten, jetzt, solange es noch bei mir ist. Vielleicht kommt es ja nie wieder – und dann? Dann hast du deine Chance gehabt und sie nicht genutzt. Und dann, Lello. Was sagst du dann zu mir? Vielleicht: »Pech gehabt, Elber«, oder etwa: »Tut mir Leid, mein Junge«?

Vollgas. Seit Portugal geht alles im Hochgeschwindigkeitstempo. Ich war kaum zu Hause, schon will der Präsident vom FC Londrina mit mir reden. »Wir müssen jetzt was tun«, sagt er, »ganz schnell die bisherige Vereinbarung mit dir in einen offiziellen Profivertrag umwandeln.« Denn dann, nur dann, könne auch der FC Londrina etwas Geld bekommen, wenn mich vielleicht ein Verein aus Europa kaufen wolle. Na klar, warum nicht?

Mein Vater José war einverstanden und hat sofort den ersten Profivertrag für mich abgeschlossen. Ich glaube, es hat weniger als fünf Minuten gedauert. Und ich vermute mal, er war so stolz, dass sein Sohn jetzt beim FC Londrina einen Profivertrag angeboten bekommt, dass er bei allem nur genickt hat, damit der Herr Präsident ja keinen Rückzieher mehr macht.

Der Herr Präsident ist ein wirklich kluger Mann. Zwei Tage später jedenfalls sitze ich schon mit ihm in diesem Flugzeug in Richtung Italien zur Vertragsunterzeichnung beim AC Mailand, und wir reden über die eine Million Dollar Ablösesumme, die der FC Londrina nun für mich kassieren wird. Üblicherweise ist es in Brasilien ja so, dass die Spieler 15 Prozent der gezahlten Ablösegelder behalten dürfen. Hab ich zwar gewusst, als wir beim Präsident waren und der mich ganz schnell zum Vertragsprofi umgewandelt haben wollte. Aber von einer Million Dollar Ablöse für einen wie mich – davon wusste ich nichts, mein Vater nichts, niemand wusste etwas von dieser wahnwitzigen Summe. Obwohl, ich erinnere mich: So ganz nebenbei hat der Präsident mich dann auch mal gefragt, was denn mein größter Wunsch sei, den er mir erfüllen kann, wenn es klappen sollte mit Italien. Irgendeinen Wunsch, der nichts mit Geld zu tun hat. »Weil Geld«, hat er zu mir gesagt, »Geld wirst du ja in Europa viel mehr verdienen, als wir dir hier jemals zahlen können.« Stimmt, denk ich so vor mich hin, also, was willst du fordern. Los, Elber, sei jetzt einfach mal so richtig unverschämt. »Ich will ein Haus, in dem Viertel, in dem ich wohne. Eine Garage dazu, und ein Auto muss drin stehen«, sag ich dann zu ihm.

Er nickt, sagt sofort »in Ordnung, abgemacht«. Dann lachen wir, ich fühle mich unglaublich abgezockt und clever. Gut gemacht, Elber. Bist noch nicht mal weg, schon haben deine Eltern ein neues Haus, deine Brüder ein neues Auto – und sogar eine Garage, wo sie drin schrauben und basteln können.

Mein Bruder Carlos Alberto, alle nennen ihn nur Beto, mein großer Bruder sagt dann später: »15 Prozent von einer Million Dollar, das ist so viel, davon hätten wir uns nicht nur ein Haus irgendwo, sondern eine Luxusvilla mit Pool und Gärtner kaufen können.« Stimmt. Aber egal jetzt. Tatsache ist: Der FC Londrina hat wirklich einen ziemlich schlauen Fuchs als Präsidenten. Ich bin nicht sauer auf ihn, ich mag ihn. Und Londrina dürfte in den nächsten Jahren genug Geld haben, um sich gute Spieler kaufen zu können.

Und ich, ich hab's möglich gemacht.

FURZEN TUT ER AUCH

Mailand. Ist das die richtige Richtung oder bin ich schon auf dem Holzweg, der in eine Sackgasse führt? Mensch Lello, ich weiß es nicht. Und ich habe keinen blassen Schimmer, ob bei diesem Höllentempo vielleicht bald eine enge Kurve kommt, es mich auf die Schnauze haut, ich erst in Mailand, wenig später vielleicht im Paradies oder in irgendeiner Hölle lande. Ich weiß es nicht. Aber was ich weiß, ist das: Von nun an gibt es kein Zurück mehr, keine Rückkehr. Ich muss durchhalten, einfach durchhalten. Sie zahlen mir 100.000 Dollar jedes Jahr. Fünf Jahre nur, dann werde ich eine halbe Million Dollar verdient haben. Und das nur mit Fußball.

Die Welt, sie gehört mir. Ich kann sie kaufen, ich kann mir alles kaufen. Ich werde Londrina kaufen, auf jeden Fall aber ein schönes Haus, groß genug für alle, die zu mir kommen wollen oder in mein Leben finden werden. Und natürlich muss Platz sein für all die schönen Autos, einen Pool muss es im Garten geben, große Palmen, deren Blätter im Wind so rascheln, dass du glaubst, du bist an einer Strandpromenade.

Neben mir im Flugzeug sitzt der Herr Präsident vom FC Londrina. Wir beide fliegen jetzt nach Mailand, den Vertrag klar machen. Gleich danach geht es wieder zurück nach Hause, wir werden die Koffer packen – und dann, irgendwann, wird wohl auch Beto nachkommen. Beto mein Bruder. Er in einem Flugzeug, auf dem Weg nach Europa – wie das wohl wird?

Beto, der Starke, mein Aufpasser, mein Beschützer. Dona Ceia will unbedingt, dass er dabei ist, wenn ich in Europa spiele. Damit ich jemand habe, auf den ich mich verlassen kann, nicht ganz allein sein muss. Beto hat nicht lang überlegt, sondern einfach nur genickt. »Klar, ich komm mit.« Ich stelle mir vor, wie er diesen großen Vogel besteigt. Ganz langsam, ganz vorsichtig, mit Schiss in der Seele und vielleicht der Angst im Nacken. Wie er dann dasitzt, völlig zusammengesunken auf seinem Sitz, und da pennt er. Ja, hundert Prozent, er wird pennen im Flugzeug. Ich denke an große Palmen, die rauschen wie am Meer – und was ich dann höre, ist Beto, wie er schnarcht und, natürlich, furzen tut er auch. Musst dich gar nicht rausreden, Beto, ich kenne diesen Geruch.

Beto, ich liebe dich. Beim Einchecken, da wirst du schwitzen und zittern vor deinem ersten Flug. Dann steigst du ein, in diesen riesigen Blechvogel und gleich geht's nach Europa, dein Jungfernflug ist 'ne Reise ins Ungewisse. Beto wird seinen Job kündigen, um mich durch mein neues Leben begleiten zu können. »Ich bleib so lange bei dir, wie du mich brauchst«, hat er gesagt. Und: »Genug Kohle verdienst du ja jetzt, um uns zwei über die Runden zu bringen.«

Aber klar doch, Alter. Kein Problem. Es wird überhaupt keine Probleme geben mit uns beiden. Penn einfach weiter, du Schnarchsack. Träum was Schönes. Nur ein paar Stunden noch, dann bist du im Ausland. Staunen wirst du, über das Leben dort, die Häuser, die Straßen. Wirst schon sehn, wenn es dann soweit ist, du nachkommst. Aber ich, ich muss jetzt erstmal aufstehen, meine Klamotten zwicken und zwacken überall. Mistdinger, verfluchte. Aber es war eben keine Zeit, noch schnell 'ne neue Hose und ein weißes Hemd zu kaufen. Und Geld war auch keins mehr übrig, weil man muss ja auch noch was in der Tasche haben, auf solch einer langen Reise. Na ja, mangels Bargeld habe ich mir eben diese Klamotten hier von Dona Ceia besorgen lassen. Ich weiß nicht genau, wem die gehören, von wem sie meine Mutter ausgeliehen hat. Ist doch auch egal, oder? Fragt doch keiner. Obwohl: Die Hose ist unten zu kurz, oben zu weit und kneifen tut sie jetzt nach der ganzen Sitzerei auch dort, wo man es eigentlich nicht so gern hat, dass es kneift. Und das Hemd? Sieht schick aus, find ich. Ja, okay: Die Ärmel sind schon ein klein wenig sehr lang. Ich hab sie eben hochgekrempelt, drei Mal. Meine Schuhe, herrje, wo sind jetzt meine Schuhe?

Eben erst habe ich sie ausgezogen, weil es so heiß geworden ist in den Dingern. An diese festen Winterschuhe muss man sich auch erst noch richtig gewöhnen, finde ich. Weil man sie zuhause eigentlich nur ganz selten braucht. Aber jetzt, wenn es nach Europa geht, da zieh ich lieber meine Winterschuhe an, selbst wenn es dort Sommer ist. Denn Mailand ist der Norden von Italien, Italien ist Europa, im Norden von Europa kann es kalt werden, verdammt kalt. Und wenn du erst mal anfängst an den Füßen zu frieren, dann hast du keine Chance mehr, dann friert es dich auch am ganzen Körper. Nein, ich will nicht gleich nach meiner Ankunft frieren, also hab ich meine Winterschuhe angezogen. Mist, und jetzt find ich sie nicht.

Hemd zu lang, Hose zu kurz – soll ich jetzt etwa auch noch ohne Schuhe durchs Flugzeug latschen? Da, schaut alle her, so sieht er aus, der brasilianische Junge aus armen Verhältnissen. Gestern noch hat er sich durchs Leben geschlagen, mehr schlecht als recht durch die Schule gequält, in seiner Ausbildung hat er die Noten schön frisiert, kurz vor der Prüfung bekommt er aber kalte Füße, schmeißt alles hin – und im Fußball war er lange Zeit auch keine große Birne, die hell geleuchtet hat. Jetzt, da schaut her, so sieht er aus, der Elber Giovane de Souza, wenn er nach Italien fliegt um die Kohle abzuräumen: nichts passt – und Schuhe hat er auch keine an.

Ach, Scheiß drauf. Der Präsident pennt, und ich muss mir jetzt die Füße vertreten. Mir doch egal, was die Leute denken. Und die Stewardessen sind absolut in Ordnung, keine Mängel festzustellen. Nicht am Fahrgestell, nicht an der Karosserie, da blättert kein Lack und auch sonst alles gut in Schuss. Italien, ich komme. Und ich komme nicht, um gleich wieder zu gehen.

ERST EINMAL GIBT'S NEUE SCHUHE

Der Typ am Flughafen schaut so komisch. Na egal, jedenfalls ist er freundlich. Ich versteh zwar nicht viel von dem, was er da alles erzählt, aber er gibt sich Mühe mit seinem Portugiesisch. Wir fahren ins Hotel, ich falle ins Bett. Morgen, morgen Nachmittag, hat er uns mitgeteilt, morgen Nachmittag soll der Termin auf der Geschäftsstelle beim AC Milano stattfinden. Und vorher, sagt der Typ, der uns vom Flughafen abgeholt hat, vorher will er mit mir noch schnell in die Stadt zum Einkaufen. Schlafen, Aufstehen, Frühstück, Warten – und dann kommt er, pünktlich auf die Minute, fährt uns in ein Schuhgeschäft. Nein, gut finde ich meine neuen Treter hier wirklich nicht. Um ehrlich zu sein: Sie sehen bescheuert aus, so ganz ohne Schnürsenkel, diesem watteweichen schwarzen Leder und einer Sohle, die so dünn ist, dass du wahrscheinlich jeden noch so kleinen Kieselstein auf der Straße spüren wirst. Obwohl: Hier in Mailand gibt's keine Kieselsteine auf den Straßen und die Leute haben keine Schuhe, damit sie gut gehen können, sondern um Mode zu zeigen. Italien ist schließlich berühmt für schöne Schuhe. Schön. Aber die, die ich da unten an den Füßen habe, sind meiner Meinung nach nicht schön, sondern nur eines: bequem. Der Schuhverkäufer freut sich, ich sage an der Kasse artig Danke, weil der Typ bezahlt und meine Winterstiefel ganz schnell in einer Plastiktüte verschwinden lässt. Ich darf nicht vergessen, ihn daran zu erinnern, dass ich sie wieder zurück haben will. Ich ahne schon, was Beto zu diesen neuen Schuhen sagen wird, wenn ich ihn mit diesen Flachlatschen vom Flughafen abholen werde. Lachen wird er, mich verarschen wollen. Aber nimm dich in Acht, Alter, wenn du kommst, war ich schon eine ganze Weile hier und hab Vorsprung.

BRANCHINI

Hast du wirklich geglaubt, die stärkste Liga der Welt wartet sehnsüchtig auf einen wie dich? Hey, Mann, sag an, was ist dein Problem? Hast du ein Problem? Ist es etwa ein Problem für dich, dass der AC Mailand dich nicht deshalb bis zum Hals mit Dollars zuschüttet, weil er dich sofort in seiner Mannschaft spielen lassen will? Sondern nur deshalb, weil dich die Italiener in Europa haben und dich dort so ausbilden lassen wollen, dass du europäisch spielen kannst. Los Elber, sag schon: Bist du wirklich so grün hinter den Ohren, so blöd – oder vielleicht jetzt schon derart abgehoben, dass du die Gesetze des Fußballgeschäfts noch immer nicht kapiert hast? Die wollen den Wurm hier am Haken haben, nicht weit weg in Brasilien.

Ja, schon gut, alles klar, ich jammere nicht, ich versuche zu verstehen, warum ich jetzt in Mailand bin, aber trotzdem nicht bleiben kann, sondern gleich weitergeschickt werde. Vielleicht nach Frankreich, zu St. Etienne. Kein schlechter Klub, meint Branchini, der Mann, der fast alle Brasilianer, die gerade in Italien spielen, hierher gebracht hat. Branchini ist Italiener, wohnt in Mailand, Branchini sieht aus wie ein Mafioso, ist aber keiner von diesen Verbrechern, sondern einer, der ziemlich gute Geschäfte macht mit brasilianischen Fußballern, denen er Klubs in ganz Europa vermittelt. Papa José sagt, der Branchini kennt sich aus, er spricht portugiesisch, er habe bei seinem Gespräch mit ihm ganz kluge, vernünftige Sachen gesagt – »so einen brauchst du, wenn du in Europa bist. Vertraue ihm einfach. Mach, was er sagt.«

Branchini sagt, der AC Mailand sieht in mir eine Hoffnung für die Zukunft, nicht für jetzt. Deshalb habe ich auch keinen Vertrag für ein oder zwei Jahre bekommen, sondern gleich einen für fünf Jahre. Sie wollen, dass ich mich in Ruhe so entwickeln kann, dass es reicht für die stärkste Liga der Welt mit den besten Abwehrspielern überhaupt. »Schau dich an«, hat der Branchini gesagt, »schau genau hin, wie du aussiehst.« Und dann solle ich mich mit all denen vergleichen, die schon seit Jahren nichts anderes tun, als den besten Stürmern der Welt das Toreschießen zu vermiesen. »Franco Baresi beispielsweise. Was glaubst du, Elber, was stellst du an gegen einen Typ wie den Baresi?«, fragt der Branchini. »Wie viele Chancen gibt er dir in einem Spiel?«

Ich beiß mir auf die Zunge, ich nicke, dann reden wir über die aktuellen Stürmer des AC Mailand. Über Marco van Basten, Weltklasse, oder das Mittelfeld mit Ruud Gullit, Frank Rijkaard. Klangvolle Namen, die man auch in Brasilien kennt, weil die Spiele des AC Mailand im Fernsehen kommen, die Fußballinteressierten zuschauen, weil sie wissen wollen, was in Europa gespielt wird. Und ich, der Elber, ich habe vor dem Abflug meine heulende Mutter damit getröstet, dass sie mich doch bald wiedersehen wird, wenn auch nur im Fernsehen. »Und nach jedem Tor für Mailand schicke ich dir einen Gruß in die Kamera, okay?«

Jetzt ist klar: Ich werde nicht für Mailand spielen. Ich werde sogar nicht mal dort trainieren dürfen. Kein einziges Mal. Sie haben mich aus Londrina hierher geholt, um mich sofort weiterzuschicken. Morgen oder übermorgen soll dann klar sein wohin. Vielleicht nach Frankreich, zu St. Etienne. Oder auch in die Schweiz. Branchini meint: »Die Grashoppers in Zürich sind auch nicht schlecht.«

Schweiz? Er macht Witze. Klar macht er Witze, oder? Schweizer machen leckere Schokolade. Ganz kleine Täfelchen sind das, nicht größer als eine Streichholzschachtel. Aber dünner, viel dünner. Damals, als ich noch bei der Banco do Brasil gearbeitet habe, da hat einer aus der Betriebsfußballmannschaft einen Vater gehabt, der mal beruflich in der Schweiz gewesen ist und von dort Schokolade mit nach Hause gebracht hat. Sein Sohn, den Namen habe ich vergessen, dieser Sohn von diesem Bankmanager, der hat mir so eine klitzekleine Tafel geschenkt. Wow, Schokolade aus der Schweiz, das war etwas ganz Besonderes. Ich hab sie nicht aufgegessen, sondern daheim ins Regal gelegt, wie ein Souvenir – natürlich an einen schattigen Platz, damit sie nicht schmilzt.

Die Schweiz. Also wirklich. Käse gibt es in der Schweiz, Berge natürlich auch, viel Schnee und Skifahrer. Aber nie, noch nie in meinem Leben habe ich davon gehört, dass sie in der Schweiz auch Fußball spielen. Und wie heißt der Klub noch mal? Branchini lacht. Wusste ich's doch, der Spaßvogel will mich veräppeln. Grashoppers, ja klar. Spielen wahrscheinlich auf ungemähten Wiesen, das Wappen ist 'ne Heuschrecke, und zum Champion wird der gekürt, der am weitesten vor dem Ball weghüpfen kann.

MILANO – ZÜRICH

Mein Freund, der Schuhverschenker, kommt ins Hotel, druckst nicht lange herum, sondern sagt: »Morgen früh fahren wir nach Zürich.« Die Sache mit Frankreich habe nicht geklappt, weil St. Etienne mich für zwei Jahre ausleihen wollte, der AC Mailand aber darauf besteht, mich nach jeder Saison zurückholen zu können. Je nachdem, wie gut ich geworden bin oder wie es bei ihnen im Sturm aussieht. »Optimal« sei das, sagt Branchini, und »in Zürich kannst du Spielpraxis sammeln, dein Zweikampfverhalten schulen, dein Durchsetzungsvermögen verbessern«.

Wenn einer wie Branchini mit Engelszunge redet, wird selbst die Schweiz zum Fußballparadies. Wir packen die Koffer, ich ziehe wieder meine Winterschuhe an. Und als ich mit Papa José telefoniere, hat er ganz am Schluss noch eine Frage: »Wie ist noch mal der Name von dem Klub in Zürich?« Wir lachen, wir scherzen, wir versprechen durchzuhalten, uns von nichts und niemand vom Weg abbringen zu lassen. Führt er mich jetzt eben in die Schweizer Berge, der Weg. Ich werde ihn mir mit Schokolade pflastern, diesen klitzekleinen, hauchdünnen Täfelchen süßer Schokolade.

ESPORTE

Elber faz dois gols na vitória do Brasil

Devaldo Gilini Júnior
Editor de Esporte

Com dois gols de Elber e um de Ramon, a Seleção Brasileira venceu ontem a do Chile por 3 a 1, garantindo uma vaga às semifinais do Campeonato Sul-americano de Futebol Junior, que está sendo disputado na Venezuela. O gol de honra da Seleção Chilena foi marcado por Robles, cobrando pênalti. O londrinense Elber foi o destaque do jogo. Fez dois golaços e teve participação decisiva na jogada que originou o gol de Ramon.

O Brasil começou bem a partida, jogando no ataque e encurralando o Chile. A pressão brasileira durou até os 15 minutos do primeiro tempo, quando os chilenos conseguiram equilibrar o jogo. As principais chances de gol surgiram após os 30 minutos. Elber fez uma boa jogada e, de virada, chutou sobre o travessão do goleiro Penailillo. Logo depois, o centroavante londrinense conseguiu driblar dois chilenos, foi à linha de fundo, fez o cruzamento na medida para Ramon, que acabou perdendo a chance e se enrolando com Luís Fernando. A última oportunidade brasileira do primeiro tempo foi um chute de Luís Gustavo. Livre de marcação, ele conseguiu perder um gol feito, chutando à esquerda de Penailillo.

Para o segundo tempo, o Brasil voltou com Paulo Nunes no lugar de Luís Gustavo, dando mais mobilidade ao ataque. Depois de duas grandes chances de abrir o marcador, o Brasil perdeu o zagueiro Andrei, expulso logo no começo da etapa final. Quando parecia que a expulsão estava abalando os jogadores brasileiros, o pequenino Ramon lançou Elber entre os zagueiros chilenos. O centroavante londrinense entrou livre e chutou com muita categoria, sem chances para Penailillo, aos 14min30s.

A alegria brasileira com o primeiro gol não durou muito. Sete minutos depois, Robles, cobrando um pênalti "arranjado" pelo juiz, empatou o jogo. A partir do empate, o Chile equilibrou a partida novamente, mas Elber (sempre ele) recebeu na área um cruzamento de Rodrigo, e bateu forte. O goleiro chileno não conseguiu segurar a bola, rebatendo para o meio da área. Ramon, que vinha acompanhando o lance, só teve que empurrar a bola para o gol vazio.

Com 2 a 1 no placar, a Seleção Brasileira começou tocar a bola com tranquilidade, irritando os chilenos. O jogo ficou feio, cheio de jogadas desleais dos dois times. A partida já chegava ao seu final, quando Paulo Nunes, numa jogada espetacular pela ponta direita, entrou livre e com um toquinho encobriu o goleiro Penailillo. A bola atravessou toda a pequena área e foi encontrar do outro lado o centroavante Elber, que com uma cabeçada certeira fez seu segundo gol no jogo e o terceiro do Brasil, conquistando definitivamente um lugar no time titular da Seleção, com certeza. Elber só não será titular se o técnico Ernesto Paulo for cego.

O Brasil volta a jogar no Sul-americano amanhã, às 18 horas, contra a Colômbia. O jogo será transmitido ao vivo pela Rede Bandeirantes (TV Tropical) dentro do Show do Esporte.

Brasil – Roger; Anderson, Castro, Andrei e Zelão; Marquinhos, Djair, Luís Fernando (Rodrigo) e Ramon; Luís Gustavo (Paulo Nunes) e Elber.
Técnico: Ernesto Paulo.

Chile – Penailillo; Oteiza, Robles, Calderon e Lira; Polsen, McNiven e Valdivia (Nheque); Caro (Herrera), Pinto e Jara.
Técnico: Manuel Pellegrini.

Local: Estádio Pueblo Nuevo, em San Cristóbal, Venezuela.

O centroavante do LEC foi o melhor do jogo

Die Zeitung titelt: Elber schießt die Nationalmannschaft mit zwei Toren zum Sieg

»Mailand blättert eine Million Dollar für mich hin«

Brasilien verliert im Elfmeterschießen die Junioren-Weltmeisterschaft und alle zu Hause schauen zu

Elber Giovani – sie werden schon noch lernen, wie man meinen Namen schreibt

Meine erste richtige Mannschaft: die Hallenmannschaft von der Banco do Brasil

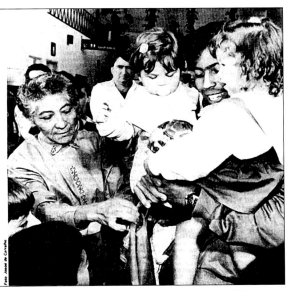
Rückkehr von der Nationalmannschaft, Mama holt mich ab mit meinen beiden Nichten

Das Schweinefußball-Team unserer Straße

Der frisch gebackene Nationalspieler im Kreise der Familie, inzwischen um zwei Schwägerinnen reicher

Ich fliege in einem Vogel aus Blech – Lello, ich bin ganz nahe bei dir

Zum ersten Mal wird die
Nationalhymne auch für mich gespielt

Hier bin ich – Nationalspieler
Elber Giovane de Souza in Venezuela

Mein Siegestor für Brasilien!!!

Mein erstes Tor für Brasilien – Jaaaaa!!! Fang mich, wenn du kannst

Was soll ich nur sagen? Mein erstes Interview – Gott sei Dank ist Trainer Ernesto Paulo (li.) dabei

Die Runde zu Hause wird immer größer ...

Da schau her – der junge Nationalspieler

CHILI CON CARNE, POMMES – »ZWEI TELLER, DANKESCHÖN«

Ich habe Venezuela gesehen: Kaum ein Unterschied zu Brasilien. Ich war auch schon in Lissabon: Die Leute reden portugiesisch, fast wie zu Hause. Ich bin in Mailand gelandet: Auch dort liegt Hundescheiße auf den Wegen, Müll neben der Straße, Staub überall. Und wenn die Menschen dort miteinander sprechen, dann verstehst du zwar nichts, aber dieser Singsang in den Stimmen, diese nicht enden wollende Melodie von hoch bis tief, von laut und leise, mal sanft, dann grob – es kommt dir vertraut vor, irgendwie. Ein Hauch von Heimat weht ins Ohr, kitzelt deine Sehnsucht, klopft an dein Herz. »Mensch, öffne dich«, denkst du, »lächle und warte darauf, ein Lächeln zurückzubekommen.«

Nie und nimmer hätte ich zu träumen gewagt, dass es auf dieser Welt ein Land geben kann, das so ist wie diese Schweiz. Und nie zuvor habe ich Menschen gehört, die so sprechen können, wie die Menschen hier sprechen. Sie sagen etwas zu dir, ohne wirklich den Mund zu öffnen. Dann machen sie eine Pause, du denkst, sie sind fertig, willst lächeln, ihnen sagen, dass du nichts sagen kannst, weil du nichts verstehst – aber nein, sie sind nicht fertig mit ihrem Satz, sondern haben nur Luft geholt oder überlegt, wie der Satz denn jetzt weitergehen könnte. Du hörst zum ersten Mal in deinem Leben, wie man in der Schweiz spricht – und sofort, von einer Sekunde auf die andere, wird dir eines klar: Oi, oi, Elber, von jetzt an wird es schwer für dich werden, ganz schwer.

Dann gehst du raus auf die Straße – und glaubst, du bist nicht draußen, sondern in einer blitzblank polierten Kulisse für einen Werbefilm, bei dem es um Putzmittel, Glasreiniger oder Scheuermittel geht. Kein Dreck, nirgendwo, nichts liegt auf dem Boden, nichts. Ich glaube, nicht einmal Staub. Ich guck auf meine Schuhe, bekomme ein ziemlich mieses Gefühl in der Magengegend. Denn das, was ich da unten an den Füßen trage, ist schmutziger als all das, worauf ich trete. Ich muss mir die Schuhe putzen. Sofort, bei der nächsten Gelegenheit werde ich diese verdammt angestaubten brasilianischen Winterschuhe unter den Wasserhahn halten. Oh Scheiße! Lieber Gott, hilf, lieber Gott, mach, dass das, was da in den Ritzen meiner Sohlen hängt, jetzt nicht rauspurzelt. Lass es noch drin kleben, ich bitte, lass es drin kleben, nur noch ein kleines bisschen, bis wir in unserem Hotelzimmer sind. Ich kann doch nicht in Zürich ankommen – und zur Begrüßung gleich überall kleine Portionen vertrockneter Hundehaufen verteilen.

Hunger. Beto und ich haben aber so was von Hunger. »Komm, lass uns runtergehen ins Restaurant«, sagt Beto. Niemand hier in Zürich spricht auch nur annähernd so, dass wir irgendetwas kapieren. Der Ober sagt, er spricht jetzt englisch. Klingt aber nicht so. Dann spricht er so, dass es ganz andere Worte sind, aber immer noch so klingt, wie es zuvor geklungen hat. Beto, ist das Französisch? Beto hat keine Ahnung, auch nicht von Französisch. Ich sag jetzt einfach mal das, was meiner Meinung nach gutes Englisch ist, und weil viel Bitte darin vorkommt, auch ziemlich höflich ist. Der Ober lächelt kein bisschen, sondern sagt wieder was, das mir ein klein wenig spanisch vorkommt, aber irgendwie doch kein Spanisch sein kann. Denn Spanisch ist verwandt mit Portugiesisch – und wenn jemand Portugiesisch spricht, dann versteh ich ihn selbst dann, wenn es vorn und hinten nicht wie Portugiesisch klingt.

Nun ja, ich bin mir ziemlich sicher, dass mein erster Tag in Zürich der Tag in meinem Leben ist, an dem ich so lange wie nie zuvor, seit ich lebe, auf etwas Essbares gewartet habe. Was einerseits auch daran liegt, dass der Ober nicht nur langsam spricht, sondern auch ziemlich lange braucht, bis er kapiert, dass hier zwei Hungerleider sitzen und nichts verstehen. Andererseits ist es für zwei ebenso überraschend wie urplötzlich in die Schweiz importierte brasilianische Straßenkämpfer auch unmöglich, sich anhand so einer Speisekarte wie dieser hier entscheiden zu können, was man essen kann und was nur Getränke sind. Außerdem ist es dort, wo wir ein Leben lang gegessen haben, einfach undenkbar, dass es in einem Lokal mit Küche keine Reisgerichte gibt, nichts mit Bohnen – oder dass die Küche Feierabend machen will, obwohl noch hungrige Gäste da sind. Als der Ober kommt, mit den Händen fuchtelt und auch sonst einen irgendwie ziemlich nervösen Auftritt bietet, zeigen Beto und ich einfach so, jeder mit seinem Zeigefinger, auf irgendeine gedruckte Zeile der Speisekarte. Beto bekommt kalte Wurst, ein paar ganz schwarze Scheiben Brot, fette Gurken in Essig eingelegt, Senf und klein gehackten Käse serviert, ich einen ganzen Teller mit braunem, frittierten Zeug drauf. Sie nennen es »Rösti«. Später dann, zurück im Hotelzimmer, räumen wir alles Essbare aus der Minibar ab. Und am nächsten Tag, Beto sei Dank, entdecken wir auf dem Weg zum Frühstück an einer kleinen Tafel vor der Bar drei mit Kreide geschriebene Wörter, die wir kennen und die uns so jubeln lassen, als hätt einer von uns eben im Schweinefußball den Ball nach fünf Stationen ohne Bodenberührung per Seitfallrückzieher ins gegnerische Tor bugsiert. »Chili con Carne«, steht da, ganz deutlich. »Chili con Carne sind Bohnen mit Hackfleisch. Und wenn man jetzt bedenkt, dass wir dort, wo wir bisher gelebt haben, Tag und Nacht immer nur Reis und Bohnen gefuttert haben oder auch hätten futtern können; wenn man weiß, dass Beto und ich jetzt schon seit mehr als einer Woche zwar Nudeln, Steaks, Rösti, Erdnüsse, Chips, auch viel Schokolade gefuttert haben, aber kein einziges Reiskorn zu sehen bekamen – unter diesen Umständen dürfte klar sein, dass zumindest die Aussicht auf Bohnen so eine Art Triumph über das Magenknurren ist.

Fortan, jeden Tag, und nicht nur einmal, futtern die Gebrüder de Souza aus Brasilien in diesem piekfeinen Hotel in Zürich ausschließlich eines: Chili con Carne, und Pommes dazu bitte. »Viel Pommes, zwei Teller, Dankeschön.«

Haufenweise Bohnen im Magen, aber nach wie vor Hunger im Bauch. Du wirst einfach nicht satt, ohne Reis, ohne Eier, ohne das, woran sich dein Körper gewöhnt hat. Er braucht, was er will, nicht das, was es gibt.

Es ist verrückt, es ist total irrwitzig. Und ich kann es einfach nicht fassen – aber es ist die Realität. Ich habe jetzt Geld auf dem Konto, so viel Geld wie nie zuvor. Ich fühle mich reich, ich könnte mir kaufen, was ich kaufen will. Und ich habe Hunger, jeden Tag richtig Hunger. So viel Geld, aber der Elber kann sich nicht einmal ordentlich ernähren. Es läuft was schief hier, da stimmt was nicht. So wie es jetzt ist, kann es jedenfalls nicht weitergehen. Auf gar keinen Fall. Denn der Hunger hier, der Hunger ist beileibe nicht das Allerschlimmste.

Cintia:
DER ELBER BEI OMA ISAURA

Nein, es war keine Ahnung, eher so ein Gefühl. Und jetzt, seit ein paar Tagen, weiß ich also, wer das ist, den die Fußballfraktion da oben bei Oma Isaura immer dann, wenn ich sonntags mal bei ihr bin, so auffällig unauffällig in den Himmel lobt. »Der Junge von da unten«, wie ihn mein Großvater und auch mein Onkel Adriano immer nennen, »der Junge von da unten«, der so wunderbar Fußball spielt, dass man in Europa nun also eine Million Dollar nur dafür gezahlt hat, dass er zu ihnen kommt, »der Junge von da unten« ist der Junge von damals. Lellos bester Freund, dieser kleine, schmächtige, komische Typ. Ich hab ihn damals immer nur gesehen, ganz kurz. Wie er plötzlich aufgetaucht ist, wenn Lello und ich miteinander gespielt haben. Wie er dann geguckt hat, so grimmig, so mies gelaunt. Und dass er dann irgendetwas zu meinem Lello gesagt hat, der für einen Moment lang ganz ruhig war – dann war der Elber gleich wieder verschwunden, und alles war so, wie es vorher war. Elber! Das war so ein komischer Kauz. Ich wollte den erst gar nicht kennen lernen, und ich habe doch ganz genau gespürt, dass der mich überhaupt nicht leiden kann.

Und jetzt, zig Jahre später, jetzt sitze ich daheim auf dem Sofa, bin froh, an diesem Sonntag meine Ruhe zu haben und nicht wie-

der hoch zu Oma Isaura mitgehen zu müssen, jetzt liege ich also im Wohnzimmer auf dem Sofa, lese ein Buch – und das Telefon klingelt. Adriano ist dran, der jüngste Bruder meiner Mama Bernadette. Adriano ist in Ordnung, finde ich. Zwar ein klein wenig zu fußballverrückt, wie auch sein Vater, also mein Opa, aber im Gegensatz zu meinem Opa behandelt mich Adriano nicht wie ein Barbie-Püppchen, sondern ganz normal. Ich bin für ihn keine Prinzessin, die abgeschirmt werden muss vom niederen Volk.»Du bist du«, sagt Adriano häufig zu mir, wenn ich mal wieder an mir zweifele, nicht weiß, ob ich wirklich das tun soll, was mir Spaß macht, aber meine Mama Bernadette nicht erlaubt. Wenn ich die mir vorgegebenen Grenzen überschreiten will, wenn ich nicht die sein will, die Mama, Papa, Oma und vor allem Opa für mich ausgedacht haben, wenn ich also nur ich sein will, nur Cintia und sonst nichts – dann ist Adriano meine Unterstützung. Er hilft mir, wenn es geht, auch wenn er kann. Ja okay, ich selber, ich finde es schon ein klein wenig merkwürdig, dass solch ein Mann, zumal ein derart gut aussehender, in diesem Alter nicht Frau und eigene Kinder hat, sondern wieder bei Mama und Papa wohnt. Aber egal, ich finde nicht, dass ich jemand, der mir im Leben ein wirklich guter Ratgeber und zugleich eine Waffe gegen die elterliche Allmacht ist, also ich finde es unangemessen, solch einem väterlichen Freund und zugleich Verwandten unangenehme Fragen zu stellen. Er lebt, wie er lebt, er lebt, wo er lebt. Jetzt lebt er eben wieder bei seinen Eltern – und kann mit Opa, wann immer sie wollen, Fußball hören, Fußball gucken, über Fußball diskutieren und auch streiten. Sie streiten häufiger, die beiden. Vielleicht deshalb, weil sie beide keine Duckmäuser sind, sondern Typen, die eine Meinung haben und sie auch sagen.

Adriano ist am Telefon, sagt mir: »Hey Cintia, was machst du gerade.« Ich sage: »Ich lese.« Und er: »Schön. Wie wär's, wenn du kurz hochkommst zu Oma Isaura und uns? Weißt du, der Elber ist da. Eben erst angekommen aus der Schweiz. Du weißt doch, der Junge von da unten, der Fußballer, der jetzt in Europa spielt.«

Sag mal, spinn ich jetzt? Nein, ich lese ein Buch. Und ich bin wunderbar glücklich darüber, jetzt endlich mal hier zu Hause sein zu können, ganz allein, völlige Ruhe um mich herum, und nicht wieder bei Oma sein zu müssen. Und jetzt, mein lieber Adriano, jetzt nenne mir auch nur einen einzigen vernünftigen Grund, weshalb ich auf das verzichten soll, was ich mir in jahrelangem verbalen Kleinkrieg mit Mama und Papa erkämpft habe: sonntags nicht mit zu Oma zu müssen, sondern das tun, was ich tun will. »Nein, danke«, sage ich zu Adriano, »nett von dir, das Angebot. Aber das Buch ist gerade so spannend, ich will's lieber jetzt zu Ende lesen. Gruß an alle, auch an den Elber.«

Stille an meinem Ohr. Adriano sagt nichts, überlegt wohl. »Okay«, sagt er dann, »bis dann.«

Er legt auf, ich lege auf – aber bevor ich mich wieder aufs Sofa legen kann, klingelt das Telefon erneut. »Ja, hallo.« Mama ist dran. »Du Schatz«, sagt sie, »der Adriano ist schon auf dem Weg zu dir, holt dich ab zu uns.« Ich sage: »Adriano? Der fährt doch gar kein Auto.« Und sie: »Ja klar, und deshalb fährt der Elber ihn.«

So. Der Elber fährt ihn. Jetzt sind sie also wirklich alle miteinander durchgeknallt. Was geht da eigentlich ab, bei Oma? Elber hier, Elber da, Adriano kommt, der Elber fährt ihn – was soll diese Operette? Und was habe ich mit diesem Elber am Hut. Ich kenne den doch überhaupt nicht. Ich weiß noch nicht mal, wie der aussieht. Der Elber, den ich kenne, das ist ein kleiner, dürrer, übel gelaunter Junge von der Straße bei Oma Isaura. Immer barfuß, so viel Dreck unter den Zehennägeln, immer in kurzen Hosen, kein Hemd – und außerdem einer, der mich überhaupt nicht leiden kann.

Mama sagt am Telefon noch: »Cintia, der Elber kennt dich. Aus der Disko, beim Tanzen hat er dich gesehen. Wir haben eben über dich gesprochen, und er meint, er würde dich gern mal wiedersehen. Sie sind schon losgefahren, also dann: bis gleich.« Aufgelegt. Na prima.

Ich soll fahren, sagen die beiden, »ist schließlich euer Auto«. Adriano steigt hinten ein, der Elber setzt sich auf den Beifahrersitz. Na dann: los zur Oma. Ich sage nichts, Adriano und sein Fußballheld reden belangloses Zeug. Die Sache läuft dann so, dass er mich die ganze Zeit nur beobachtet, und ich ihn. Wie er da bei Oma mit jedem spricht, völlig zwanglos. Und sich beiläufig, sodass ich es höre, bedankt für die Einladung hierher. Wie er dann mit meinem Vater umgeht. Voller Respekt zwar, aber nicht untergeordnet. Nein, überhaupt nicht. Gleiche Augenhöhe, seinesgleichen. Sie lachen, sie machen Witze, ich sitze am Tisch, wie bestellt und nicht abgeholt, bei Kaffee und Kuchen, der Elber geht, will schnell etwas von daheim holen. Dann kommt er mit Schokolade aus der Schweiz zurück. Und gibt mir eine Autogrammkarte von sich. Darauf steht: »Eine herzliche Umarmung, für Cintia«.

Wir schauen uns nur an, er lächelt dieses Lächeln, das nicht nur ein Lächeln ist, sondern ein Spiegel, in dem du diese weißen Zähne siehst, Lebensfreude, diese Lachfalten, Offenheit, Lust am Jetzt und Komm-mit-mit-mir.

Er geht, ich bleibe.

Elber! Aus diesem dürren Kerl von Kind ist jetzt ein Mann geworden. Groß, aber nicht zu groß. Attraktiv, aber kein Schönling. Redet keinen Blödsinn, macht bei meinem Papa Eindruck, und er schreibt auf diese Fotokarte »eine herzliche Umarmung, für Cintia«. Ich schaue Adriano an. Er lächelt so ein Lächeln, das mich wütend macht. Danke Onkel, nett von dir – aber spar dir deine Mühe, Mann, ich suche mir meine Männer dann doch schon lieber selber aus. Okay? Er setzt sich zu mir und erzählt, was los ist mit dem Elber. Nicht in Italien sei er zum Fußballspielen, sondern in die Schweiz habe man ihn geschickt. Ausgeliehen, für ein Jahr. Eine ganz harte Zeit mache der Junge gerade durch, diese Einsamkeit weit weg von daheim. Keine Sprache, keine Freunde, und spielen lasse man ihn in der Schweiz auch noch nicht. Und jetzt hat er eben für ein paar Tage Urlaub bekommen, ist gleich hierher geflogen. »Cintia«, sagt Adriano zu mir, »ich wollte ihm doch nur eine kleine Freude mit dir machen, verstehst du? So ein überraschendes Wiedersehen.« Ja, klar. Und jetzt auf Wiedersehen, Onkel. Darf ich wieder nach Hause, ja? Darf ich?

DER EINSIEDLER

Ich glaube, es war ein Fehler. Wir hätten es bleiben lassen sollen, so wie es war. Kurzer Besuch bei den Nachbarn, Schokolade mitbringen, mit Adriano und seinem Vater über Fußball plaudern und wie das so abläuft in der Schweiz – und dann wieder tschüs. Heim zur Familie. Aber nein, Adriano hat diese supertolle Idee mit Cintia. Sie will aber nicht kommen – und wird dann von ihrer Mama hergepfiffen. Entsprechend mies gelaunt war sie dann auch. Kein Wunder eigentlich, wie muss sie sich wohl vorgekommen sein? So vorgeführt. Da, bitte schön, schau her Elber: unsere Cintia. Erkennst du sie noch? Wisst ihr noch? Damals, ihr habt doch immer zusammen auf der Straße gespielt.
 Nichts haben wir. Gehasst habe ich sie. Weil sie mir Lello weggenommen hat, weil sie so komisch war, wie ein Püppchen eben, ein verwöhntes Püppchen aus der Stadt. Und jetzt, jetzt holen sie sie extra von daheim weg, nur weil ich mal kurz vorbeigekommen bin, um Hallo zu sagen. Es war ein Fehler, ein saublöder Fehler. Was muss diese Cintia denn jetzt von mir denken? Mist. Ich glaube, das kannst du abhaken, Elber. Die Braut ist futsch. Schade eigentlich. Denn die hat was, irgendetwas hat sie, was mich jetzt nicht mehr loslassen will. Cintia. Beim nächsten Heimaturlaub fahre ich hin zu ihr und entschuldige mich. Ohne Schokolade, ohne Autogrammkarte. Und dann? Mal sehen.
 Obwohl: Wenn sich hier jetzt nicht schleunigst etwas ändert mit mir und dem Klub, dann gibt es in Londrina keinen Heimaturlaub, sondern eine Rückkehr für immer. Ich halt das nicht mehr aus, ich kann nicht mehr. Ich bin erledigt, total am Ende. Und Fußball, mit Fußball hat das hier überhaupt nichts mehr zu

tun. Die lassen mich hier nicht Fußball spielen, sondern haben mich gleich wieder aus Zürich weggebracht. Hoch ins Gebirge. Zum Laufen. Der Ort heißt genauso, wie er ist: Einsiedeln. Ja, kein Witz, der Fußballer Elber ist zum Einsiedler geworden. Nein, nicht ich bin hier, in diesem kleinen Hotel, es ist nur mein Körper, der hier ist. Und Beto natürlich. Beto wollte unbedingt mit, als der Trainer gesagt hat, dass ich noch nicht fit genug sei für die Liga hier. Aufbautraining soll ich machen, »ein paar Wochen harte Vorbereitung. Danach sehen wir weiter.« Beto sieht schlecht aus. So bleich, so müde, ausgelaugt irgendwie. Zwei Wochen sind wir nun schon hier in Einsiedeln, nur wir, sonst kein anderer Fußballer. Karel Oldrich Schwab, der Trainer der Grashoppers, hat uns mit seinem Auto hierher gefahren, mit noch einem anderen im Schlepptau – und der ist nun zuständig dafür, dass ich vom Fußballer zum Bergläufer umgeschult werde. Morgens, ganz früh, gleich nach dem Aufstehen, warten vor der Haustür die Fahrräder, mit denen radeln wir dann hin zum Berg – und dann geht's hoch. Immer nur berghoch. Nein, nicht mit dem Rad, das bleibt unten stehen, an einem Baum festgemacht, mit der mordsfetten Kette. Das Fahrrad darf liegen bleiben, der Elber muss rennen. Rennen. Rennen. Ich renne, wie ich nie zuvor in meinem Leben gerannt bin. Und Beto, der Arme, rennt immer mit. Die Berge hoch, die gleiche Strecke wieder runter, dann zurück aufs Rad, zum Hotel – und im Hotel wartet kein Chili con Carne, gibt's keine Pommes, Cola schon gar nicht. Im Hotel wird das gegessen, was auf den Tisch kommt.

Wenn du jeden Tag, dreimal, stundenlang nur über Berge, hoch die Berge und wieder runter vom Berg, rennst, dann isst du, was es gibt – und verlangst nicht etwas, das hier keiner kennt. Beto flennt, Elber flennt, jeden Tag telefonieren wir beide nach Hause mit Dona Ceia, und kein Tag vergeht ohne Tränen, ohne Wut und ohne die Nachricht an Mama, dass wir das hier nicht schaffen werden. Unmöglich, absolut unmöglich, das alles durchzuhalten. Alles an deinem Körper tut weh, dein Magen schreit nach

Reis mit Bohnen, im Ohr flüstert eine dürre Stimme: »Lass es sein Elber, fahr heim« – und dein Kopf sagt dir: Durchhalten, du Memme. Beto und ich einigen uns auf folgenden Zeitplan: Bis Dezember noch, drei Monate, wenn es dann nicht besser geworden ist – adeus.

Cintia:
DER BRIEF

»Schreib ihm doch mal«, sagt Adriano, »komm Cintia, sei nicht so zickig. Der Elber hat angerufen, der ist so einsam in der Schweiz, so furchtbar einsam. Er freut sich riesig über jedes Zeichen aus der Heimat.« Ich schreibe keinem Fremden. Und schon gar nicht schreibe ich aus Mitleid. Was soll ich denn schreiben? Das Wetter ist schön, wie ist es bei dir? Oder vielleicht: »Ich habe die Schule gewechselt und gehe jetzt zur UEL. Die UEL ist die Landesuniversität von Londrina, man kann sich auf ein Schwerpunktfach konzentrieren, und ich will jetzt meinen Magister in Psychologie machen.« Soll ich das schreiben, ja?

Toll, so ein Brief. Fremde wie der Elber, die in Europa leben, die interessieren sich ganz bestimmt für meinen Alltagskram. Und dass ich Klavier spiele, über das Praktikum, das ich gemacht habe in einer Schule für Kinder, deren Eltern geschieden sind und die betreut werden müssen. Soll ich so etwas schreiben, ja?

Die Schule für verhaltensauffällig gewordene Scheidungskinder ist da oben in der Siedlung, wo auch der Elber herkommt und meine Oma Isaura lebt. Was eigentlich ganz praktisch ist, weil ich dann in den Pausen bei ihr essen und das Geld für einen Imbiss sparen kann. Oma Isaura kocht wunderbar, es schmeckt einfach alles, was sie am Herd zaubert. Kein Wunder also, dass der Adriano dann auch immer am Tisch sitzt. Und neulich fragt er mich, ob ich denn den Brief da zur Post bringen könne. »Klar doch, kein Problem.« Die Post ist auf dem Weg zur Schule. Und der Brief, den ich für Adriano mitnehmen soll, der Brief ist an den

Elber adressiert – aber noch nicht im Kuvert drin. »Da unten ist noch Platz für einen kurzen Gruß«, sagt Adriano, »komm schon, schreib ein paar Zeilen.« »Also gut:« »Liebe Grüße auch von mir, deine Cintia«. *Zugeklebt, ab zur Post.*
Nicht mal eine Woche später klingelt daheim das Telefon. Elber ist dran. Ich frag ihn: »Bist du etwa in Londrina?« Und er: »Nein, ich bin noch in der Schweiz.« *Oh Gott, weiß der eigentlich, wie teuer das ist, wenn man aus Europa nach Brasilien telefoniert? Telefonieren ist ja schon hier in Brasilien nicht gerade billig, ich bekomme das zu spüren, jeden Monat. Aber von der Schweiz nach Londrina – ich glaube, der spinnt, der Elber.*
Nein, er spinnt nicht. Einsam ist er, Heimweh hat er, und reden kann er wie ein Buch. Eigentlich ist das ein ganz lustiger Kerl. Okay, wir versprechen uns von nun an hin und wieder mal zu schreiben, und er sagt: »Ich ruf nach jedem Brief dann sofort zurück, okay?« *Na dann: bin gespannt.*

ZÜRICH, LIMMATSTRASSE

Sie hat geschrieben. Da, schaut her, da unten im Brief von Adriano, da hat sie was dazugeschrieben. Zwar nicht viel, nur ein paar Grüße, aber sie enden mit den Worten »deine Cintia«. Hey Mann, schlecht klingt das nicht.

Und Adriano, du verrückter Typ, du hast deine Finger ganz dick drin in dieser Sache hier. Unglaublich. Wenn sich der Adriano mal etwas in den Kopf gesetzt hat, dann lässt er nicht locker, egal was passiert. »Cintia und du, ihr zwei seid füreinander geschaffen«, hat er neulich geschrieben, »glaub mir, Junge, das passt. Ich spüre, dass das passt.« Und jetzt kuppelt er, dass es mir fast schon peinlich geworden ist. Nein, es war nicht fast peinlich, es war komplett peinlich, diese Cintia-Elber-Zusammenführungsaktion bei Dona Isaura. Aber egal, Schwamm drüber. Hier steht, von Hand geschrieben: *Deine Cintia.* Eine schöne Schrift hat sie, finde ich. Sie schreibt bestimmt viel. Ich nicht.

Um ehrlich zu sein, ich schreibe total ungern. Linkshänder, schon in der Schule haben sie an meinen Buchstaben herumgemäkelt. Zuviel Zickel-Zackel wär das, zu schlampig, nicht gleichmäßig genug. Meine Schrift ist nicht besser geworden, alles andere aber schon. Selbst mein Leben hier in Zürich.

Das Leben ist Lernen, ich lerne jetzt, wie man lebt in einer Welt, in der du nicht zu Besuch bist, sondern daheim sein musst, um zu überleben.

Fußball? Ich habe geglaubt, Fußball kann ich. Seit ich denken kann, ist da dein Fuß, ein Ball – fertig: Fußball. Du gehst raus, kommst in das Spiel, findest dich ein, und schon funktioniert alles nach diesen festen Regeln, die überall gleich sind, auf der ganzen Welt. Wir Brasilianer sind Weltmeister im Fußballspielen, jeder weiß das, jeder sieht das, und wer sich in Brasilien durchgesetzt hat, der kann überall als Fußballer bestehen. Dachte ich jedenfalls. Bis jetzt. Und nun, was ist nun mit dir passiert, Elber Giovane de Souza, noch vor vier Monaten gefeierter Torschützenkönig aus Londrina? Versuchst dir einen Stammplatz bei Grashoppers Zürich zu erkämpfen, schaffst es aber nicht. Weil du gegen die Verteidiger in der Schweizer Liga keinen einzigen Zweikampf gewinnst, immer nur das Nachsehen hast; weil jeder Ball, den du bekommst, ruckzuck wieder weg ist – meist beim Gegner, der sich dann freut. Und weil das deine Kollegen in der Mannschaft überhaupt nicht freut, sondern mordsmäßig stinkt, tun sie das, was auch du machen würdest, wenn in deinem Team eine Krücke kickt: spielst den Ball lieber woandershin. Scheiße, absolute Scheiße: Ich kann rennen wie ein Leichtathlet, ich bin fit wie ein Turnschuh, ich bin heiß auf jedes Spiel – aber ich habe das verlernt, wofür ich eigentlich hier bin: Ich kann nicht mehr Fußball spielen.

Beto sagt: »Dann fang halt an, es wieder zu lernen.« Mein Trainer, ein ruhiger, kleiner Tscheche, mit wachen Augen und ziemlich viel Durchblick, Karel Oldrich Schwab, meint, ich brauche nur eines: noch mehr Training. Ich lebe nur noch, um zu lernen. Vormittags lerne ich das Fußballspielen im Mannschaftstraining, gleich danach gibt's Sprachunterricht in Deutsch. Zwei Stunden später muss ich wieder auf dem Trainingsgelände sein, Sonderschicht nur für mich allein. Dann wartet der Masseur, und bis ich rauskomme, ist es draußen schon dunkel. Selbstverständlich knurrt der Magen, nein, er knurrt nicht, er bellt, er kläfft, er tobt wie blöd. Mir ist regelmäßig schlecht vor Hunger. Herrje, wann hätte ich denn etwas essen sollen, und wo, außer mal schnell zu McDonald's oder sonst einem Fastfoodhaus? Ich habe einfach keine Zeit, um in Ruhe zu essen. Was ich habe, das sind Termine, dicht aufeinander gelegte Termine beim Verein, bei der Deutschlehrerin – weiß der Kuckuck wo noch. Und was ich nicht habe, das ist ein Führerschein sowie ein Auto. Mein Leben fährt Zickzack, mein Alltag läuft auf Schienen: Ich fahre Tram, alles mit der Tram.

Die Tram ist ein feiner Zug dieser Stadt. Immer pünktlich, auf die Minute, kommt sie an diesen Haltestellen an, die alle ein Dach haben, für den Fall, dass es regnet, und damit niemand beim Warten nass werden muss. Denn nasse Menschen machen Dreck, und Dreck ist etwas, das man in der Schweiz lieber vermeidet. Weshalb es auch überall große Abfallkörbe gibt, die natürlich auch nicht vor Schmutz starren, sondern von eigens angestellten Leuten geputzt und gesäubert werden. Wenn die Straßenbahn kommt, steigt man ein, sie zuckelt los, da draußen, hinter der Glasscheibe, beginnt ein Film zu laufen, den du zwar mit der Zeit schon kennst, aber immer wieder neu empfindest.

Limmatstraße. Ich wohne nicht mehr im Hotel, sondern in der Limmatstraße. Meine erste eigene Wohnung ist im vierten Stock, hat zwar keinen Aufzug, aber sie hat ein Wohnzimmer, drei Schlafzimmer, es gibt ein Bad, eine Küche, einen großen Flur. Es gibt Platz ohne Ende, es hallt, wenn man laut spricht. Beto meint, das liegt daran, dass wir noch keine Möbel haben, außer unseren Betten, dem Fernseher, einem Klapptisch aus Plastik und vier Stühlen, die schon drin waren. Wir sollten uns also demnächst Möbel kaufen, sagt er, »alles ein bisschen gemütlicher machen. Oder was meinst du?«

Ich? Ich meine, dass wir noch warten sollten bis zum Sommer. Könnte doch sein, dass dann der AC Mailand mich aus Zürich zurückhaben will. Und dann, was machen wir dann mit deinen Möbeln, großer Bruder? Nein, ich will dann lieber nur einen Koffer packen müssen, alle Klamotten rein, den Fernseher verschenken wir – und winkewinke, *grüezi miteinand*.

Limmatstraße. Ein paar Schritte nur, dann fängt der Straßenstrich an. An jeder Ecke ein Stück Heimat, so viele der Mädels hier sprechen miteinander portugiesisch. Einst am Strand, jetzt hier gestrandet. In diesem blitzblank geputzten Kühlschrank stehen sie und warten frierend auf Freier mit genügend Franken. Manchmal gehe ich hin. Ganz am Anfang, da haben sie noch gelockt, gebuhlt und wollten, dass ich mitkomme, »bisschen Spaß haben miteinand«. Spaß? Ich weiß, dass es ihnen ähnlich geht wie mir hier, in Zürich: Wir haben keinen Spaß bei der Arbeit, wir haben zu schuften, müssen uns ständig überwinden. Bekommen natürlich Kohle dafür, verdammt viel Kohle sogar.

Sorry, Mädels, aber ich bin kein Freier, sondern Hure wie ihr. Fußballhure. Wer genug bezahlt, zu dem gehe ich.

Nein, sie locken mich nicht, die schwarzen Mädels vom Straßenstrich, buhlen nicht mehr, machen auch ihre Mäntel nicht mehr auf, um das zu zeigen, was sie bieten, wenn genügend bezahlt wird. Ich zahle nicht für Sex, ich will ihn bekommen, einfach so. So bin ich nun mal, und die Mädels quatschen mich nicht an, sondern wir reden. Miteinander.

Limmatstraße. Du steigst jeden Tag in die Tram, fährst zum Training, schaust durch die geputzten Fenster, da drüben ist der Platz, an dem sich die Heroinsüchtigen der Stadt ohne Angst vor der Polizei treffen dürfen und es auch tun. Furchtbar, trostlos, nicht zu fassen, aber zum Greifen nahe. Da stehen sie, scharenweise, ganz junge Leute. Oder sie kauern am Boden, einige liegen schon flach, früh am Morgen, wenn ich zum Training fahre. Tote, die erst in ein paar Jahren sterben werden. Jeden Tag fährt meine Straßenbahn an diesem Spritzenplatz hier vorbei. Anfangs war ich schockiert, dachte an Londrina, sah die Gesichter von damals, die mir den Stoff mit einer Wichtigtuerei angeboten haben, als hätten sie pures Gold in den Händen. Katzenscheiße hatten sie, giftige Katzenscheiße, die sie sich so lange in die Blutbahn pumpen, bis aus Gesichtern hässliche Fratzen werden, aus Menschen knöcherne, abgemergelte Gestalten.

Nein, ich bin nicht mehr schockiert, ich stumpfe ab, von Tag zu Tag mehr. Aber jedes Mal ist diese Trauer da in meiner Seele, dieses komische Gefühl, wenn ich mit der Tram an diesem Kram vorbeifahre.

Herr im Himmel, hilf, dass nicht auch ich schon bald mit irgendwelchen Kumpels an einem Platz hocke, wo sich die Gescheiterten treffen. Und ein anderer fährt vorbei, an diesem Haufen des Scheiterns, guckt rüber – und denkt: räumt ihn weg, diesen Scheiterhaufen. Scheiße noch mal, ich will hier nicht scheitern, hörst du? Ich bin nicht im Juli 1991 in ein Flugzeug nach Europa eingestiegen, um vier Monate später als jemand dazustehen, mit dem niemand etwas anfangen kann. Die Jungs in der Mannschaft? Was sollen sie anstellen mit einem, der nichts versteht? Der zum Training kommt und wieder geht. Wie soll man Spaß haben mit einem, der vielleicht Grimassen reißen kann, aber sonst nichts reißt. Schon gar nicht auf dem Platz. Fußball, oh Gott, mein Fußball. Ich kann jetzt rennen, wie nie zuvor in meinem Leben. Ich habe Oberschenkel wie Ben Johnson, eine Muskulatur, als wäre ich Bodybuilder – aber ich spiele Fußball wie eine Mettwurst. Es gibt keinen Zweikampf, den ich gewinne, kaum ein Dribbling, das gelingt. Der Ball ist nicht mehr mein Freund, keine leidenschaftliche Geliebte, erst recht auch kein gelehriges Hündchen mehr, das alles macht, was ich will. Jeder Ball, der zu mir kommt, entpuppt sich als doofe Zicke, widerspenstig, bockig, voll gesogen mit eiskalter Ablehnung. Und der Trainer, dieser kleingewachsene kluge Dachs, der schaut mich immer noch so komisch an. Ich sehe diese Zweifel in seinen Augen, dieses Abwägen, ich spüre dieses Zaudern, das Zögern – und ich beginne genau das zu tun, was auch er tut: Bedenken haben. Ob's der Elber wohl packt?

Grashoppers Zürich spielen im Uefapokal gegen den RSC Anderlecht: Ich bin nicht einmal im Aufgebot. Grashoppers Zürich krebsten in der Schweizer Liga im Tabellenkeller herum: Ich bin keine Hilfe, sondern stecke selber im Kampf um ein Leben nach dem Leben. Denn der Elber hier ist nicht der Elber von Londrina. Der ist auf der Strecke geblieben, hängt irgendwo zwischen São Paulo, Mailand, Einsiedeln und Zürich. Herr im Himmel, hilf, mach, dass ich ihn finde. Er soll zurückkommen. Hierher zu mir. Limmatstraße, vierter Stock, schöne Wohnung, kein Namensschild an der Klingel. Sag ihm bitte, da wartet ein Körper auf ihn, gut trainiert, kerngesund, die Taschen voller Geld, im Kopf jedoch totale Leere.

Ich will nicht scheitern, wie haufenweise andere vor mir gescheitert sind. Ich bin kein Fall für diesen Scheiterhaufen des Lebens, auf dem sich die Menschen mit Katzenscheiße füttern, um ihre Dämonen in die Welt zu schicken und dann jämmerlich zu Grunde zu gehen. Ich bin Elber Giovane de Souza, ich habe einen Fünf-Jahres-Vertrag vom AC Mailand bekommen. Sie haben eine Million Dollar für mich nach Londrina überwiesen, nur damit ich nach Europa komme. Jetzt bin ich da, schon fast sechs Monate lang. Und kaum ein Tag vergeht, ohne dass ich Sehnsucht nach mir selber habe. Ich bin zwar noch da, aber ich bin nicht mehr ich. Also los jetzt! Komm endlich her, Elber! Der Körper hier braucht seine Seele.

Dona Ceia:
DAS KIND SPIELT PLÖTZLICH WIEDER

Was glauben die Leute eigentlich, wer wir sind? Reiche Pinkel, die jetzt nur deshalb mit Geld um sich werfen, weil ihr Sohn in Europa Fußball spielen darf? Ich hasse diese Bettelei, ich will sie nicht hören, all diese Geschichten über Arztrechnungen, kranke Kinder oder plötzliche Todesfälle und Beerdigungskosten, die jetzt beglichen werden müssen. Seit unser Elber weg ist und die Zei-

tungen sogar Fotos von seinem Abflug nach Mailand gebracht haben, von diesem Zeitpunkt an geht kaum ein Tag vorüber, an dem nicht irgendeiner aus der Familie eine Geschichte zum Abendessen mitbringt, die einem das Herz rühren soll. José beispielsweise, mein Mann, kommt neulich von der Arbeit und erzählt von der Frau, deren kleine Tochter auf so furchtbare Art und Weise ums Leben gekommen ist. Stück für Stück vom Krebs aufgefressen worden sei sie, trotz all der Medikamente und dieser sündhaft teuren Strahlentherapie im Krankenhaus. Und jetzt: nur noch Schulden, keine Tochter mehr, die Familie wisse nicht mehr ein noch aus. Das Haus müsse man verkaufen, der Mann habe mit Saufen angefangen, die Arbeitsstelle verloren, die Frau schwanger, noch zwei kleine Kinder am Hals –»oh mein Gott, wie furchtbar«, haben wir alle gesagt. Und dann überlegt, wie man den Leuten vielleicht helfen könnte, so auf die Schnelle. Nicht nur Geld in die Hand drücken – und gut so. Obwohl: Wir wissen ja selber, wie das ist, wenn das Geld ständig knapp ist und dann eines deiner Kinder plötzlich stirbt. Damals, als Teicalo, unser Ältester, diese wahnsinnigen Kopfschmerzen bekommen hat und dann so irrwitzig schnell tot war. Es war purer Zufall, dass wir das Geld für Krankenhaus und Beerdigung noch im Haus und nicht für die fällige Schuldentilgung ausgegeben hatten. Wäre Teicalo einen Tag später gestorben, hätten wir also auch dagestanden und nicht gewusst, woher das Geld auftreiben. Wahrscheinlich wäre ich also auch losgezogen und dorthin gegangen, wo man glaubt, es sei mehr Geld vorhanden, als zum Leben nötig. Um Hilfe bitten ist keine Schande – aber mit einer Lüge betteln schon.

Jedenfalls ist das vermeintlich von Krebs zerfressene Kind dieser Frau schon ein paar Tage später wieder bei uns in der Siedlung aufgetaucht. Putzmunter auf der Straße spielend, übrigens auch kerngesund.

Seit unser Elber hier ein bekannter Fußballer ist, können José und ich keiner Geschichte mehr so richtig trauen. Und nicht mehr lange, dann werden wir wohl auch das tun müssen, worüber wir schon seit einiger Zeit reden: wegziehen von hier, in ein anderes

Haus, in eine andere Siedlung. Vielleicht in Richtung Stadtzentrum, wo die Leute nicht ganz so arm und die Wohnungen ein klein wenig sicherer sind. Wir haben zwar kein Geld im Haus, keinen Schmuck und auch nicht viel mehr, als die anderen hier in ihren Häusern haben. Aber das können die Fremden ja nicht wissen. Die wissen nur das: Guck da, da wohnt die Familie vom Elber, dem Fußballer, der für eine Million Dollar nach Europa gewechselt ist. Eine Million Dollar – das ist unvorstellbar viel Geld. Die Zeitungen schreiben darüber, sie fotografieren den Elber, sie fotografieren mich, meinen Mann, unsere Söhne. Der Name de Souza ist nun bekannt in Londrina, bald wohl auch in ganz Brasilien. Und Brasilien ist so groß, so arm. Die Zeitungen sind doch voll von diesen Geschichten, in denen beschrieben wird, wie und wo mal wieder ein Mensch entführt wurde und dessen Familie nun Lösegeld zahlen soll. Es sind nicht immer die reichen Leute, die es erwischt. Oft erwischt es genau die Leute, die glauben, es könne sie nie und nimmer erwischen. José meint, die Mauer um unser kleines Haus ist jetzt nur noch ein Sichtschutz, aber keine Sicherheit mehr gegen Einbrecher. Wenn du prominent wirst, kommen nicht nur Bettler, sondern auch andere, die etwas wollen. Und das sind welche, die fragen nicht, sondern kommen einfach.

Ich glaube nicht nur, ich fühle: Er hat wohl Recht. Wir passen nicht mehr nach hier oben, wir gehören nicht mehr dazu, wir sollten woandershin. Im Haus, das mein Mann damals aus Holz gebaut hat, in diesem Haus sind alle unsere Kinder groß geworden, eines ist mit neun Jahren gestorben. In diesem Haus wohnt unsere Vergangenheit, aber nicht die Zukunft. Es soll bleiben, wie es ist – auch ohne uns. José hat Recht: Wir müssen hier raus, andere können rein. Einer von unseren Söhnen könnte dann hier eine Familie gründen. Caio vielleicht, unser Ältester. Oder auch Bosco. Die beiden sind ja ohnehin ständig hier oben bei uns und lassen es sich gut gehen. Aber wehe ihnen, wenn sie jetzt glauben, sie könnten sich auf den Lorbeeren ihres kleinen Bruders ausruhen. Nichts da! Das Geld von Elber landet nicht bei ihnen, wird nicht in Autos gesteckt, in Bars getragen oder was weiß ich sonst wohin. Und dann: weg isses. Futsch. Oder dass womöglich eines von diesen jungen Dingern auftaucht, die liebe Schwiegertochter spielend, und später dann, wenn es zu spät ist, merken meine Herren Söhne, dass die schöne Frau nicht zur Familie gehören, sondern vor allem nur Geld sehen will.

Geld. Dieses verflixte Geld. Als wir es dringend gebraucht haben, damals, als die Kinder klein waren, da war nie genügend Geld da. Und wenn etwas da war, dann war es ebenso schnell auch wieder weg. Weil Männer in Bars zum Trinken gehen, weil Kinder dir die Haare nicht nur grau machen, sondern auch vom Kopf wegfressen. Habe ich etwa fremder Leute Häuser geputzt, weil mir Putzen Spaß macht? Oder bei anderen die Küche, den ganzen Haushalt gemacht, während es zu Hause drunter und drüber ging? Die besten Jahre meines Lebens habe ich mich krumm machen müssen, nur damit ein klein wenig Geld ins Haus kommt. Dass es reicht zum Leben, niemand betteln gehen muss, nur weil er Hunger hat. Ich beklage mich nicht darüber, ich jammere nicht, ich danke Gott für seine Gnade und dafür, dass er uns beschützt, manchmal auch sehr hart geprüft hat. Mit dem Tod von Teicalo beispielsweise. Wir haben nicht verzagt damals. Okay, José hat seine Trauer erst mit Alkohol betäubt, ist noch stiller geworden, als er ohnehin schon war. Und ich habe ganz genau mitbekommen, wie er dann für seine Söhne der liebe Papa sein wollte. Wie sie miteinander getuschelt haben, wenn mal wieder einer etwas ausgefressen hatte und ich nichts davon merken sollte. Männer eben. Meinen, sie müssten immer dadurch zusammenhalten, indem sie ihre Frauen austricksen.

Ich hasse es, wenn man mich anlügt. Und ich spüre, wenn sich etwas zusammenbraut. So wie jetzt. Elber, unser Jüngster, der Elber spielt jetzt Fußball in Europa und verdient so viel Geld, dass er uns lieber erst gar nicht mehr erzählt, wie viel Geld es tatsächlich ist. Jedenfalls habe ich unseren Zweitjüngsten, den Beto, mit in die Schweiz geschickt. Zwei sind stärker als nur einer. Beto kann aufpassen, Elber hat jemand zum Sprechen. So ist wenigs-

tens noch ein kleiner Teil der Familie zusammen – auch wenn jetzt ein Kontinent dazwischen liegt. Aber wir haben ja ein Telefon daheim, können jeden Tag miteinander sprechen. Elber hat gesagt, vom ersten Geld, das er jetzt verdient, kauft er uns eine schöne Wohnung unten in der Stadt. Er will nicht, dass wir hier oben bei den Armen jetzt Angst haben müssen, nur weil der Sohn reich wird. Gut so. Aber das Geld, das er schickt, das Geld landet bei mir. Ich bin es, die hier das Sagen hat. Das war früher so, ohne Geld, und das muss so bleiben, auch mit viel Geld. Wer weiß denn schon, ob die Leute in Europa unseren Elber auch morgen noch bei sich haben wollen? Er tut sich so schwer, da drüben in den Bergen. Und auch Beto hat neulich am Telefon so geklungen, als würden die beiden lieber schon heute als morgen wieder nach Hause zurückkommen. »Kommt überhaupt nicht in Frage«, habe ich gesagt, man gibt einen Kampf nicht auf, bevor er begonnen hat. Sie sollen sich durchschlagen, auf die Zähne beißen und daran denken, dass wir zu Hause jeden Tag an sie denken.

Was ich nicht gesagt habe, ist, dass es doch wohl nicht sein kann, nur wegen Heimweh die Chance auf ein schönes Leben wegzuwerfen. Sich keine Sorgen mehr um Geld machen zu müssen, ums Essen und all das. »Elber, mein Junge«, habe ich zu ihm gesagt, als er am Telefon mal wieder gejammert, geklagt und fast geweint hat, »du hast mir versprochen zu kämpfen. Also tu das jetzt auch.«

Und danach haben wir zusammen gekocht. Telefonisch. Er steht in der Küche, den Telefonhörer am Ohr, und ich erzähle ihm, wie man am besten Reis mit Bohnen zubereitet. Ich glaube, er hat unten am Topf ziemlich viel anbrennen lassen. Aber es hat den beiden wohl trotzdem geschmeckt. Können sie jetzt also auch kochen, meine Jungs. Und morgen, sagen sie, morgen wollen sie mein Rezept vom selbst gebackenen Brot im Backofen ausprobieren. Na also, geht doch. Obwohl ich das schon ein wenig komisch finde, dass man in Europa so viel Geld verdienen, sich dafür aber nicht einmal vernünftiges Brot kaufen kann.

WIE SCHMECKT SCHNEE?

Meine Wohnung hat zwei kleine Zimmer, drei Schlafzimmer, eine Küche, ein Bad, ein Wohnzimmer. Darin stehen: ein Klapptisch, sechs Plastikstühle, zwei Matratzen, ein Fernseher, Musikanlage und dieser riesige Kühlschrank, in dem du deine eigenen Eiswürfel herstellen kannst. Eis, so habe ich beim Kauf dieses Monsters gedacht, Eis ist wichtig für all die Drinks, die man so trinkt, wenn man es sich daheim gemütlich macht. Woran ich nicht gedacht habe: Wozu brauchst du Eis, wenn das Land, in dem du lebst, ein einziger großer Kühlschrank ist?
 Schnee! Hörst du, Lello? Schnee! Zum ersten Mal in meinem Leben habe ich jetzt Schnee nicht nur im Fernsehen, sondern richtig in echt gesehen. Gestern war's, spät am Nachmittag. Erst war der Himmel so komisch grau, fast schwarz. Ich bin zu Hause mit Beto, meinem Bruder, wir stehen in der Küche am Backofen, wollen gerade neues Brot backen, da schaut er aus dem Fenster und fängt an zu schreien. »Da, schau mal raus, da!« Erst sehe ich nichts, gar nichts, nur das übliche fast schwarze Grau, doch Beto rennt zur Balkontür, reißt sie auf und steht draußen, inmitten dieser Schweinekälte, nur im T-Shirt. Wir packen uns nicht ein, wenn wir zu Hause sind, keine Pullis, keine Socken, keine dicken Sachen. Wenn du den ganzen Tag nur wie ein Eskimo vermummt durch die Gegend ziehst, dann willst du es daheim doch mal richtig schön gemütlich warm haben. Oder nicht? Dann drehst du alle Heizkörper auf volle Pulle, egal. Hauptsache, du fühlst dich wie daheim. Also brasilianische Temperaturen in der ganzen Wohnung. Und Beto steht draußen, schreit, tanzt und macht den Mund sperrangelweit auf.
 Schnee, Lello! Kannst du dir vorstellen, wie Schnee schmeckt, sich anfühlt und aussieht, wenn er auf deiner Haut zu klitzekleinen Wasserperlen zusammenschmilzt?
 Nein, kannst du natürlich nicht. Ebenso wenig wie ich das konnte. Bis jetzt. Dezember 1991, Zürich, Limmatstraße, vierter Stock, Balkon der brasilianischen Brüder: Hier also geschieht

mein nächstes unvergessliches Abenteuer. Zum ersten Mal in meinem Leben setzt sich Schnee auf meinen Körper. Wir stehen barfuß auf dem Balkon, aber Beto und ich, wir frieren nicht. Stehen einfach da und machen Witze. »Los, Mund auf«, sag ich zu Beto, »lass es reinschneien bis zum Anschlag.« Klappt natürlich nicht, der Kerl hat nun mal keine Ausdauer. Und ich bekomme langsam kalte Füße. Außerdem ist es höchste Zeit, das Brot in den Ofen zu schieben. Reis mit Bohnen, selbst gekocht, dazu frisches Brot, von Mamas Rezept. Wir sitzen drinnen, lassen es uns schmecken – und draußen schneit es, die Welt sieht aus wie mit Puderzucker überzogen. Das Grau verschwindet, die Luft wird klar, unsere Stimmung so, wie schon lange nicht mehr. Ein Hauch von Glück macht sich breit in unserer Bude. Zum ersten Mal, seit ich hier in der Schweiz gelandet bin, zum ersten Mal schleicht sich dieses längst verloren geglaubte Gefühl in meinen Alltag: Wärme von innen heraus, Geborgenheit, keine Sehnsucht nach dem, was nicht hier ist, sondern Dankbarkeit für das, was es gerade gibt. Ein längst verloren geglaubtes Gefühl kehrt zurück. Ich glaube, es ist die Zufriedenheit.

Cintia:
VIELE WORTE, KEIN SEX

Der Junge von unten ist bei mir ganz schön weit oben gelandet. Nicht von jetzt auf gleich, nein, Stück für Stück sind wir immer ein bisschen weitergegangen – und jetzt, ich fasse es nicht, jetzt also sitzen wir beide zwar in verschiedenen Kontinenten, aber trotzdem im gleichen Wolkenkuckucksheim. Weiß der Geier, warum ich den Elber am Anfang so habe zappeln lassen. Ablehnung? Nein, Ablehnung war es nicht. Eher schon Vorsicht gegenüber all diesen nassforschen Typen, die erst so tun, als wären sie etwas ganz Besonderes – und nachher stellt sich raus, dass du für sie nur so lange etwas Besonderes bist, bis sie dich auf den Rücken gelegt haben, oder wenigstens geknutscht. Mit Elber war noch nichts dergleichen. Erst Briefe, dann lange Telefonate – und jetzt quatschen wir fast jeden Tag miteinander. Die Telefongesellschaft verdient sich wahrscheinlich dumm und dusselig an uns. Aber es bin nicht ich, die das vorangetrieben hat. Es ist dieser Elber, seine Geschichten, die Erlebnisse aus einer Welt, die mir so fremd ist, wie mir nie zuvor etwas fremd war. Einsam sein – ich kenne das nicht. Hier bei uns ist immer und ständig jemand um dich herum. So viele Menschen, alle wollen sie leben, sich nicht verstecken, draußen sein. Sprachlos sein, nicht sagen können, was man fühlt. Weil entweder niemand da ist, der deine Sprache spricht, oder du denen nicht vertrauen kannst, die deine Sprache sprechen. Schlimm, so etwas.

Kein Tag vergeht, auch kein Abend, ohne dass Elber und ich miteinander reden. Er in der Schweiz, ich in Londrina. Ja, wir sind ein Paar. Wir sehen uns nicht, wir hören uns nur. Wir fühlen uns, wir spüren uns nicht. Wir haben keinen Sex, sind uns trotzdem nah. Es ist eine Fernbeziehung, die von Ferngesprächen lebt. Und mittlerweile ist es schon so, dass meine Freundinnen mir ganz genau sagen können, dass ich gerade eben wieder mit dem Elber telefoniert habe. »Deine Augen glänzen immer so danach.« Klar, sie lachen über mich, machen sich lustig. Sollen sie doch. Stört mich nicht. Die Zeit wird bald kommen, dass er Urlaub hat und für zwei Wochen nach Londrina kommt. Und dann werden wir nicht mehr viel zu reden, sondern etwas nachzuholen haben. Etwas, worüber ich mit den Freundinnen hier ebenfalls nicht sprechen werde.

Wenn du einen Schatz gefunden hast, solltest du ihn besser nicht preisgeben, sondern hüten. Es geht die Leute nichts an, das zwischen Elber und mir. Und ich will nicht, dass man über uns spricht. Und so hüte ich unsere Gespräche wie ein süßes Geheimnis, verweigere den Neugierigen ihr Futter, lasse sie verhungern und das Misstrauen an mir abgleiten wie Wasser auf geölter Haut.

»Na, wie geht's unserem Fußballhelden in Zürich«, will mein Großvater Jovil wissen, der Fußballverrückte. Ich gehe sonntags *zwar nicht mehr häufig mit der Familie hoch zu Oma Isaura, doch wenn ich mal da bin, dann will die Fußballfraktion um Großvater Jovil und dessen Sohn Adriano meist noch vor dem Essen mit Zustandsberichten aus der Schweiz gespeist werden. »Der Junge von unten hat auch einen Namen«, sage ich dann immer zu Opa, »er heißt Elber«. Und ebenso regelmäßig wird dann kundgetan, dass ja irgendetwas nicht stimmen könne mit dem »Jungen von unten«, wenn man ihn nicht in Italien spielen lasse, sondern irgendwo in den Schweizer Bergen. Niemand hier in Brasilien weiß irgendetwas vom Fußball in der Schweiz. Weil nichts darüber im Fernsehen kommt, kein einziges Bild. Fußball aus Italien, na klar doch. Manchmal auch Spiele aus Deutschland, wenn Bayern München gespielt hat. Alles aus Südamerika, logisch. Aber die Schweiz? »Wie viele Tore schießt er denn da pro Spiel«, will Jovil wissen, oder: »Lieben ihn die Leute in der Schweiz?«*

Ich bin nicht eben auskunftsfreudig. Ich verstehe nicht viel von Fußball. Mein Großvater hingegen weiß alles. Wenn er zum Fußball geht, nimmt er als Proviant bereits geschälte und klein geschnittene Orangen mit – nur damit er beim Essen den Blick nicht vom Spielfeld abwenden muss, um Orangen zu schälen. Großvater Jovil ist Fußballer durch und durch. Mir ist, ganz ehrlich gesagt, dieser Fußball ziemlich egal. Oma Isaura weiß das, ihr Mann weiß das, alle wissen das. Und so dauert es nicht sehr lange, bis sie aufgeben, mir Neuigkeiten aus der Nase ziehen zu wollen, die ich nicht preisgeben will. Weil sie mir gehören. Nur mir. Und weil ich mir sehr gut vorstellen kann, wie sie sich hier oben in der Siedlung den Mund fusselig reden würden, wenn auch nur ein kleiner Brocken Wahrheit in jene Töpfe geraten würde, die in der Gerüchteküche auf heißer Herdplatte zum Brodeln gebracht werden.

Oder soll ich etwa die Geschichte erzählen, wie sich Elber damals gefühlt hat, als der Trainer ihn zum ersten Mal in den Kader für ein Auswärtsspiel berufen hat – und er kommt zu spät zur Abfahrt? Alle weg, ohne ihn. Aber ein Hausmeister, der ihn anbrüllt und zusammenstaucht, als stehe da einer vor ihm, der klei-

nen Kindern das Eis geklaut hat. »Mein Gott, Cintia«, hat er gesagt, dabei fast geweint, »meine erste Chance, und dann gleich so etwas.« Elber hat damals wirklich gedacht, jetzt ist alles vorbei, bevor es überhaupt angefangen hat. Drei Monate lang haben sie ihn nur durch die Gegend rennen lassen, allein mit Beto, in einem Dorf, oben in den Bergen. Weil er nicht fit genug sei, körperlich zu schwach. Und danach jeden Tag Sondertraining, zwischendurch Deutschunterricht am anderen Ende der Stadt. Elber fährt alles mit der Straßenbahn, »weil Autofahren«, sagt er, »Autofahren ist mir hier zu gefährlich«. Und dann, eines Tages, wird entschieden, dass für ihn jetzt die Zeit der ersten Bewährungschance gekommen ist, er mitfahren darf zum Auswärtsspiel. Er ist so stolz, will zeigen, dass er schon ganz viel versteht, dass es kein Problem mehr mit ihm gibt. Also nickt er zu allem, auch dann, als man ihn fragt, ob alles klar sei. Na und dann? Falsch verstanden hat er's, die Uhrzeit der Busabfahrt nicht kapiert. Kommt dann mit der Straßenbahn im Klubgelände an, trifft nur einen brüllenden Hausmeister, der ihm das erklären will, was dem Elber ohnehin jetzt dämmert. Scheiße hoch acht. Wen soll er jetzt anrufen? Oder etwa mit dem Zug hinterherreisen? Nein, alles Blödsinn. Elber hat die nächste Straßenbahn genommen, fährt zurück nach Hause – und sitzt dann wie auf glühend heißen Kohlen auf seinen Plastikstühlen. Als Stunden später immer noch keiner bei ihm anruft, fühlt er sich ebenso elend wie schuldig, unfähig, nichtsnutzig. Wir telefonieren miteinander, wir reden über die Vergangenheit, über das Jetzt, über die Zukunft. Wir reden, reden, reden. Wohl stundenlang.

Nein, ich sage keinem hier in Londrina auch nur ein einziges Wort darüber, wie es eurem supertollen Fußballhelden da drüben in Europa geht. Denn so, wie es ihm damals im ersten Jahr ergangen ist, so darf es nicht mehr weitergehen.

DIE NUMMER 9:
FÜR TEICALO, MEINEN TOTEN BRUDER

Die Zeitungen hier nennen mich einen »Stürmer in Ausbildung«. Stimmt. Ich lerne. Jeden Tag lerne ich neue Dinge. Und das Hallenturnier in München war wohl auch für Karel Olbrich Schwab ein Anschauungsunterricht. Da, Hoppers-Trainer, ja, da schau her: Der Elber kann doch noch Fußball spielen. Ich bin Torschützenkönig geworden, bekomme einen Scheck über 3000 Mark, einen Pokal und dazu noch eine Winterjacke. Nein, nicht irgendeine, sondern eine Originaljacke vom FC Bayern München. Beto hat sie, auch nur ohne eine Sekunde zu zögern (und schon gar nicht mich zu fragen), sofort abgestaubt. »Du darfst mit so etwas ohnehin nicht rumlaufen.« Danke schön, Bruderherz, wirklich vielen Dank dafür. Bayern München. Die Bayern sind der einzige deutsche Klub, den man in Brasilien zur Kenntnis nimmt. Ich ahne schon, was Beto mit der Jacke anstellen wird: Verscheuern wird er sie, wenn wir mal wieder nach Hause kommen. Angeben damit wie Graf Koks und dann an den Meistbietenden verscherbeln. Oder auch einem kleinen Bruder einer hübschen Frau schenken, bei der er landen will. Mein Gott, Elber, lass ihn doch machen, den lieben Kerl den. Hat am Anfang doch genauso gelitten wie du hier. Heimweh, Bauchweh, Marterhirn und Versagensängste. Und trotzdem ist Beto nicht abgehauen nach Londrina, sondern hier geblieben bei mir. Haben sie in Zürich also einen de Souza bestellt – und gleich zwei eingeschenkt bekommen. Ob sie wollten oder nicht.

Meine Brüder: Manchmal habe ich sie allesamt gehasst. Weil ich für sie immer nur der Kleine war, der Benjamin, das Küken. »Casula« eben, kleiner Steppke. Sagen sie doch glatt, ich würde nicht mehr wachsen, sondern so bleiben, wie ich bin. Klein eben, dünn, der Zwerg unter den Riesen. Wie ich es gehasst habe, wenn einer von den Großen gesagt hat: »Ey, Casula, komm mal her« – und dann, wenn ich bei ihm war, einfach ein Bein über meinen Kopf geschwungen hat. »Und hepp.« Gebrüllt habe ich vor Wut. Lauthals all meinen Zorn rausgeschrien. Na ja, und weil ich immer so schön geschrien habe, wenn einer von denen mich zum Beinpfosten degradiert hat, hat das natürlich auch allen anderen einen Mordsspaß gemacht. Wer will noch mal, wer hat noch nicht bei Casula?»Und hepp.« Große Brüder können der Abschaum sein. Fies, brutal, Desperados im eigenen Clan. Sie befehlen ständig rum, behandeln dich wie ihren persönlichen Sklaven. Gleiches Blut, dieselbe Brut – aber ich, ich bin der Kleinste, Schwächste, Dünnste: Ja, verflucht, manchmal hätte ich sie töten können vor lauter Wut und dem Gefühl der Ungerechtigkeit, des Ausgeliefertseins. Aber meistens war ich auch ganz froh, dass es auf dieser Welt große Brüder gibt, die dich beschützen können, hinter denen du dich verstecken kannst, wenn's mal eng wird. Und außerdem: Wenn du im täglichen Bruderkampf schon körperlich unterlegen bist, dann musst du wenigstens geistig auf der Höhe sein. Papa José hat Schläge auf den Kopf verboten. Also, was musst du machen, wenn einer deiner fiesen Brüder dich mal wieder in die Seite gepufft hat, ans Bein getreten oder hat stolpern lassen? Du schreist ganz laut, nimmst beide Hände an den Kopf – und rennst zu den Erwachsenen, tust so, als hätten sie dir wieder etwas gegen die Birne gehauen. Dann haben sie den Stress – und du deine Rache.

Meine Brüder: Einer fehlt, den ich nur als Gesicht kenne, das als eingerahmtes Foto an der Wand neben der Zimmerkommode hängt. Da hängt er und schaut her zu uns: Teicalo, sein richtiger Name ist Antonio Carlos de Souza. Nur einen Tag nach meinem ersten Geburtstag, den wir zusammen mit seinem gefeiert haben, ist Teicalo an Hirnhautentzündung gestorben. Mit neun. Teicalo ist nur neun Jahre alt geworden. Neun. Die Zahl ist 9. Seit ich im Verein Fußball spiele, trage ich auf dem Rücken die Nummer 9. Zum Gedenken an den großen Bruder, der schon als kleiner Junge sterben musste – und keiner weiß, warum.

Weshalb müssen Kinder sterben? Lello, weißt du es etwa? Hat dir da oben im Himmel irgendjemand erklärt, warum dieser beschissene Bus gerade dann angefahren kommen musste, als du mit deinem Fahrrad umgekippt bist? Und sag, gibt es einen Grund, weshalb du genau so auf die Straße gefallen bist, dass dein Kopf da war, wo die Busräder gerollt sind?

Treffen sich die toten Kinder irgendwo da oben und quatschen miteinander? Ich werde das Gefühl nicht los, dass Teicalo zwar tot ist, aber noch immer in meiner Nähe. Und dabei mithilft, dass ich, der Jüngste der Familie, das zu Ende bringt, was eigentlich ihm, dem Ältesten, zugedacht war. Jeder sagt, Teicalo sei der beste Fußballer von allen Straßenjungs gewesen. Das größte Talent, ein außergewöhnlicher Junge. Einer von denen, die das Baby der Familie nicht nur kurz angeschaut haben – und gut. Sondern derjenige, der mit dem Kinderwagen den Elber herumkutschiert hat. Neun Jahre nur hat ihm Gott gegeben. Viel zu wenig, viel zu früh, wohl auch viel zu schmerzhaft für José, meinen Vater. Die 9: Ich will diese Zahl in die Welt tragen, auf meinem Rücken, bei allen Klubs, bei jeder Gelegenheit. Und Teicalo ist bei mir, wenn ich mit der 9 auf dem Trikot meinen Fußball spiele. Ich glaube daran, dass er zuschaut. Und ich spüre es immer wieder dann, wenn mir manchmal auf dem Rasen Zuspiele oder Tore gelingen, von denen ich selber total überrascht bin. Sie sind einfach nur passiert – ohne dass ich weiß wie. Ich habe die 9 auf dem Rücken – und Teicalo hat wohl seine Finger im Spiel.

ES GEHT LOS

Der Schlüssel liegt nicht unter der Matte, der Schlüssel passt in kein Schloss. Der Schlüssel, den ich meine, dieser Schlüssel öffnet dir keine Türen, sondern dieses hundsgemein schwere, eisern knarrende und verrostete Tor, hinter dem nichts Besonderes wartet, sondern nur eines: dein Leben. Und diesen Schlüssel, den findest du nicht, den bekommst du auch nicht, schon gar nicht gegen Bares. Der Schlüssel ins Leben liegt in deinem Mund: Sprache.

Erst waren es nur ein paar Worte, dann folgten ganze Sätze, jetzt kapiere ich zwar nicht alles, was die Menschen hier so von sich geben, aber ich beginne zu verstehen. Und ich rede einfach so, wie ich es besser nicht kann. Und plötzlich beginne ich wieder der zu sein, der ich schon immer war. Sie sagen, ich sei ein lustiger Kerl. Jedenfalls fängt es in Zürich an Spaß zu machen. Erst manchmal, dann häufiger, mittlerweile ist es sogar so weit, dass ein paar Jungs von der Mannschaft fragen, ob ich denn nicht vielleicht Lust habe mitzugehen, wenn sie ausgehen. Klar habe ich Lust. Und so kommt es, dass mir mittlerweile nachts im Bett nicht nur das übliche Karussell begegnet, wenn mal wieder zuviel Sprit getankt wurde, sondern auch Sprachbilder und Redewendungen. Die meisten reden deutsch hier, meine drei Kumpels jedoch sind Italiener. Ziemlich starke Typen übrigens, sie machen Bodybuilding, haben Muskelberge selbst dort, wo einer wie ich nur einen ganz normalen Bizeps sein Eigen nennt. Aber sie hauen nicht, und wenn, dann nur ordentlich auf die Kacke. Spaß haben wir zusammen, Beto übrigens auch. Sie wollen Mädels aufreißen, ich würde gern mal wieder etwas im Fußball reißen. Nein, es läuft immer noch nicht gut bei den Grasshoppers. Meine erste Saison war eine totale Katastrophe, wir wären um ein Haar fast abgestiegen. Und ich, die Leihgabe vom AC Mailand, war für alle Beteiligten keine Hilfe, sondern eher ein Problem. Ja okay, in der Halle konnte er zaubern, schießt Tore, spielt anderen Knoten in die muskelbepackten Beine. Aber draußen, wo es drauf ankommt? Elf gegen elf? Fremdkörper!»Er braucht noch seine Zeit«, hat Erich Vogel gesagt, der Manager hier in Zürich,»wir nehmen ihn noch ein Jahr.«

Nein, ich habe dem Vogel nicht den Vogel gezeigt. Und auch in Mailand habe ich nicht gejammert, nichts beklagt, schön den Schnabel gehalten, als die AC-Bosse mich nach der ersten Saison bei den Grasshoppers zur Begutachtung einbestellt haben. Sie haben mir zwar einen Fünfjahresvertrag gegeben, doch das bedeutet noch lange nicht, dass der AC Mailand den Elber auch fünf Jahre lang auf seiner Spielerliste haben will. Jedes Jahr im

Mai darf ich in Mailand zur Inspektion anrücken, wie ein Gebrauchtwagen, der auf die Hebebühne kommt, damit man ihn abklopfen kann, nach Dellen schaut, oder ob da womöglich irgendwo Rost angesetzt hat, wo man es auf den ersten Blick nicht sieht. Okay Leute, hier kommt er, euer Sportwagen aus Londrina mit vorläufigem Parkplatz in Zürich. Schaut ihn euch an, checkt seinen aktuellen Marktwert. Aber ihr braucht mir nichts vorzugaukeln, ich weiß mittlerweile, was Sache ist. Für den AC Mailand bin ich immer noch keiner für jetzt, sondern vielleicht einer, der erst in zwei oder drei Jahren möglicherweise so weit ist, dass er sich in der stärksten Liga Europas gegen die besten Verteidiger der Welt durchsetzen kann.

Grüezi mitanand, da isser, der Elber: Der Stürmer aus Londrina, für den ihr im letzten Jahr eine Million Dollar hingeblättert habt und der nicht mal gut genug war, um bei einem Fast-Absteiger der Schweiz für Schlagzeilen zu sorgen. Von wichtigen Toren mal ganz abgesehen. Der »Stürmer in der Ausbildung« hat seine erste Lektion sehr wohl kapiert: ruhig bleiben, Elber. Schnauze halten bei den Bossen, mach jetzt keine Faxen, sondern einen entschlossenen Eindruck. Spielst du eben noch ein Jahr bei den Hoppers, hängst dich richtig rein, lernst außer Deutsch mit deinen italienischen Kumpels nebenbei auch ein paar Brocken Italienisch. Und dann, nächstes Jahr, wird man ja sehen, ob es für Mailand reicht – oder sie dich vielleicht nicht bei einem anderen, kleineren italienischen Klub abstellen. Branchini sagt, ich muss noch Geduld haben, »du bist doch jung, du bist gut, du kannst es packen«. Okay, ich vertraue ihm.

Aber jetzt, jetzt will ich erst einmal nur eines: nach Hause. Nach Londrina. Schnell raus aus diesem Käfig hier, der zwar keine Gitterstäbe hat, aber so viele Barrieren. Raus aus diesem Käfig! Fliegen will ich! Erst nach Brasilien – und dann aber – ab in die Freiheit. Nichts und niemand wird mich daran hindern, das zu tun, was ich seit nun fast einem Jahr nicht mehr getan habe: nur das, was ich will.

Cintia:
DER ERSTE KUSS

Er ist da. Elber ist gekommen. Und dieses Mal hat er keinen Freund aus der Schweiz mitgebracht, sondern nur sich und diese Sehnsucht nach dem, wonach auch ich mich sehne. Er liebt mich. Schaut mir in die Augen und sagt: »Cintia, ich liebe dich.« Die Liebe erschrickt. Ja, ich erschrecke, wie ich schon lange nicht mehr erschrocken bin. Liebe. »Weißt du überhaupt, was du da sagst?«, frage ich ihn. »Weißt du überhaupt, was das bedeutet?« Sie tauchen wieder auf, diese Bilder der letzten Woche. Als er aus der Schweiz diesen Kumpel mitgebracht hat, der nichts Besseres zu tun hatte, als mich zu umgarnen, als wäre ich das schönste Wesen der Welt. Der Typ war hinter mir her wie ein Schatten, den du nicht abgeschüttelt bekommst. Und je schärfer er hinter mir her war, umso mehr hat mich dieses Drängen abgestoßen. Einen schönen Kumpel hast du da mitgebracht, Elber. Einen von denen, die mitreisen, um sich dann gleich was unter den Nagel zu reißen. Nicht mit mir, schöner Mann. Oder war es etwa nur ein Test? Hat Elber seinen Kumpel vorgeschickt, um diese Cintia auf ihre Standfestigkeit hin zu überprüfen? Und natürlich merke ich, wie Elber mehr und mehr zu meinem Beschützer gegen die Schweizer Begierde wird. Unterschätzt mir die Männer nicht! Auch sie hegen zuweilen in der Brautschau eine Raffinesse, die sonst nur uns Weibsbildern nachgesagt wird. Dieser Elber trickst aber nicht, der Elber gibt den Gentleman, behandelt mich zuvorkommend wie eine Dame, ich spüre: Da ist Respekt, auch diese Scheu, von der du nicht weißt, ob sie nun von der Unsicherheit gespeist wird, oder von der Ernsthaftigkeit. Mein Gott, nur eine Woche nach seinem Besuch hier ist er schon wieder da. Als hätte er nur kurz diesen Kumpel in die Schweiz zurückverfrachtet und sich danach gleich wieder ins Flugzeug nach Londrina gesetzt. Elber ist überraschend da – und er lädt mich zu seinen Eltern ein. Die ganze Familie sitzt da am Tisch, schaut mich so komisch an, vollzählig beisammen zur Musterung der neuen Elber-Flamme. Ich spüre zwar keine Ablehnung, aber da schwebt etwas anderes im Raum. Irgendetwas Komisches. Ist da wirklich etwas – oder ist es nur mein Unwohlsein, das da so komisch ist? Und dann legt er seinen Arm um mich, als wäre es das Selbstverständlichste der Welt, und küsst mich. Er gibt mir einen Kuss – vor den Augen seiner Mutter. Es ist Weihnachten 1992, es ist der Tag, an dem Dona Ceia von ihrem Sohn ein Überraschungsgeschenk bekam, das sie nicht einordnen konnte. Wieder nur die Nächste, oder etwa mehr? Viel mehr?

Meine Mutter sagt: »Rechne damit, dass er mit dir das gleiche Spiel treibt, wie es so viele Männer treiben. Es geht eine Weile, danach wirst du abserviert.« Seine Mutter redet nicht viel mit mir, sondern lässt Blicke sprechen. Ich sage dann mal zu ihm, nur so im Spaß: »Du könntest eigentlich mein Long-Distance-Freund werden.« Und er, sonst nie um einen Scherz verlegen, lächelt nicht, sondern schaut ganz ernst: »Spinnst du? Ich will dich nicht von der Ferne haben, sondern jeden Tag, ganz nah dran.« Wir bekommen Muskelkater in der Mundregion, nein, nicht vom vielen Quatschen. Wir fahren zusammen ans Meer. Er hat Manieren, er ist sexy, er ist ein Mensch, mit dem ich leben will. Und ich bin die Frau, die seine Frau werden soll, sagt er. Beide Familien sind ebenso überrascht wie entsetzt. Seine findet mich nicht passend, meine findet einen Fußballer wohl nicht standesgemäß. Aber keiner hat den Mut, sich gegen uns zu stellen. Elber sagt: »Entweder wir heiraten, oder ich entführe dich einfach so.« Es gibt keine Entführung der Barbiepuppe durch den Ballermann. Es gibt eine Verlobung. Und es gibt ein Fußballspiel der Grashoppers Zürich gegen den FC Londrina, das meine Premiere auf dem Fußballplatz ist. Ich weiß nicht, ob mein Elber jetzt gut gespielt hat oder schlecht. Es ist mir auch egal. Ich habe keine Ahnung von Fußball, es hat mich bis jetzt nicht sonderlich interessiert, was die Männer in kurzen Hosen da anstellen, wenn es nur einen Ball gibt für so viele Ballverliebte. Aber okay – ich liebe einen von diesen Ballverliebten, ich werde also auch dieses Ballspiel lieben lernen. Obwohl ich es jetzt wieder hasse, wie nie zuvor etwas von mir gehasst wurde. Es raubt mir die Liebe, Elber muss zurück in die Schweiz. In nur einer Stunde geht das Flugzeug nach São Paulo, von wo aus er weiterfliegen wird. Aber er sitzt immer noch hier rum, lässt sich alles Unmögliche einfallen, nur dass dieser Flieger ohne ihn starten möge. Eine Grippe, ein Verkehrsstau, die Piloten im Streik – »oder noch besser: ein Erdbeben«, sagt er, »ich rufe einfach in Zürich an und sage, hier in Londrina war ein Erdbeben, der Flughafen ist futsch«. Erst eine halbe Stunde vor Abflugtermin bekommt man ihn ins Auto geschoben, es wird zum Flughafen gehetzt – sie kommen viel zu spät an. Das Flugzeug steht schon startklar. »Adeus«, mein Lieber, alles klar. Beim nächsten Mal wird es kein Abschied auf Zeit sein, sondern unser gemeinsamer Beginn in die Zukunft.

Von nun an habe ich diesen Mann nur noch am Telefon. Elber muss hier in Londrina einen Spion am Laufen haben, jemand, der ihn über mich informiert. Jedenfalls kennt der Elber ziemlich viele Schritte, die ich hier in meinem Alltag als besetzte Single-Frau gehe. Traut er mir etwa nicht?

DER WECHSEL ZUM VFB STUTTGART

Du sitzt in deiner Bude, allein in der Schweiz, die Gedanken fahren Karussell. Cintia: Ich weiß, ich liebe sie. Und jetzt wäre es mal Zeit für die Liebe. Obwohl: Wir werden ziemlich viel tricksen müssen, damit die Mamas so wenig wie möglich davon Wind bekommen. Cintias Mutter passt auf ihre Tochter auf wie ein Luchs, und Dona Ceia? Na ja – sie traut dem Braten nicht, den ich drüben in Londrina in der Röhre habe. Weil er nicht das ist, was sie kennt. Cintia ist ihr zu vornehm, die Familie zu gebildet, Dona Ceia würde sich wohler fühlen, wenn ich mit einer von der Siedlung gehen würde. Ich glaube, meine Mama hat vor irgendetwas Angst.

Das Handy klingelt. Verflixt, wo hab ich das Ding hingelegt? Es muss hier ganz in der Nähe sein, ich hör's doch. Logisch, Jackentasche. Aber bis ich dran bin, klingelt's schon nicht mehr. Auf dem Display steht: Ein entgangener Anruf. Ich drück auf die Taste, um die Nummer zu sehen: Unbekannter Teilnehmer. Egal. Vielleicht war's ja Gianni, der verrückte Kerl. Gianni ist Italiener, von Beruf Friseur. Und er verdient seine Kohle nicht in einem Salon, sondern er kommt zum Haareschneiden zu dir nach Hause. Der »Figaro Express« läuft ganz gut, außerdem ist Gianni schwer in Ordnung. Der mobile Coiffeur ist mittlerweile auch mein Chauffeur. Jedenfalls holt er mich häufig ab, wenn wir in der Stadt was anstellen wollen. Zürich hat was. Seit ich hier so reden kann, dass mich die Leute verstehen und ich in der Lage bin, sie zu verstehen, seither ist Zürich kein Schock mehr, sondern lebenswert. Beto und ich jedenfalls, wir kommen jetzt klar hier. Es ist zwar nicht in Ordnung, dass ich ständig einkaufe und trotzdem nie was im Kühlschrank ist, weil alle nur glauben, sie können sich bei mir bedienen, müssten aber nichts bringen. Aber egal, was soll der Geiz? Ich will keinen Stress mit anderen, nur weil sie Hunger oder Durst haben – und ich diese leckeren Sachen im Kühlschrank stehen habe. Aber es stinkt mir schon, dass immer dann, wenn ich mal Bock auf irgendetwas habe, der Kühlschrank aussieht wie ein Banktresor nach dem Besuch der Panzerknackerbande.

Das Handy klingelt erneut. Soll ich mich jetzt mit »Servus, hier ist Dagobert Duck« melden? Oder: »Pizzaservice Limmatstraße, guten Tag, was können wir für Sie tun?« Ich sag dann doch lieber nur »ja bitte« – am anderen Ende fragt jemand: »Elber, bist du's?«

Nein, es ist nicht Gianni, der Haarabschneider und manchmal auch Aufschneider. Franco ist es ebenfalls nicht. Franco ist der Kumpel von Paolo und deshalb auch ein Kumpel von mir. Franco hat immer ganz tolle Ideen, was man so alles anstellen kann mit seiner Zeit, aber leider hat Franco nicht immer genug Geld, um das zu tun, was er gern tun würde. Mein Gott: das Geld. Wenn ich mit meinen Bodybuildern losziehe, dieser bärenstarken Gang, zahlt eben immer der, der genügend Geld in der Tasche hat. Also ich. Na und? Das Telefon! Es ist kein Kumpel dran, sondern Carlos Dunga, der mich anruft. Carlos Dunga, der Kapitän der brasilianischen Fußball-Nationalmannschaft.

»Na, so eine Überraschung«, singe ich ins Telefon, »sag an, wie geht's denn dir so?« Dunga spielt seit einem Jahr in Deutschland, beim VfB Stuttgart. Es war in Brasilien damals schon eine kleine Überraschung, dass der Kapitän der Weltmeistermannschaft nicht zu einem großen Klub nach Spanien geht, Italien oder meinetwegen auch Argentinien, sondern zu einem deutschen Verein, von dem wir bisher noch nicht sehr viel gehört haben. Stuttgart, Stoccardo – dieser Name steht vielleicht für schöne Autos, wie Porsche oder Mercedes, aber Fußball? Dunga klingt glücklich, sagt, er sei zufrieden da in Stuttgart, »der VfB ist ein guter Verein, sehr gute Perspektiven hier«. Aber erst einmal will er wissen, was bei mir in der Schweiz denn so los ist. »Man hört gar nicht mehr viel von dir.«

Ich erzähle vom ersten Jahr, wie sauschwer es für mich war. Und was danach passiert ist hier bei den Grashoppers. Der Trainer hat langsam kapiert, dass ich nicht nur rennen sollte, sondern auch Fußball spielen. Bin endlich Stammspieler geworden, war ganz okay. Und dass ich nach der zweiten Saison wieder beim AC Mailand zur Inspektion anrücken durfte und eigentlich gedacht habe, sie bringen mich jetzt irgendwo in Italien unter. Was weiß ich, in Brindisi, Perugia, Neapel oder so. Aber nein, nichts dergleichen, sondern wieder dorthin zurück, wo ich jetzt Sicherheit bekommen habe, Stabilität, Spielpraxis. Ich erzähle Dunga, dass das dritte Jahr Schweiz jetzt aber wirklich das letzte Jahr sein müsse. Weil ich den nächsten Schritt nach vorne machen will, weil das hier in Zürich zwar alles ganz in Ordnung sei, aber doch nicht das, was ich wirklich will.

Plötzlich fragt Dunga mich: »Willst du vielleicht zu mir nach Stuttgart kommen?«

Pause.

Ich denke: Stoccardo? Dunga macht sofort einen auf Stakkato. Ein Satz nach dem anderen, der Kapitän der brasilianischen

Fußball-Nationalmannschaft hält mir einen Vortrag – und preist seinen Klub in den höchsten Tönen. Dass der VfB vor zwei Jahren Deutscher Meister geworden ist, dass hier sehr gute Spieler sind, es eine Mannschaft mit Perspektive sei. »Elber«, sagt Dunga, »überleg dir doch, ob du nach dieser Saison zum VfB Stuttgart wechseln willst. Hier kannst du etwas gewinnen, glaub mir, hier in Stuttgart kann was gehen. Wir können einen wie dich hier sehr gut gebrauchen.«

Wir quatschen noch eine Weile miteinander, ich verspreche ihm zurückzurufen, er gibt mir seine Telefonnummer, »adeus Elber«. Ja klar, »adeus Dunga«.

Stille. Ich sitze nur da, stocksteif, wie blitzgefroren im Eisfach eines leergeräumten Kühlschranks. Aber im Kopf spuckt der Drachen Feuerblitze quer durch alle Windungen. Nein, ich bin nicht cool, ich glaube, ich bin angezündet wie schon lange nicht mehr. Dunga hat mich heiß gemacht mit seinem Gequatsche.

Der Käpt'n der Selecao, das Hirn der Nationalmannschaft, Denker und Lenker, ebenso umstritten wie unangefochten – dieser Carlos Dunga sitzt jetzt ein paar Kilometer nur von hier entfernt am Telefon und sprüht diesen Lockstoff in meine neue Wohnung, der dich plötzlich Dinge träumen lässt, die nichts mit deiner Realität zu tun haben, sondern von deiner Zukunft handeln.

Die Realität sieht so aus: Ich bin umgezogen. Von der Limmatstraße nach Oberrieden. Ich spiele nicht mit einem Franco Baresi Fußball. Ich stürme nicht an der Seite von Marco van Basten. Man lässt mich nicht beim AC Mailand trainieren, weil man beim AC Mailand schon genug Ausländer im Kader hat, aber nur drei spielen dürfen. Längst ist klar: Der Elber wird nicht in einer italienischen Spitzenmannschaft spielen dürfen, sondern wird dorthin verscherbelt, wo es dem AC Mailand nicht wehtut, falls er wider Erwarten doch noch zum Torjäger werden sollte. Den Elber schicken sie vielleicht zu einem Abstiegskandidaten, zu einem Klub, der sich retten muss. Oder bestenfalls ins Mittelmaß der ersten Liga, ins Niemandsland der Durchschnittskicker. Elber, du bist zwar kein *Niemand*, aber du bist auch noch kein *Jemand*.

Der Drache in meinem Kopf wird richtig sauer, spuckt den nächsten Feuerball dorthin, wo es wehtut, wo dein ohnehin verletzter Stolz wohnt. Keine Sau wird sich mehr um den Elber scheren, wenn er im Niemandsland der Tabelle diesen missratenen Flanken hinterherrennt. Und wie soll ein Stürmer Tore schießen, wenn der Trainer die Hosen voll hat, einen auf Defensivtaktik macht, mit nur einer Spitze, aber sechs Zerstörern ins Rennen geht?

Mein drittes Jahr in der Schweiz muss das letzte sein, es muss das beste werden – und danach darf es kein Abrutschen mehr geben, sondern der Höhenflug muss beginnen. Ich will nach oben, nicht in den italienischen Tabellenkeller. Ja, Dunga, ich komme. Ich will nach Stuttgart kommen. Ich werde Branchini anrufen, danach dich, er soll mit Mailand reden, du mit den Bossen vom VfB Stuttgart. Sag ihnen, ich habe Interesse. Und du, Dunga, alter Kämpfer, du mach bitte nicht schlapp, bis ich bei euch bin. Hörst du?

Er sagt nur: »Geht in Ordnung.«

ABSCHIED VON DEN GRASHOPPERS

Hopp, Hopp – die Hoppers hüpfen ganz nach oben. Und es ist verrückt: Wir haben das Verlieren verlernt. Ein Sieg folgt dem nächsten, ich schieße ein Tor nach dem anderen, mein drittes Jahr in Zürich ist eines der besten, die ich je hatte. Die Zeitungen schreiben nicht mehr über den »Stürmer in Ausbildung«, sondern drucken den Namen Elber in riesigen Schlagzeilen, als dem mal acht Tore in zwei Spielen gelingen. Vier im Pokal-Viertelfinale gegen Baden, wir gewinnen 5:1, wenige Tage später noch mal vier Kisten beim 4:2 gegen Servette Genf – ich schneide alle Zeitungsartikel über mich aus und lege sie in einen Schuhkarton. Den werde ich dann beim nächsten Besuch in Londrina meiner Dona Ceia in die Hand drücken und sagen »da, für deine Sammlung«. Meine Mutter ist felsenfest davon überzeugt, dass nicht ich es bin, der dafür verantwortlich ist, dass ich mit Fußball mein Geld verdienen kann, sondern dass es die Presse ist, die ihren Sohn zu dem gemacht hat, was er jetzt ist. »Wenn die nicht über dich schreiben würden«, sagt sie, »wärst du nicht so bekannt geworden.« Und damit das so bleibt, sagt sie den Journalisten in Londrina auch immer ganz genau, wann ihr Sohn mal wieder zu Besuch kommt, wo er landet, was er vorhat, dass er natürlich selbstverständlich bereit ist, mit jedem von ihnen ein Interview zu machen. Kein Problem. Ja, Mama, klar doch: Es ist überhaupt kein Problem für mich, selbst im Urlaub keine Ruhe vor den Journalisten zu haben. Nein, wirklich nicht. Jedenfalls habe ich, dank Dona Ceia, keine Berührungsängste mit den Presseleuten. Sie machen eben ihren Job – und ich kann ihnen dabei helfen.

Manchmal helfe ich nicht nur, sondern gebe den Jungs in der Schweiz auch dieses Futter, das lieber weggeschlossen geblieben wäre. Donnerstag, 24. März 1994: Hab ich doch glatt das Vormittagstraining total verpennt. Wache auf – und es ist tatsächlich schon Mittag. Tags drauf veröffentlicht der »Blick« auf seiner Sportseite ein gemaltes Männchen in der Hängematte schlafend, drüber steht »Bitte nicht stören«, und als Überschrift: »GC-Schlafmütze Elber träumt von Dortmund.«

Zwei Jahre lang war Zürich nur ein Parkplatz des vom AC Mailand ausgeborgten Elber. Jetzt haben sie den Parkplatz zum gläsernen Laufsteg umfunktioniert, hinterm Schaufenster rennt ein 22 Jahre alter Junge aus Londrina umher, auf seiner Stirn ein Preisschild, darauf steht: Brasilianischer Torjäger zu verkaufen, gegen Höchstgebot. Ich weiß nicht, wie viel Geld man in Dortmund, in Stuttgart oder sonst wo für einen wie mich bezahlen will, damit mich der AC Mailand aus dem noch zwei Jahre gültigen Vertrag entlässt. Aber ich weiß jetzt ganz genau, dass dies hier meine Abschiedstournee aus einem Land ist, in dem nicht alles Käse ist. Die Schweiz fährt mit mir Riesenrad, ich sitze ganz oben in der Gondel, sehe plötzlich alles rosarot. Total bekloppt: Von Anfang an wollte ich hier nur eines – wieder weg. Doch nun, da die Zeit gekommen ist, bekomme ich dieses blöde Klemmen überall. Ich hasse das Gefühl von Abschiednehmen, ich will nicht »servus, lebt wohl« sagen müssen. Ich fühle mich jetzt wie jemand, der andere im Stich lässt, gerade jetzt, wo es so gut läuft.

Wir versemmeln im letzten Saisonspiel noch den Meistertitel, holen danach wenigstens in letzter Minute noch den Pokalsieg mit einem 2:1 über Winterthur. Ein toller Abschluss, große Gefühle – aber mir ist nicht zum Feiern zumute. Weg hier, denke ich, schnell weg. Es gibt keine große Abschiedsfete, ich gehe von Zürich so, wie ich damals aus Londrina gekommen bin: als Torschützenkönig. Es ist, als hätte sich hier bei mir ein unsichtbarer Kreis geschlossen.

Ist es wirklich so, wie Adriano neulich am Telefon meinte, als ich ihm vom Gespräch mit Dunga erzählt habe? »Du weißt nicht, wohin dich dein Weg führt«, hat Adriano gesagt, »aber beim Gehen solltest du immer auf deine Spuren achten. Wenn du keine Spuren hinterlässt, ist es so, als wärst du nie da gewesen.«

Die Spur, der ich nun folge, sie führt zwar nach Süden, aber nicht mehr nach Italien. Ich werde künftig in Süddeutschland spielen, mit Carlos Dunga beim VfB Stuttgart. Dort macht der kleine Bruder von Uli Hoeneß, dem Manager von Bayern München, die Geschäfte. Dieter Hoeneß heißt er, war früher auch Stürmer in Stuttgart, ist danach zu den Bayern nach München gewechselt. Kleiner Bruder? Na ja. Der Typ ist ein Riese, hat wenig Haare auf dem Kopf, aber ziemlich viel in der Birne. Ein schlauer Kerl, dieser Dieter Hoeneß. Er telefoniert mit mir, wir machen einen Termin aus, und dann besucht mich Hoeneß in Zürich, bringt diesen jungen Trainer mit ins Züricher Sheraton Hotel. Jürgen Röber redet viel, redet gut und ist total überrascht, dass ich schon so gut deutsch spreche, wir keinen Dolmetscher brauchen. Nette Typen, die beiden, finde ich.

Als sie wieder weg sind, muss ich an den Bruder vom Dieter Hoeneß denken. Wie Uli Hoeneß von den Bayern in München mich mal bei einem Spiel der Grashoppers in Lugano beobachten wollte, dann aber mit dem Taxi im Stau stecken geblieben ist. Und bis er im Stadion war, hab ich mein Tor schon gemacht, alles war gelaufen. Der Elber reißt sich doch kein Bein mehr raus, wenn es um nichts mehr geht. Der FC Bayern München und Manager Uli Hoeneß sind auf ihrer Suche nach einem neuen Stürmer dann nicht bei den Hoppers in Zürich fündig geworden, sondern haben lieber einen alten, erfahrenen, bereits bekannten Spieler aus Mailand nach München geholt: Der Franzose Jean-Pierre Papin wechselt zu den Bayern, ich zum VfB Stuttgart. Aber eines ist jetzt schon klar: Cintia muss mitkommen. Ich will nicht mehr ohne Frau ins nächste neue Leben starten. Es muss klappen, es wird klappen – und wenn nötig, dann entführe ich sie eben aus ihrer Puppenstube direkt an den Traualtar. Damit endlich Ruhe herrscht, im Reich der Mama und Schwiegermama. Nein, die beiden führen sich nicht auf wie zwei Wachhunde, darauf abgerichtet, jeden wegzubeißen, der ihnen was wegnehmen will. Sie bellen nicht, sie knurren nicht. Aber sie sind immer und überall da, wo Cintia und ich sind, wenn wir in Londrina zusammen sind. Ich liebe Hunde, aber ich muss sie irgendwann abgeschüttelt kriegen, meine beiden Anstands-Wauwaus.

Dona Ceia:
WIR BRAUCHEN DIESES GELD

Ich bin keine feine Madame, ich stamme aus dem Nordosten von Brasilien, wo die Armut keine Schande ist, sondern ein Zustand, der den Nordosten von Brasilien zu dem macht, was er immer schon gewesen ist: eine ärmliche Gegend. Es geht hier nicht darum, ob einer arm ist oder nicht. Es ging in meiner Jugend nur darum, wer überlebt oder stirbt. Die einen wurden krank, ande-

Servus Londrina

Da sind wir – Pagani und ich in Mailand

Meine ersten Winterklamotten

Karel Oldrich hat wohl Recht

Elber kann über den Psycho-Krieg nur lachen, geniesst das Essen seiner Mutter Laudiceia doppelt (Foto Toini Lindroos)

Der dümmste Spruch vor dem Knüller GC – Luzern

Elber (trinkt keinen Alkohol) mit 4,1 Promille erwischt

VON MAX KERN

ZÜRICH – Jetzt greifen die «Fans» der GC-Gegner in die unterste Schublade: Drei Tage vor dem Abstiegsrunden-Knüller GC – Luzern (Sonntag, 14.30 Uhr) inszenierten gestern anonyme Personen einen fiesen Psycho-Krieg um den brasilianischen GC-Bomber Giovane Elber de Sousa (21)!

Einer der anonymen Anrufer behauptete sogar gegenüber einem GC-Verantwortlichen, Elber sei in der Nacht auf gestern mit seinem Auto in einer Polizeikontrolle hängengeblieben – mit 4,1 Promille Alkoholgehalt im Blut!

Serientorschütze Elber (vier Treffer beim 9:0 gegen Locarno, einer beim 1:0 gegen Chênois) gestern zu den happigen Vorwürfen: «Wenn die glauben, sie könnten mich mit solchen Anschuldigungen nervös machen, sind sie falsch gewickelt. Ich kann darüber nur lachen.»

Ungläubig schaute gestern auch Elbers Mutter Laudiceia de Sousa in den Zürcher Himmel, als sie vom Psycho-Krieg um ihren jüngsten Sohn erfuhr. Giovanes Mama, die letzten Freitag in Zürich gelandet war und die nächsten zwei Monate für ihren berühmten Filius am Herd steht: «Nicht zu fassen. Giovane trinkt doch nur Mineralwasser und Kaffee. Aber solche Verleumdungen machen meinen Sohn nach stärker.»

P.S. Im Psycho-Krieg bekamen die Hoppers gestern noch eine Geheimwaffe zurück: Der Schwede Mats Gren (30) bestand einen 45minütigen Test mit dem Nachwuchs (4:0 gegen Erstligist Wiedikon), ist vier Wochen nach seinem Muskelfaserriss am Sonntag gegen den FCL fürs Comeback bereit.

Fall Wettingen: Alles klar! S. 23

Hauptsache Bohnen mit Reis

GC-Schlafmütze Elber träumt von Dortmund...

Bitte nicht stören!

■ VON SILVIE STREBEL-LEUENBERGER

ZÜRICH – Am Mittwoch Cupheld, am Donnerstag Buhmann. Erst bombte Giovane Elber (22) GC in Baden mit vier Toren zum 5:1 ins Halbfinal-Derby gegen den FCZ. Dann verschlief er gestern das Training. Elber: «Sorry, ich will den Fehler mit Goals zum Double gutmachen!»

Diese Aussage besänftigte auch Christian Gross (40). Der GC-Trainer war am Morgen noch sauer gewesen, weil Elber unentschuldigt gefehlt hatte. Ein Anruf von Gross brachte aber Klarheit.

Elber hatte den 2:0-Sieg von Brasilien gegen Argentinien (Ankick 01.30 Uhr) am TV gesehen, dann am Morgen den Wecker nicht gehört. Ein Sondertraining und eine Entschuldigung brachten die Sache aber wieder ins Lot.

Gross, nachdem er sich Elber zur Brust genommen hatte: «Der Fall ist erledigt. Die Mannschaft hat Elbers Fehlen nach seinen vier Toren akzeptiert. Und Giovane weiss, dass er ein spezieller Spieler ist, aber noch lange keine speziellen Rechte besitzt!»

Dafür hat Elber eine spezielle Verehrerin. BLICK weiss: den ersten Kuss mit der Borussia aus Dortmund hat der von Milan (Vertrag bis 1995) an GC ausgeliehene Elber bereits hinter sich!

Elber, überrascht aber ehrlich: «Ja, es stimmt. Trainer Hitzfeld hat mich angerufen und mir gesagt, dass er mich haben will. Und mit Manager Meier habe ich in Mailand schon persönlich gesprochen. Ich hoffe, dass sich bis Ende Monat alles konkretisiert.»

Michael Meier zu BLICK: «Ich habe tatsächlich mit Elber gesprochen. Mehr möchte ich dazu nicht sagen. Das sagen die Manager immer, wenn die Spur heiss ist.»

Noch ist aber GC-Elbers Geliebte. Und Giovane verspricht Leidenschaft bis zur Trennung: «Ich habe in meiner Karriere noch nie etwas gewonnen. Damit soll jetzt Schluss sein. Ich gebe bis Ende Saison alles für GC. Ich will Cupsieger und Meister werden. Dass wir im Cup-halbfinal gegen den FCZ spielen, stört mich nicht. Lieber jetzt als im Final!»

1. Treffer von Elber: So einfach kann Toreschiessen sein

Elbers 3. Tor: Aus vollem Lauf drückt der Brasilianer ab
(Fotos Paolo Foschini)

Training verschlafen, aber die Presse ist hellwach

Cintia

Cintia und meine zukünftige Schwiegermama

Cintia mit ihren Brüdern Rodrigo und Rafael

Wir sind ein Paar!!! Das erste gemeinsame Foto

So sehen Fußballer aus, wenn sie in der Schweiz landen – Beto und ich mit unseren Drahteseln

Mama und Papa mit meiner Nichte zu Besuch in Zürich

re starben einfach nur so. Du wirst nicht zu einer Madame erzogen, wenn du im Nordosten Brasiliens zur Welt kommst. Wenn du alt genug zum Gehen bist, dann hast du auf deinen eigenen zwei Beinen zu stehen. Viele haben auch zu gehen, damit die anderen überleben können. Mich also hat es nach Londrina verschlagen, wo es nicht nur Arbeit gab, die gab es im Nordosten Brasilien auch mehr als genug. Aber hier gab es für Arbeit auch Geld, und wenn du es geschickt angestellt hast, ist von deinem Verdienten auch noch etwas übrig geblieben, das du dann nach Hause zu deinen Eltern schicken konntest. Mit meiner Hände Arbeit hatte meine Mutter damals plötzlich Geld zum Überleben. Und je weniger Geld ich fürs Leben ausgegeben habe, umso mehr blieb übrig für das Überleben im Nordosten. Du kannst keine feine Madame sein, wenn du den Boden anderer Leute schrubbst, in Restaurants dreckiges Geschirr spülst oder als Haushaltshilfe anheuerst. Aber es gibt auf dieser Welt nicht nur für feine Madames auch feine Männer zu finden.

Ich habe damals einen gefunden: meinen José.

Der Mann, mit dem ich dieses Leben lebe, konnte nur deshalb in mein Leben treten, weil auch seine Familie gehen musste, um überleben zu können. Seine Mutter war 15 Jahre jung, als sie mit ihren Eltern von Polen auswanderte und in den brasilianischen Bundesstaat Minas Gerais kam. Sie hieß Maria Eva Wiphorst, sie war wohl ein hübsches Ding, und sie heiratete in der neuen Heimat einen einheimischen Jugendlichen, der José de Souza hieß. José de Souza und die ehemalige Maria Eva Wiphorst hatten wohl ziemlich viel Freude aneinander, jedenfalls zeugten sie ziemlich flott hintereinander gleich zwölf Kinder, von denen drei leider starben. Der drittjüngste Sohn hingegen war wohl so wohlgeraten, dass ihn sein Vater so taufte, wie auch er getauft worden war: Auf den Namen José de Souza.

Ich habe meinen Mann kennen gelernt, als er sein Geld in Restaurants, Bars und hinter der Theke verdient hat. Dieser dünne Hering sah schick aus. Und er war angesagt bei den Mädels. Ein so fleißiger Kerl. Schon mit sieben hat er schuften müssen, nie-

mand hat es interessiert, dass drei Jahre Schulbildung vielleicht doch ein bisschen wenig sind. Schule? Was willst du in der Schule, wenn die Arbeit immer genau dann auf dich wartet, wenn die Lehrer ihren Unterricht halten? José hat nur drei Jahre lang die Schule besucht, er kann lesen, er kann schreiben, er kann rechnen. Das reicht, um eine Arbeit zu finden. Als wir beide uns kennen gelernt haben, war schnell klar: das passt. Und er hat seinen Madames den Laufpass gegeben, ist mit mir gegangen. Es kommt also nicht darauf an, eine feine Madame zu sein, sondern es ist wichtig, dass es passt zwischen zwei Menschen, die sich finden, um den Weg des Lebens gemeinsam zu gehen.

Die Sache mit Elber und Cintia passt mir nicht. Sie ist zu dominant. Viel zu dominant. Und nach allem, was ich gehört habe, blickt ihre feine Familie auch ziemlich herunter auf uns. Die de Souzas, so weiß ich aus ganz sicherer Quelle, die Familie vom Elber werde sich nach dessen Heirat mit der Cintia ganz schön wundern, wenn es da plötzlich kein Geld mehr vom Sohn gibt. Denn diese junge Frau aus gutem Hause werde schon dafür sorgen, dass diesen Parasiten endlich Einhalt geboten wird. Die de Souzas würden doch nur noch die Hand aufhalten und darauf achten, dass sie sich vom Geld des berühmt gewordenen Benjamins ein schönes Leben machen können. Und der Elber, dieser tolle Fußballer, der sei doch viel zu gutmütig, zu großzügig, zu achtlos mit seinem vielen Geld.

Es ist mehr als nur Gerede, ich habe diese Information aus erster Hand, sie stammt aus der Familie von Cintia. Ich werde Cintia jetzt anrufen. Jetzt gleich. Und ich werde sie zur Rede stellen. Ich werde ihr sagen, dass ich keine feine Madame bin, die es sich erlauben kann, auf die Unterstützung ihrer Kinder zu verzichten. Ich sage ihr, dass wir das Geld von Elber brauchen. Ja, das werde ich tun. Und zwar jetzt. Gleich jetzt. Bevor es zu spät ist, sie nach Deutschland fliegt, bei meinem Sohn auf dem Schoß sitzt und die beiden Turteltäubchen ihre Hochzeitspläne schmieden. Sollen sie, ich mische mich nicht in das Glück meiner Kinder ein. Ich habe nicht das Recht zu bestimmen, mit wem mein Sohn glücklich zu sein hat. Aber unser Elber ist in Stuttgart nicht glücklich, sondern schwer verletzt. Sie haben ihm damals bei einem Fußballspiel so das Bein gebrochen, dass die Ärzte stundenlang operieren mussten. Vater im Himmel, was hat der Bub denn nur verbrochen, dass du ihn so hart prüfst. Er war doch so zuversichtlich nach all den schwierigen Jahren in der Schweiz. Er hat gesagt: »Hier in Stuttgart, Mama, hier geht es jetzt richtig los mit meiner Karriere.« Und jetzt ist wahrscheinlich alles beendet. Ich bin damals natürlich so schnell es eben ging nach Stuttgart geflogen, nach diesem Unfall. Zusammen mit Cintia, die ja auch schon mal mit ihrer Mutter meinen Elber in Zürich besucht hat. Natürlich hätten die beiden es lieber gehabt, wenn man sie ganz allein gelassen hätte. Aber nix da! Solange sie nicht verheiratet sind, kommt so etwas überhaupt nicht in die Tüte. Wir Mütter passen da schon auf, keine Sorge. Ich war also mit von der Partie, als Cintia meinen kranken Sohn besucht hat. Auf Krücken kam er daher, so blass, ganz traurige Augen. Sein Verein hat ihm extra ein Auto und einen Fahrer mitgegeben, damit er uns in Frankfurt vom Flughafen abholen kann. Ein Mercedes. Natürlich hat mein Elber auf der Fahrt nach Stuttgart seine Witzchen gemacht, so getan, als sei alles nur halb so schlimm. Und wir haben alle lachen müssen, als Cintia gemeint hat, sie habe die Karte von Deutschland doch ganz genau studiert, sich alle großen Städte sogar aufgeschrieben, um sie besser auswendig lernen zu können. Aber jetzt, auf dieser Autobahn, gibt es überall Schilder, die nach »Ausfahrt« führen. Cintia hat gefragt: »Gibt es hier in Deutschland so viele Städte, die ›Ausfahrt‹ heißen?«

Ach, erst waren wir so froh über das Wiedersehen mit unserem Elber. Aber eine Mutter kennt ihr Kind. Und ich habe diese Angst in seinen Augen gesehen, diese Zweifel, ob es nach dieser Verletzung überhaupt noch einmal weitergehen kann für ihn mit Fußball. Du musst jederzeit damit rechnen, dass es vorbei ist mit dem Traum und dem großen Geldverdienen. Und dann? Was dann?

Elbers Angst ist auch unsere Furcht. Wir leben nicht mehr so, wie wir vor seinem Abflug nach Europa gelebt haben. Wir können gar nicht mehr so leben wie zuvor. Mit jedem neuen Erfolg unseres Sohnes im Ausland ist für uns in Londrina ein weiteres Stück vom alten Leben weggebrochen. Erst haben sich die Leute von der Siedlung mit uns gefreut, dann kam der erste Neid, die erste böse Zunge, recht schnell waren wir nicht mehr nur wir, sondern die vom Elber, dem reichen Fußballer. Wären wir im alten Haus geblieben, hätte es geheißen: Da schau her, warum tut er nichts für seine Familie? Wir sind weggezogen – die Leute sagen: »Da schaut her, die glauben wohl, sie sind jetzt etwas Besseres!« Ich gehe nicht mehr so gern nach oben, wo alle die wohnen, mit denen ich so lange Tür an Tür gelebt habe. Immer weniger Besuche, kaum noch Gespräche. Arbeitskolleginnen? Meine Arbeit war es, für ein wenig Geld die Arbeit von denen zu machen, die mehr Geld haben als ich. Und es sich deshalb leisten können, die Drecksarbeit andere machen zu lassen. Dank unserem Elber bin ich es jetzt, die das Geld von anderen nicht mehr braucht. Ich kann endlich meinen Haushalt führen, habe Zeit für mein Leben.

Mein Leben ist nicht mehr das Leben von gestern. Ich kann endlich ich sein. Mein Mann José kann endlich nicht nur davon träumen, sein eigener Herr zu sein, sondern er wünscht sich das so sehr. Ich weiß noch ganz genau, wie der kleine Elber sich damals so sehr ein Fahrrad gewünscht hat. Natürlich hat er gewusst, dass er mit solchen Dingen erst gar nicht zu mir kommen muss. Also hat er sich an seinen Papa gehängt mit »Bitte, bitte«, mit großen Kinderaugen, mit allerlei Versprechungen. Und José hat das Herz geblutet. Er ist nun mal ein weicher Kerl. Und er liebt seine Kinder über alles. Die haben natürlich versucht, Vater und Mutter gegeneinander auszuspielen, um ans Ziel zu kommen. Elbers großer Wunsch war ein eigenes Fahrrad. Also hat er überall dort, wo José seine Zigaretten hat, seine Schuhe, seine Schubladen – einfach überall, wo der Papa herumkramt – kleine Zettelchen versteckt. Darauf stand: ›Papa, ich wünsche mir so sehr ein Fahrrad. Dein Sohn Elber.‹

Es würde mich nicht wundern, wenn José beim nächsten Mal, wenn unser Elber nach Hause kommt, selber überall Zettelchen für seinen Sohn versteckt: »*Elber, ich wünsche mir so sehr einen Bauernhof. Seu Ze – dein Vater.*« *Fast jeder hier nennt meinen Mann José nur noch Seu Ze. Es ist die Abkürzung für Senhor und für José. In Deutschland, Elbers neuem Arbeitsplatz, hieße mein Mann also Herr Sepp.*
Ich bin für alle die Dona Ceia. Ich kann mir jetzt die Haare richten lassen, ich lackiere meine Fingernägel; ich muss nicht mehr buckeln, um zu überleben, ich muss mich nicht mehr schämen für meine Kleider. Ich kann ich sein – dank Elber, unserem berühmt gewordenen Sohn. Er soll glücklich bleiben, fröhlich sein, Tore schießen und Erfolg haben.
Habe ich Freundinnen? Reden wir nicht drüber.
Nein, reden wir lieber darüber, dass ich jetzt telefoniere und mit Cintia spreche. Diese hässliche Geschichte muss ein für alle Mal geklärt werden. Und zwar sofort. Vor der Hochzeit. Wenn nicht? Dann können sie sich ruhig trauen – aber ohne mich.

MEIN BEIN: EIN BEIN AUS EISEN

Du wachst auf, liegst in einem fremden Bett, um dich herum keine Farben, alles weiß. Augen zu. Schnell wieder die Augen zu. Was du nicht siehst, findet nicht statt. Schlaf, Elber, schlaf. Los Junge, denke an nichts, träume einfach weiter diesen Traum, in dem nichts passiert. Absolut nichts. Kein Schrecken, kein Glück, null Gefühl, niemand da. Alles weiß. Ich öffne die Augen, versuche zu sehen – Weiß, nur Weiß um mich herum. Was sehen eigentlich Blinde? Leben sie in Dunkelheit, ist da ein Flimmern, oder sehen sie dieses Weiß als ihr Nichts?
Mein Mund! Dieser Geschmack! Ich habe einen Geschmack im Mund, als würde eine tote Ratte auf der Zunge liegen und vor sich hinstinken. Alles so pelzig, so widerlich faul. Wasser,

ich brauche Wasser. Verfluchte Scheiße noch mal, ist hier denn überhaupt nichts, ist hier denn gar niemand?

Eine Stimme, von ganz weit weg, sie sagt: »Alles überstanden, Herr Elber. Es gab keine Probleme bei der Operation.«

Aus dem Weiß wird ein Schatten, aus dem Schatten ein ganz in Weiß gekleideter Mensch. Der Mensch ist eine Frau, die Frau hat ein Gesicht, das freundlich lächelt. »Herr Elber?«, fragt sie mich. »Hallo, Herr Elber, hier bin ich. Wie fühlen Sie sich?«

Später erst, sehr viel später, wird mir Brigitte, meine Lieblingskrankenschwester, erzählen, dass ich nach der Narkose aufgewacht bin und sie angelächelt habe. Ich fasse es nicht. Sag mal, Elber, hast du eigentlich wirklich noch alle Tassen geordnet im Geschirrschrank? Erst schlägt dir jemand dein Bein zu einem Trümmerhaufen, dann drehen dir die Ärzte sieben riesige Schrauben in den Unterschenkel und versuchen auf diese Art, dich wieder halbwegs zusammenzuflicken, und du wachst auf, mit einer toten Ratte im Mund, siehst eine Frau – und hast nichts besseres zu tun, als reflexartig zu lächeln?

Der Kalender zeigt den Monat August und das Jahr 1994. Vor ein paar Wochen erst bin ich hier in Stuttgart angekommen. Der Präsident des VfB hat mich in den Arm genommen, als wäre ich sein Sohn, oder jedenfalls einer, auf den er lang gewartet hat. Gelacht haben sie, wenn ich irgendetwas gesagt habe. Total lustig finden sie es hier, wenn ein Typ mit dunkler Hautfarbe durch die Gegend rennt, und die Leute mit »Grüezi« begrüßt, nicht spricht wie ein Brasilianer, sondern wie einer aus der Schwyz. Sympathisch sei ich, hieß es, ein liebenswerter Kerl. Und die Jungs von den Zeitungen haben von Anfang an in ihren Artikeln über mich einen Begrüßungston angeschlagen, der in den Ohren der Fans zum Ohrwurm wurde. Giovane hier, Giovane da – nie zuvor in meinem Leben haben mich fremde Menschen so herzlich empfangen wie diese hier in Stoccardo, Stuttgart. So große Gefühle, so hohe Erwartungen, und ich, ich schieße im ersten Spiel für den VfB gleich ein Tor gegen den Hamburger SV. Was für ein toller Einstieg. Kein Vergleich zu dem, wie ich in Zürich begonnen habe. Ich komme, ich trainiere, ich spiele von Anfang an – und tue das, wofür sie mich geholt haben: Tore schießen. Weiter so, immer weiter. Nächsten Samstag schon das nächste Spiel. Es geht gegen den TSV 1860 München, ein Gegner, den man packen kann, den man besiegen muss, der eine Abwehr hat, die anfällig ist gegen Stürmertypen, wie ich einer bin. Ich bin heiß auf dieses Spiel, ich fühle mich stark, selbstsicher, bin bis oben hin voller Tatendrang. Und dann das: eine einzige ungeschickte Bewegung im Zweikampf mit dem Gegenspieler, er will mich stoppen, grätscht rein, ich springe nicht hoch, komme nicht mehr weg von seinen Beinen – es knackst. Erst ein kurzes, furztrockenes Knacken, dann lange Zeit nichts, außer dem üblichen Getue. Schiedsrichter hat gepfiffen, ich bleibe lieber erst einmal am Boden liegen, doch dann, urplötzlich, kommt wieder dieser eine Teufel mit seiner spitzen Gabel auf mich herabgedonnert und rammt sie mir, jetzt völlig lautlos, in den Körper. Jemand schreit. Jemand fängt an zu wimmern. Wie damals der kleine Junge, dem sich das heiße Plastik der angezündeten Plastiktüte in den Oberarm gefressen hat. Aber dieses Mal ist es nicht der Arm, dieses Mal ist es das Bein, in dem der Dreizack des Teufels steckt. Es ist, als hat er ihn durch das Fleisch hindurch in den Boden gebohrt. Da liege ich jetzt, wie angepflockt. Jemand schreit noch immer. Ich bin es, der so schreit. Und unser Masseur, der Mannschaftsarzt, die Leute vom Sanitätsdienst. Sie rufen nach einer Trage, verfrachten mich vom Platz in die Umkleidekabine – und mit mir auch diesen teuflischhöllischen Schmerz. Ich ahne, dass hier etwas passiert ist, was nicht hätte passieren dürfen. Nicht jetzt, nicht hier, nicht mir. Warum ich, verfluchter Mist. Warum gerade jetzt. Ich kämpfe gegen das Gefühl an, jetzt einfach nur loszuheulen. Schleusen auf, freie Bahn für die salzige Flut der Frustration aus Rotz und Wasser. »Ruhig, Giovane, ganz ruhig«, sagt der Doc. »Wird schon wieder, alles halb so schlimm.«

Ich schaue runter auf meinen Unterschenkel. Er steht in der Mitte so seltsam zur Seite, wird an dieser Stelle immer dicker und dicker. Hey, Doc, wenn das da unten nur halb schlimm sein soll, was, bitte schön, ist dann ganz schlimm?

Sie fahren mich in ein Krankenhaus, ich lande in der Röntgenabteilung – die anschließenden Bilder an der Leuchtwand zeigen ein Halbsoschlimm, wie es schlimmer für mich nicht sein kann: das Wadenbein mehrfach gebrochen, Splitterfraktur, ringsherum alle Bänder gerissen, hier noch was, dort noch etwas in Mitleidenschaft gezogen. Ich höre jetzt gar nicht mehr genau hin, verstehe sowieso nicht alles, was die Ärzte da miteinander zu bereden haben. Aber eines ist ohnehin klar: Sie müssen operieren, so schnell wie möglich. »Aber nicht hier in München«, sage ich, »okay?« Jetzt lachen die doch tatsächlich auch noch über mich.

Einer sagt: »Selbstverständlich, Herr Elber.«

Stuttgart, VfB. Ich wollte in Stuttgart beim Verein für Bewegungsspiele meine Karriere endlich nach oben bewegen, ständig spielen, bei einem gut geführten Verein. Schon beim ersten Blick auf dieses riesige Trainingsgelände, das moderne Klubhaus davor, und gleich dahinter, zwischen Brücken auf Stelzen, baumhohen Parkhäusern, breiten Straßen: das Mercedes-Werk Untertürkheim. Schon beim ersten Besuch wusste ich: Hey, Elber, das hier in Stuttgart, das ist alles noch mal eine ganze Nummer größer als alles, was du bisher gesehen und gemacht hast. Da musst du dich höllisch anstrengen, Elber, richtig reinknien.

Und jetzt? Jetzt liege ich in diesem weißen Bett, kann mich kaum rühren, schaue auf mein mit dicken weißen Binden eingewickeltes Bein, aus dem durchsichtige Schläuche herausgucken, in denen kein Blut fließt, sondern das Blut steht. Kleine fette Tropfen, hübsch aneinander gereiht, mal groß, mal kleiner, mal ganz dicht, mal weiter auseinander. Wie Autos und Laster im Verkehrsstau nach Feierabend.

Nein, da hat sich etwas bewegt! Ganz langsam. Oh nein! Das eine Ende der Schläuche ist in meinem Bein versteckt, das andere endet in einer Plastikflasche, die neben mir im Bett liegt. Der Flaschenboden bedeckt mit Blut. Mein Blut. Brigitte sagt, diesen Blutsauger nennt man »Drainage«, dann redet sie etwas von einem Vakuum, das in der Flasche ist, und dass man deshalb über die Schläuche das überschüssige Blut aus der Operationswunde herausziehen kann. Aha. Ich will jetzt lieber nicht daran denken, wie es ist, wenn mir einer aus der frisch operierten Wunde einen tief sitzenden Schlauch herausziehen will. Nein, ich will nicht daran denken, ich will nicht an etwas anderes denken – eigentlich will ich jetzt überhaupt nichts denken. Lasst mich einfach in Ruhe, okay? Ich will in Ruhe nur eines tun: leiden. Hier liegen, jammern, leiden.

Dieser kleine Teufel hat seine fiesen Höllenkumpels geschickt. Unsichtbare Kobolde sind es, darauf spezialisiert, dass den höllischen Schmerzen nun auch seelische Qualen folgen. Du kriegst sie nicht in den Griff, sie lassen sich nicht fassen, nicht abschütteln, auch nicht verscheuchen. Manchmal kriechen sie ganz langsam an dir hoch, du spürst zwar etwas, merkst aber nichts. Und dann, urplötzlich, werfen sie in einer für sie optimalen Position diese spitzen Pfeile genau an den Punkt, wo deine Gedanken reifen. Die Pfeile sind bestrichen mit einem Gift, das dein Gehirn attackiert. Aus Gedanken werden Zweifel, aus dem Zweifel wächst die Angst, mit der Angst kommt die Panik und danach die Resignation. Ja, es ist vorbei. Kaum begonnen, ist meine Karriere als Fußballer schon wieder beendet. Elber, du bist abgestürzt. Nicht etwa in den Schweizer Bergen, die hast du bezwungen, warst in Zürich der Gipfelstürmer, Torschützenkönig, Pokalsieger. Aber der Elber war ja nicht mehr zufrieden mit der Zufriedenheit. Der Elber wollte ja unbedingt noch mehr, noch höher, noch besser sein. Und jetzt, was hat es dir gebracht? Ein Bein aus Eisen. Siebenmal verschraubt.

Danke, Stuttgart, wirklich: Vielen Dank. Und die Kobolde applaudieren, freuen sich diebisch, schreien mit ihren kreischenden Fistelstimmen im Chor: »Danke VfB, vielen Daaahaank.«

Ich wollte hier eine große Karriere starten – aber der Weg nach Deutschland ist keine Fährte zum Glück, sondern eine Sackgasse, an deren Ende diese üble Falle wartet. Und ich tappe hinein, bin jetzt auf den Arsch gefallen, liege hier wie ein malträtierter Maikäfer auf dem Rücken. Ans Bett gefesselt, Schläuche überall, Metallplatten statt Knochen. Und dieser Kutschera, so heißt der beinharte Junge, der mich in München wegrasiert hat, der Kutschera hat mich ins Aus kutschiert.

»Ja, ja, Kutschera ist schuld, Kutschera«, flüstert mir einer von den unsichtbaren Kobolden ganz leise ins Ohr, »Knochenknacker, übler. Typisch Deutscher. Können nicht kicken, nur treten. Sag's den Leuten. Los, sag es ihnen! Hau rein, schlag zurück!«

Die Tür geht auf, der Kobold weg, und herein kommt kein Arzt, keine Krankenschwester, auch keiner von den Fotografen, die ja gern Bilder vom Elend schießen, vom Unglück, von Typen, mit denen man bei den Zeitungslesern die Neugier wecken kann. Die Tür geht auf – und Fredi Bobic kommt rein. Fredi, mein Sturmpartner, mein Mannschaftskamerad, ich glaube: auch mein Freund. Oder warum sonst, wenn nicht aus Freundschaft, geht man freiwillig zu jemand, der im Bett liegt, dem es mies geht, mit dem es vorbei ist, bei dem du dir nur eines abholen kannst: schlechte Laune.

Fredi bringt das mit, was diese Kobolde killt: Zuversicht, Hoffnung, Optimismus und Worte, die kein Balsam fürs Bein, aber wie Gegengift für die düsteren Gedanken sind.

Wir reden über dies, wir reden über das letzte Spiel, wir reden über den Zweikampf mit Kutschera – der arme Kerl. Es war keine Absicht, er wollte mich nicht verletzen, es tut ihm Leid, er fühlt sich schlecht. Kutschera, mein nun von Schuldgefühlen geplagter Gegenspieler, der Kutschera hat mich unfreiwillig ins Aus kutschiert.

Aus? »Nichts ist aus«, sagt Fredi, »Knochen wachsen wieder zusammen. Außerdem bist du jung, es ist deine erste Verletzung.« Ich soll nicht jammern, sondern kämpfen. Für mich, aber auch für ihn. »Du kommst zurück, ich spüre es«, sagt er, »und dann mischen wir zwei die Liga auf«. Fredi sagt, er braucht mich. Und dann schaut er rum, in diesem engen, alten Krankenzimmer, sieht den Minifernseher, guckt auf den fast leeren Nachttisch, auf dem nur eine Flasche Mineralwasser steht – und fragt: »Brauchst du was?« Ja, Kerl. Typen wie dich brauche ich jetzt. Koboldbekämpfer, gute Seelen, Optimisten. Leute, die dich hochziehen, wenn du unten bist. Aber ich sage: »Nein danke, ist alles okay.« Er geht, kommt am nächsten Tag wieder, in der Hand eine Sporttasche, randvoll mit Spielfilm-Videos, Spielen – und einem Videorecorder, den er gleich auch anschließt. Funktioniert einwandfrei, auch die Fernbedienung.

Eisenbein hat von nun an keine Langeweile mehr, keine kriechenden Kobolde, auch die Schläuche und meine blutgefärbten Bettflaschen sind verschwunden. Es hat nur »tschchch« gemacht, als der Doktor mir die Blutpipeline aus der Wunde gezogen hat. »Eins, zwei – und Luft anhalten«, hieß es – und dann zack, es ging so schnell, da war nicht mal Zeit zum Aua-Schreien. Tapferer Elber, gut gemacht. Außerdem habe ich gutes Heilfleisch.

Die Krankengymnasten stellen Eisenbein auf die Beine, sein Kumpel Fredi bringt täglich VfB-Kollegen mit, die wiederum allerlei bunte Getränke, schräge Geschichten und natürlich auch Pizza vom Italiener. Sie kümmern sich, mein Kummer verkümmert. Aber der Doktor sagt: »Giovane, wenn's gut läuft mit der Heilung, bist du in drei Monaten wieder am Ball.« Wir haben August, das Jahr 1994. August, September, Oktober – und im November beginnt die Kälte, die keinen Brasilianer zu Höchstleistungen treibt. Das Jahr ist also für einen wie dich gelaufen. Und dein Klub, Elber, dieser von Dunga so gepriesene VfB, dem geht's wie dir: Er geht auf Krücken, humpelt durch die Gegend.

Die Bosse, sie werden nicht auf dich warten, Elber. Noch ein paar Niederlagen mehr und sie werden nicht mehr, nur das Verletzungspech beklagen, sondern in der Winterpause neue Spieler kaufen, dem Druck der Medien nachgeben. In den Zeitungen wird bereits darüber geschrieben, dass dieser Elber aus der Schweiz zwar ein ganz netter, auch recht sympathischer Typ ist, sich aber auch als ziemliche Fehlinvestition herausgestellt hat.

Ein Stürmer, der humpelt, ist wie Geld, das man am Strand verbuddelt hat.

GROSSER DUNGA, KLEINER ELBER

Okay, Fußball ist ein Mannschaftsspiel. Du kannst nicht gut Fußball spielen, wenn deine Mannschaft nicht gut ist. Und eine Mannschaft kann noch so gut sein: Wenn sie nach dem Abpfiff als Verlierer dasteht, ist alles nur noch eines – schlecht. Dem VfB Stuttgart geht es schlecht. Zu viele Niederlagen drücken auf die Stimmung, gesenkte Köpfe, wohin man blickt, nur depressive Mienen, miese Laune überall. Es gibt im Fußball eine Regel, die lautet: Du darfst nicht lachen, wenn im Verein die Krise herrscht. Denn wer lacht, vor allem öffentlich, der nimmt die Krise nicht ernst. Und wer nicht mal in Krisenzeiten die nötige Ernsthaftigkeit besitzt, dem fehlt es an der nötigen Einstellung. Also Leute, schaut ernst, wenn mal wieder die nächste Hoffnung auf Erfolg beerdigt worden ist. Fasst euch an den Kopf, schüttelt ihn, runter mit der Birne – oder ganz hoch, so, als würdet ihr zum alten Herrn da ganz oben sprechen. November ist es, Mistwetter, dem VfB Stuttgart geht es schlecht.

Doch ich, ich könnte schreien vor Glück: Es ist vollbracht, ich hab's geschafft. Tatsächlich, ich habe es hingekriegt: Ich kann endlich wieder spielen, nach drei Monaten Zwangspause, Schmerzen, Zweifel, der Angst und der Schinderei. Die 9 ist zurück, der Elber greift wieder an. Es gibt nichts Schöneres als dieses Gefühl, wieder dabei zu sein. Ich bin total happy, ich bin so stolz, ich fühle mich stark. So stark, dass es von jetzt an nur noch eines gibt: Ich werde den VfB aus dem Schlamassel schießen, ich allein, die Elber-Tore werden es richten.

Blöd ist nur, dass wir so schwach spielen. Mit meinem Comeback komme nur ich zurück – aber nicht der Erfolg. Sie feuern Jürgen Röber, den Trainer, der mich geholt hat. Für ihn kommt ein neuer, der schon ziemlich alt ist. Und komisch, irgendwie. Er redet nicht über Fußball, über den nächsten Gegner oder vielleicht darüber, was falsch ist und was richtig. Nein, Jürgen Sundermann, so heißt er, reißt Witze, macht Späße, will, dass wir alle miteinander lachen. Die Stimmung soll besser werden, sagt er, aus einem mies gelaunten Arsch könne kein fröhlicher Furz kommen. Oder so ähnlich. Sundermann der Wundermann – wir wundern uns. Und spielen um kein Haar besser. Carlos Dunga platzt irgendwann der Kragen, es kommt zum großen Krach, erst schreien sie rum, dann reden sie überhaupt nicht mehr. »Vorbei hier«, sagt Dunga dann mal zu mir, »ich hau ab.« Ich verehre Dunga, er ist ein großer Spieler, ein Fußballstratege, ein Vorbild an Willenskraft, Einsatzbereitschaft und Führungskraft. Er ist der Grund, warum ich hier bin, und nicht bei Ottmar Hitzfeld, der vor seinem Wechsel nach Dortmund die Grashoppers in Zürich trainiert hat und dort auch mal angeklopft hat, ob der Elber womöglich zur Borussia transferiert werden könnte. Nein, konnte er nicht. Denn der Elber hat sich gedacht: Wo der große Dunga spielt, können sie dich nicht klein machen. Weil er die Hand über dich hält, dich führt, dir den Weg ebnet und dir die Stolpersteine zeigt. Doch dann stellt sich heraus, dass der in Brasilien so souveräne Dunga hier in Europa genau die gleichen Probleme zu bewältigen hat, an denen auch der kleine Elber nach seiner Ankunft in Europa so schwer zu kauen hatte: die Sprache, die Mentalität der Menschen, deren Essen, ihre Gewohnheiten, diese Erwartungen ans Leben, das pünktlich zu sein hat, zuverlässig, nach innen gekehrt. Es ist nicht Dunga, der mir hier in Stuttgart helfen kann. Es ist Fredi Bobic, der mich den Deutschen näher bringt. Und wieder einmal läuft alles total anders, als eigentlich gedacht: Dunga, mein Fürsprecher, sagt Servus, haut nach Japan ab. Und ich, der eigentlich immer nach Italien wollte, bekomme in Deutschland einen Trainer aus dem Land, von dem ich mich eben erst verabschiedet habe: der Schweiz. Rolf Fringer kommt aus der Schweiz zum VfB Stuttgart.

Ist es etwa schon wieder so weit? Adriano, du Hellseher aus Londrina, los sag! Beginnt sich womöglich jetzt schon wieder dieser verflixte Kreis zu schließen? Und gibt es für mich auf dem Weg nach irgendwo jetzt nur noch eines: raus hier? Ich will nicht mit meiner Vergangenheit konfrontiert werden. Es kann nicht sein, dass die Schweiz mich hier in Stuttgart wieder einholt.

Adriano sagt: »Bleib ruhig, Elber. Es kann doch auch von Vorteil sein, wenn jetzt ein Chef kommt, der dich schon kennt und weiß, was du kannst.« Und außerdem: »Du musst den Leuten zeigen, was du kannst, nicht nur dem Trainer.«

Cintia:
IN WINTERBACH

Wenn man ihm so zuhört, wartet auf mich das Paradies. Elber schwärmt von Deutschland, findet Stuttgart wunderschön, die Menschen dort so freundlich und das Haus, das er gemietet hat, sei »absolut klasse«, sagt er. Elber und ich gemeinsam in einem Haus – nur für uns allein. Es kitzelt überall am Körper, kleine Ameisen krabbeln von den Zehen aufwärts in Scharen über deine Haut. Ja, wir beide werden heiraten, er wird mein Mann. »Aber nur unter einer Voraussetzung«, hieß es bei mir zu Hause, »du musst deine Ausbildung zum Abschluss bringen.« Schnell genickt, sofort »kein Problem« gesagt. Es ist mir völlig egal, dass ich dann eben noch mal für ein paar Monate von Stuttgart zurück nach Londrina gehen muss, um mein Versprechen an die Eltern einzuhalten. Ich werde büffeln, zur Prüfung gehen, danach mein Diplom abholen – und gut so. Die Psychologie interessiert mich, den Fachhochschul-Abschluss brauche ich zwar nicht unbedingt zum Lebensglück – aber na ja. Wenn es meine Eltern glücklich macht, dann mache ich es eben. Aber jetzt ist nicht die Zeit, an übermorgen zu denken, jetzt ist die Zeit zum Abflug. Barbiepüppchen flieg, dein schwarzhaariger Ken wartet auf dich.

Er kam humpelnd zum Flughafen, um mich ins versprochene Paradies zu führen. Im Schlepptau meine besorgte Schwiegermutter. »Dein Bein wird heilen«, habe ich ihm damals immer wieder versprochen, »glaub mir, alles wird gut sein.« Dann sind wir ausgestiegen aus dem Mercedes, er hat geflucht wegen dieser »Scheißkrücken«, danach hat er den Schlüssel herausgekramt und mir die Pforte ins angekündigte Paradies aufgeschlossen. Dieses Häus-

chen in Winterbach hatte wirklich was – nur eines nicht: Möbel. Die ersten Nächte im neuen Paradies habe ich auf einer Luftmatratze geschlafen, er im Bett mit seiner Mama.
Willkommen in Winterbach, Cintia. Es gibt wirklich viel zu tun. Winterbach ist kein Wintermärchen. Winterbach ist ein hübsch gelegenes Dorf vor den Toren Stuttgarts. Viel Natur, ein kleiner Fluss, es gibt Weinberge ringsherum und rund um unser Reihenhaus fürsorgliche Nachbarn, die sich wirklich kümmern, dass wir ja keinen Kummer bekommen.
Ich will überhaupt nicht mehr an den Tag denken, als Elbers Mama bei mir anruft. Sie schimpft, sie sagt, sie sei keine Madame, und sie wisse aus ganz sicherer Quelle, dass meine Familie nach der Hochzeit mit Elber dafür sorgen wolle, dass nicht mehr so viel Geld zu ihnen nach Londrina fließen werde. Und überhaupt: Was wir uns denn einbilden würden, wir feinen Leute? Sie spricht, ich verstehe überhaupt nichts mehr. Elber, sag du mir, was wird da eigentlich gespielt? Die Telefonrechnung wird nach diesem Vorfall wohl noch astronomischer ausfallen, als sie es ohnehin schon jeden Monat ist. Er in Stuttgart, ich bin wieder in Londrina, mitten in den Hochzeitsvorbereitungen – und jetzt dieser Anruf der Schwiegermutter. Der Puls rast, die Gefühle galoppieren, die Drähte glühen. Und Elber bleibt völlig cool. Er fragt mich: »Hast du auch mit deinem Vater gesprochen?« Ich: »Ja, habe ich.« Er: »Und? Hat dein Vater dir jetzt verboten, mich zu heiraten?« Nein, hat er natürlich nicht. Und mein Vater Osmar hat auch keine Ahnung, welche böse Zunge da wessen Gift verspritzt. Er kapiert das alles nicht, weiß nicht, was dahinter steckt, was die ganze Aufregung denn überhaupt soll. Elber sagt: »Na also, alles klar. Was gehen uns beide denn all die anderen Menschen an?« Dann nimmt er die Zügel in die Hand, wenig später galoppiert nichts mehr, sondern ist alles so, als wäre nie etwas Hässliches gewesen.
Dezember 1994, in Deutschland regiert die Kälte, hier jedoch sind Hitzewallungen angesagt – vor lauter Aufregung: Elber und ich, wir heiraten in Brasilien. In der Kirche sagt der Pfarrer zu El-

ber: »*Für dich, mein Sohn, wird es von nun an nur noch eine Frau geben.*« *Wir stehen da vorne am Altar, um uns herum all die vielen Hochzeitsgäste – und was antwortet mein Elber?* »*Ist kein Problem, Herr Pfarrer, ich bin ganz gut vorbereitet.*« *Alle lachen, mit nur einem Satz kann dieser Kerl da, jetzt mein Mann, gute Laune selbst in Kirchen zaubern. Es ist so schön, so stilvoll, so stimmungsgeladen. Meine Cousins spielen auf der Trompete dieses Lied von den Beatles,* »*Yesterday*«. *Begleitet von Geigen und der Kirchenorgel. Und diese Blumen überall. Ich tauche in ein Meer voller Blumen, die Musiker spielen noch romantische Volksmusik aus Brasilien, dann geht's zum Hochzeitsfest, wo eine gigantische Marzipantorte, gefüllt mit Creme, darauf wartet, von uns beiden angeschnitten zu werden. Beim Hochzeitswalzer kommt Elber mehr ins Schwitzen als jemals zuvor beim Fußballspielen. Und unsere Gäste, ich glaube, es sind Hunderte, sie lassen es sich gutgehen, futtern die Spanferkel, die Hühnchen, dieses riesige Büffet ratzfatz weg. Aber ruckzuck wird wieder Nachschub herangeschafft. Ein tolles Fest, danach bin ich ebenso geschafft wie glücklich. Und im Hotelzimmer: wieder überall Blumen, selbst auf dem Klo. Wir flittern dann in Fortaleza, in der Hitze von Nordbrasilien, diesen tollen Stränden – und dann geht's schnurstracks wieder zurück ins winterliche Winterbach. Der Temperaturunterschied von bestimmt 40 Grad haut mich beinahe aus dem Gleichgewicht. Aber ich kämpfe. Denn nur ein paar Wochen noch, dann ist Februar, es beginnt die Zeit, in der ich mein Versprechen einlösen muss: zurück nach Londrina, an die Uni. Ich büffele wie verrückt, ich will bei der Prüfung nicht durchfallen. Denn wenn ich durchfalle, dann heißt das: hiergeblieben – alles wiederholen. Aber ich will nicht mehr hier bleiben, mein Platz ist jetzt woanders. Meine Heimat ist dort, wo Elber ist. Er war so lange allein unter Fremden in der Fremde, dass ich ihn jetzt nicht im Stich lassen darf, nur weil mir Deutschland noch fremd ist. Adriano, der Bruder meiner Mutter, macht mich stark mit Worten. Er sagt:* »*Cintia, deine Heimat ist nicht dort, wo du herkommst, deine Heimat ist da, wo deine Zukunft liegt.*« *Okay, mein Lieber. Hast du schön gesagt. Aber ist es dann nicht so, dass meine Zukunft nicht mehr in meinen Händen liegt, sondern davon abhängt, wo mein Mann Tore schießt?*

Elber haut aus Winterbach ab – nur um dabei zu sein, wenn ich in Londrina mein Diplom überreicht bekomme. Er sieht so stolz aus, gibt mir zu verstehen, dass ich etwas geschafft habe, was er nie gepackt hat: einen Abschluss. Ein Stück Papier, auf dem keine Summen stehen und Unterschriften, auch keine Vertragslaufzeiten, sondern ein offizieller Stempel und Noten. Er stolz wie Oskar, ich die Psychologin Cintia – wir beide düsen sofort ab nach Aruba, in die zweiten Flitterwochen. Zum ersten Mal sind keine Aufpasser aus der Familie dabei. Aruba soll eine schöne Ferieninsel sein, sagt man. Wir sehen nicht viel von ihr. Das junge Paar hat andere Dinge zu entdecken.

Sommer 1995 – vom sonnigen Aruba zurück ins langsam wärmer werdende Winterbach. Die Menschen hier sind alle so nett, so freundlich, so hilfsbereit. Es ist, als wohnen in diesem Reihenhaus zwei Kinder, die nun adoptiert gehören. Ich bin kein Kind, aber ich kann mich nicht verständigen. Ich verstehe nicht, was sie von mir wollen, ich weiß nicht, wie ich mich verhalten soll. Das Paradies ist ein Babylon, ich fühle mich wie ein Baby – und jedes Mal, wenn es draußen an der Tür klingelt, saust mir dieser Schreck in den Körper. Oh Gott, gleich ist es wieder so weit. Gleich stehst du im Flur, schaust nach draußen in ein lächelndes Gesicht – und bist selber nur eine blöd dastehende Lächlerin, die nichts kapiert. Okay, ich kann nicht kochen, ich weiß nicht viel über die Arbeit im Haushalt. Ich habe noch nie in meinem Leben allein in einem Haus gewohnt. Elber hat mir gezeigt, wie man Reis mit Bohnen kocht. Er hat mir Backunterricht gegeben, ich kann Brötchen machen. Und ich habe, seit ich hier in Winterbach angekommen bin, eigentlich nichts anderes gemacht, als darauf zu warten, dass mein Mann wieder nach Hause kommt. In der Zeit des Wartens bin ich Putzfrau und Raumausstatterin. Ich möchte unser Nest hier sauber halten, es soll gemütlich werden. Es soll so sein, dass wir beide uns hier wohl fühlen. Das Paradies mei-

ner Träume hat eine Realität bekommen, und die Realität hat einen Namen: Winterbach. Ganz am Anfang hat noch Elbers Bruder Beto hier bei uns gewohnt. Ich hatte jemand, der mir zugehört hat, wenn Elber nicht da war. Es gab zwar nicht sehr viel zum Besprechen, aber Beto ist ein angenehmer Mensch. Er selber spielt auch Fußball, kickt in der Mannschaft des VfL Winterbach. Die Jungs dort sind ganz zufrieden mit ihm, und sie finden es klasse, dass Beto auch mal mit seinem berühmten Bruder in der Stadiongaststätte auftaucht. Zum Essen natürlich. Elber meint, es gibt auf der Speisekarte im Vereinsheim vom VfL Winterbach einen Grillteller, der ihn an Brasilien erinnert. Sie essen nun mal verdammt gern viel gebratenes Fleisch. Beto ist mittlerweile wieder nach Londrina zurückgeflogen, und ich, ich bin jetzt noch einsamer als zuvor. Ja, ich erschrecke bei jedem Klingeln an der Haustür. Und es klingelt von Tag zu Tag häufiger. Fast immer sind es die Schulkinder, die sich auf dem Nachhauseweg hier bei mir noch schnell ein Autogramm abholen wollen. Natürlich fragen sie auch ständig: »Ist der Giovane da?« Ist er natürlich nicht, so kurz nach der Mittagszeit. Also gebe ich den Kindern eben Autogrammkarten vom Elber, blicke in diese strahlenden Augen. Es kann so einfach sein, den Kleinen ein Stück Glück zu schenken. So unheimlich einfach. Und die Einfachheit des Glücks spricht sich hier natürlich schnell herum. Mittlerweile weiß in Winterbach jeder, wo »der Giovane« wohnt. Man kann da einfach schnell hingehen, klingeln, es macht immer jemand auf. Wenn »der Giovane« nicht da ist, dann auf alle Fälle seine nette Freundin. Die ist zwar bisschen blöd, lächelt immer nur und versteht kein Wort – aber sie hat immer vom Giovane eigenhändig unterschriebene Autogrammkarten in der Hand, wenn sie die Haustür öffnet. »Das geht so nicht«, sagt Elber dann mal zu mir, »es kann hier nicht jeder, wann es ihm passt, vorbeikommen, auch noch klingeln – und dafür sogar noch etwas geschenkt bekommen.« Herrje, du Schlauberger, und was soll ich stattdessen tun? Den Kindern die Tür vor der Nase zuschlagen? Ihnen womöglich erklären, dass es jetzt viel zu viel geworden ist mit der Klingelei? Klar, *mein Lieber, mach ich gern! Selbstverständlich ist es mir ein Vergnügen, deiner Laufkundschaft unentwegt Lektionen in der Phonetik portugiesischer Sprache zu erteilen. Sie werden sehr erfreut sein, sie werden alles verstehen, was ich ihnen sage, sie werden sich brav umdrehen und klaglos gehen. Und ich, jetzt die blöde Kuh vom Elber, werde dann überall im Ort unglaublich beliebt sein, wenn die Kinder ihren Eltern von dieser Türsteherin erzählen. Bravo! Gute Idee. Und du, mein Held, du hast derweil den ganzen Tag glänzende Unterhaltung mit deinen netten Kollegen. Sie führen dich durch die Stadt, sie stellen dich anderen Leuten vor, du kannst Deutsch, du kannst dich mit den Menschen hier verständigen, sie rollen den roten Teppich vor dir aus und du fühlst dich wie im Paradies. Bis du dann irgendwann nach Hause kommst – und ein Problem vor dir steht: ich, Cintia.*

Ich bin nicht blöd, aber es ist so blöd, sich nicht ausdrücken zu können, seine Gedanken nicht in Worte fassen zu können, damit dein Gegenüber auch weiß, was du denkst, wie du fühlst, was los ist mit dir. Selbstverständlich lerne ich jetzt Deutsch. Im Goethe-Institut gibt es tolle Sprachkurse. Aber die Termine kollidieren natürlich mit deinen Trainingszeiten. Und Cintia, die blöde Gans, traut sich noch nicht ganz allein nach Stuttgart rein. Weil sie unsicher ist, weil sie Angst hat, weil ihr das Selbstvertrauen und die Sprache fehlen. Denk zurück an Zürich, mein Lieber. Spule die Zeit zurück, nimm den Fußball raus – und sag mir: Wie hättest du dich gefühlt, an meiner Stelle?

MY BOY FÜR SIE

Ein Hund. Na klar, ein Hund wäre jetzt gut. Ein kleiner Hund ist immer da, wo man selber ist. Ein kleiner Hund ist wie ein Baby, das deine Zeit mit Gefühlen füllt, mit Freude, mit einer Aufgabe. Ich besorge für Cintia einen kleinen Hund, der ihre aufkeimende Schwermut killen wird. Sie nennt ihn: My boy. Mein

Junge ist ein zuckersüßes Geschöpf, ein winzig kleiner Cockerspaniel, so knuddelig, so drollig, total aufgedreht. Wir lieben Hunde. Doch wir beide haben keine Ahnung, was Hunde wollen. Was sie dürfen. Und dass sie auch mal müssen, bekommen wir dann in der ersten Nacht gezeigt. Wohin man auch tritt – überall Pfützen oder kleine Haufen. Okay, kein Problem, schläft der Junge eben in der Küche, da gibt es einen kleinen Balkon, wir lassen ihm die Tür auf – und wenn er muss, kann er raus. My boy will aber nur eines: zu uns. Und deshalb steht er jetzt auf dem Balkon, winselt, heult und kläfft. Hart bleiben! Bei der Hundeerziehung muss man knallhart sein. Wer nachgibt, hat für immer verloren, bekommt die Rangfolge nie mehr richtig in den Griff. My boy ist unten, wir sind oben. Das gilt nicht nur räumlich, er auf dem Küchenbalkon, wir im Schlafzimmer, sondern auch überhaupt. Es kann doch wirklich nicht sein, dass kleine Hunde darüber bestimmen, was im Haus geschehen soll. Es geschieht jetzt Folgendes: Hausfrau und Hausherr kriegen kein Auge zu, Cintia schaut mich irgendwann so seltsam an. Und bevor nun mit an Sicherheit grenzender Wahrscheinlichkeit der erste Nachbar bei uns klingelt und wissen will, ob wir vielleicht ein Problem haben, ist es wohl besser, ich sehe die erste Unterrichtsstunde des winselnden ABC-Schützen da unten für beendet an. Stellen wir seine Schlafmatratze eben neben uns ins Schlafzimmer, lassen dort die Balkontür auf. Für alle Fälle.

Na also, klappt doch prima. Am nächsten Morgen jedoch sind alle furchtbar erkältet: Cintia, Elber und My boy. Mist, verfluchter. Beim VfB werden sie wahrscheinlich wieder fragen, warum ich nach dem Training und dem Duschen meine Haare nicht vernünftig trocken föhne. »Man holt sich sonst schnell eine Erkältung, Giovane, weißt du doch.« Ich werde wohl nicken – und Besserung geloben. Cintia jedenfalls hat viel Spaß mit unserem Jungen. Gehen oft spazieren, die beiden, treffen auf andere Leute, werden angequatscht. Cintia sagt: »Ist es nicht seltsam, dass man hier in Deutschland erst einen kleinen Hund braucht, um mit fremden Menschen ins Gespräch zu kommen?«

Cintia:
SCHWANGERSCHAFT – ZU DRITT. UND BACKOFEN – BUMM

Eben erst haben wir uns den Hund angeschafft, schon ist auch etwas anderes da: Leben in der Bude – und Leben in meinem Bauch. Ich bin schwanger. Ein Kind, wir bekommen ein Kind. Elber, nicht mehr lange, und wir sind hier zu dritt. Mein Mann flippt fast aus vor Freude, kriegt Tränen in die Augen, kaum ein Tag vergeht, ohne dass Pläne geschmiedet werden. Rosa oder blau? Ballettschühchen oder kleine Kickstiefel? Elber schleppt mich in Babyboutiquen, stöbert in Katalogen für Kindermöbel, geht sogar mit, wenn ich zu den Vorsorgeuntersuchungen gehe. »Sehen Sie hier diesen schwarzen Punkt?«, fragt die Ärztin, zeigt auf das Ultraschallbild. »Ja, klar«, ruft plötzlich mein Mann, »da, da. Es ist schwarz, das kann nur mein Kind sein.« Scherzkeks. Und wenn der Punkt da rot wäre, bin ich also mit einem Indianer fremdgegangen, oder wie?

Wir lachen, wir scherzen, und ich habe hier in Stuttgart nun auch eine Freundin gefunden, deren Hilfe so unheimlich wichtig ist. Sie spricht fließend portugiesisch, kümmert sich beim VfB um die ausländischen Profis und deren Familien, eine treue Seele ist sie, immer da, wenn man sie braucht. Und ich brauche sie häufig, um zu verstehen, was ein »Wehenschreiber« ist, oder ein »Geburtskanal«, eine »Beckenbodengymnastik«. Petra ist Freundin, Weggefährtin und zugleich meine Simultanübersetzerin. Und mein Elber ist immer mit an Bord. So kommt es, dass wir bei der Schwangerschaftsgymnastik tatsächlich zu dritt anrücken. Die zwei Freundinnen, eine schwanger, die andere plaudernd, auf der Matte, daneben der Herr Elber auf einem Stuhl sitzend und meist Schokolade mampfend. Denn wenn er Schokolade hat, gibt der Gatte sehr gern Ruhe.

Ruhe ist etwas Kostbares. Wie habe ich es damals in Londrina genossen, an diesen Sonntagen mal nicht mit der ganzen Familie hoch zu Oma Isaura zu müssen. Rumhocken, Essen, Kaffee *trinken, Plauderstunde – ist ja okay, wenn man Lust darauf hat. Aber was ist, wenn man lieber seine Ruhe haben will, ein Buch lesen, Musik hören oder Briefe schreiben will? Als ich in Winterbach ankam, war die Ruhe nicht kostbar, sondern die Melodie der Einsamkeit. Die Menschen hier wollten nicht, dass Frau Elber einsam ist. Also haben sie mich eingeladen, zum Kaffeekränzchen, zum Plaudern, zum Beisammensein. Wer Einladungen ablehnt, ist unhöflich. Ich wollte nicht unhöflich sein, sondern nett, wie meine Nachbarn. Und dann sitzt du da, wie bestellt und abgeladen, kannst den Gesprächen nicht folgen, deine eigenen Gedanken nicht formulieren, bist nicht taub, bist nicht stumm, verstehst trotzdem nichts, findest keine Worte. Im Unwohlsein wird das freundliche Lächeln deiner Gegenüber zu einer aufgesetzten Grimasse – du willst irgendwann nur das: erst raus hier, später nicht mehr hin da. Meine Ruhe will ich. Diese Ruhe, die umso kostbarer wird, je weniger du von ihr bekommst. Ich will nicht unhöflich sein, ich sage lieber: »Danke nein, komme heute nicht, habe Kopfschmerzen.«*

Neulich hat ein Nachbar meinen Mann zur Seite genommen, sehr besorgt geschaut – und gesagt: »Giovane, es geht mich ja nichts an, aber hör zu. Mit deiner Frau stimmt was nicht. Sie hat ständig Kopfweh, fast jeden Tag. Lass sie doch mal von einem Spezialisten untersuchen. Man weiß ja nie.«

Ich weiß mittlerweile, was elektrische Sicherungen sind und wie man sie in Gang setzt, wenn mal ein Kurzschluss im Haus war. Wie neulich, als der Backofen so laut geknallt hat, danach alles dunkel geworden ist. Die offiziell von Kopfschmerzen geplagte Cintia rennt rüber zum Nachbarn, ist aufgeregt, klingelt – und kriegt als Schadensmeldung nur drei Worte heraus: »Da, Backofen, bumm.« Ich bin nicht niedlich, ich bin nicht blöd, ich bin kein Kind, sondern bekomme bald selber eines. Und ich weiß: Bis dahin muss deren Mama vernünftig sprechen können, das Winterbacher Barbiepüppchen aus Londrina.

ES GIBT KEIN »MAGISCHES DREIECK«

Der neue Trainer hat rote Haare, viele Sommersprossen im Gesicht, er ist klein, spricht diesen Akzent, der mich an Zürich erinnert – und er hat Ahnung davon, wie Fußball funktioniert. Zusammen mit Rolf Fringer kommt auch ein neuer Spieler, dessen Name mir ein Begriff ist: Balakov. Der Bulgare Balakov. Ich kenne seine Freistoßtore aus Videos von der portugiesischen Liga. Bei Sporting Lissabon hat er die Dinger reingemacht, fast immer mit links, immer mit Effet. Balakov. Krassimir Balakov. Ecken schießt er auch, zirkelt sie so rein in den Strafraum, dass du nur noch den Zeitpunkt des richtigen Absprungs erwischen musst, dann fallen dir die Bälle auf den Kopf – und Tor.

Ich habe diesen Krassimir Balakov schon ein paar Mal im Fernsehen beobachtet, guter Spieler. Dunga ist weg, Balakov ist da. Er kommt zum ersten Mal ins Training, spricht jeden in der Sprache an, die dessen Heimatsprache ist. Als wäre es das Normalste von der Welt, dass einer aus Bulgarien mit dem Serben serbisch spricht, mit dem anderen russisch, hier macht er italienisch, dort portugiesisch. Ich denke »Hey Mann, cool« – er sagt: »Mein Deutsch ist leider sehr schlecht.« Und ich: »Kein Problem, kannst bei mir kostenlose Kurse in Schwyzerdütsch bekommen.«

Fredi und ich, wir merken sofort: Das Ding hier kann jetzt doch noch richtig lustig werden. Kein Training, ohne dass jemand einen Gag mitbringt. Und der Trainer, dieser rote Korsar mit dem Hang zur Perfektion, der Rolf Fringer, macht aus jeder Übungseinheit zwar eine Bastelstunde mit detaillierter Bedienungsanleitung und Unfallverhinderungsstrategie, aber im Grunde macht er nur eines: Er lässt uns spielen. Und zwar meist nur in eine Richtung – nach vorn. Wenn im Fußball eine Mannschaft nur eines will, nämlich gut nach vorne spielen, dann freuen sich nicht nur die Zuschauer, sondern vor allem auch jene Spieler, die vorne darauf angewiesen sind, dass ihnen andere Jungs die Arbeit heranschleppen. Fußball ist zwar ein Mannschaftssport, aber Fußball funktioniert nur dann richtig gut, wenn die einzelnen Gruppen in der Mannschaft so miteinander funktionieren, dass sie ineinander greifen. Wie die Zahnräder einer mechanischen Uhr. Und der Trainer ist zuständig fürs Aufdrehen. Schweizer Uhren sind weltberühmt. Schweizer Trainer zwar nicht, aber dieser Rolf Fringer hat ein Händchen für Zahnräder, die auf zwei Beinen rennen. Und dieser Balakov, wir nennen ihn alle nur Bala, der Bala ist ein begnadeter Meister im Heranschleppen von Bällen für uns Stürmer. Wir sind zu zweit, da vorne. Mal haut der Fredi die Dinger ins Tor, mal ich. Und wenn es nichts heranzuschleppen gibt, sondern der Ball auf einem Punkt zu ruhen hat, dann macht der Bala sein Balabala: Freistoß Balakov, Elfmeter Balakov, ziemlich häufig ist das alles nur eine andere Bezeichnung für: gleich fällt ein Tor.

Dummerweise ist es jedoch auch so, dass unser Trainer in seinem Forscherdrang nach vorn zuweilen vernachlässigt, dass auch die Gegner über Spieler verfügen, die in der Lage sind, Tore zu schießen. Und so kommt es, dass der VfB Stuttgart zwar ziemlich viel Lob für seine Spielweise bekommt, jedoch viel zu wenig Punkte aufs Konto.

Da kommen sie wieder, diese Kobolde, die ich aus den Krankenhaustagen kenne. Fiese kleine Gestalten mit diesen Giftpfeilen im randvoll gefüllten Köcher. Sie klettern dort, wo Krawatten zur Dienstkleidung gehören. Jetzt ist es die Zwietracht, die dem VfB zu schaffen macht. Unruhe im Verein, gekränkte Eitelkeiten. Solch ein toller Fußball, so eine spielstarke Mannschaft – aber noch immer kein großer Erfolg, sondern der Krebsgang im Mittelmaß der Tabelle. Gemein ist das, ungerecht, und einen Grund muss die Misere doch haben, einen triftigen Grund.

Natürlich diskutieren auch wir Spieler. Und da kann es schon mal vorkommen, dass sich ein Weltklasse-Weltmann wie Balakov im Umgangston vergreift. Fredi, ich und er stehen auf dem Trainingsplatz beieinander, Bala will was erklären – mit mir spricht er serbokroatisch, für Fredi übersetzt er das Ganze auf Portugiesisch. Stille auf dem Trainingsplatz. Sekundenlang nichts. »Hääh«. Bala ist schon beim nächsten angekommen, redet auf ihn ein. Dann fällt der Groschen – wir plumpsen zu Boden, kriegen uns kaum wieder ein. Und später dann, bei der nächsten Gelegenheit, spricht Fredi im Beisein von Balakov nur englisch mit den Deutschen, ich italienisch mit den Jugos – fehlt nur noch, dass sich der Deutsche Thomas Berthold auf Japanisch mit dem Trainer unterhält und der das alles auf Französisch einem Ungarn übersetzt.

Fußball kann so herrlich sein, wenn sich eine Mannschaft versteht. Und das, obwohl fast jeder eine andere Muttersprache hat. Unsere Gaudi jedenfalls ist grenzenlos. Rolf Fringer aber muss gehen. Die Mannschaft spielt zu gut – und verliert zu oft. Sein Assistent Joachim Löw übernimmt. Alle nennen ihn nur »Jogi« Löw. Und Jogi tut das, was schon sein gefeuerter Ex-Chef hätte tun sollen, oder machen müssen: Uns einfach nur spielen lassen. Ohne Bedienungsanleitung.

Fortan verlieren wir nicht mehr. Und den Leuten von den Medien kommt das alles so zauberhaft vor. Sie schreiben nur noch vom »magischen Dreieck«. Das Dreieck sind wir drei: Bala, Fredi und ich. Keine Woche geht vorüber, ohne dass irgendwer in Deutschland in irgendeiner Ecke dieses »magische Dreieck« zum Thema macht. Ganz am Anfang finden wir das noch märchenhaft. Doch als das Dreiecks-Gequatsche überhaupt nicht mehr aufhören will, beginnt es plötzlich auch zum Problem zu werden. Es stinkt den Mannschaftskollegen zusehends, dass bei Niederlagen immer sie versagt haben, nach Siegen jedoch nur eines gefeiert wird: das magische Dreieck. Und kaum jemand bemerkt, dass hinter dem magischen Dreieck ein anderes Dreieck steht, das unauffällig alles beiseite räumt, was dem Zauber gefährlich werden könnte. Der Holländer Frank Verlaat dirigiert die Abwehr, der Kroate Zvonimir Soldo macht die Drecksarbeit für Bala, und Fredis Kumpel Gerhard Poschner ölt die Zahnrädchen zwischen Abwehr, Mittelfeld und uns Stürmern. Das »magische Dreieck« existiert nicht in der Realität, es ist nur eine Erfindung der Medien für die Öffentlichkeit. In Wahrheit ist das »magische Dreieck« ein Sechseck, ein Sixpack, ein halbes Dutzend guter

Kicker, denen man in jedem Spiel nur fünf weitere Jungs dazugeben muss, die keine Flaschen sind. Und schon kommt es zu rauschenden Fußballfesten ohne Katerstimmung am nächsten Morgen.

Mein drittes Jahr in Stuttgart: Es ist das schönste, seit ich Fußball spiele. Fredi und ich, wir beide führen die Torschützenliste der Bundesliga an. Die Leute, sie mögen uns auch dort, wo keine VfB-Fans leben, wo Stuttgart nur eine Stadt in Süddeutschland ist. Drei Jahre schon ist dort mein Zuhause, meine Startrampe ins Glück, der Ort, an dem ich meine eigene kleine Familie gegründet habe; der Ort, an dem ich mich sicher fühle. So sicher, dass sich in all den Jahren kein Kobold mehr hat blicken lassen. Doch jetzt, nicht plötzlich, sondern lautlos herangeschlichen – mitten hinein zwischen Bauch und Hirn – taucht diese feine Fistelstimme auf. »Wolltest du nicht mal zu einem richtig großen Klub?«, fragt sie – und: »Elber, warum spielt einer wie du eigentlich immer noch nicht in der Nationalmannschaft?« Es ist Frühling, das Jahr 1997, draußen drängeln sich die Krokusse aus dem noch gefrorenen Boden der Vorgärten. Erste Farbtupfer im blassen Grau des Wintersterbens. Mir wird kalt bei dem Gedanken daran, gerade dann wieder alles zurückzulassen, was eben erst mühsam gewachsen ist. »Du musst weg aus Stuttgart«, sagt das Hirn, »das hier ist kein Parkplatz, sondern das Sprungbrett deiner Karriere.« »Du kannst jetzt nicht gehen«, sagt der Bauch, »nicht jetzt, da es dir endlich mal so richtig gut geht. Bleib hier, du musst bleiben. Der VfB braucht dich, man baut auf dich.«

Mein Vertrag läuft im nächsten Jahr aus, der Vereinspräsident Gerhard Mayer-Vorfelder will unbedingt, dass ich vorzeitig verlängere. Es gibt auch schon ein neues Vertragsangebot, mein Berater Branchini kennt die Zahlen – und sagt: »Es ist kein Angebot, es ist eine Frechheit, eine Beleidigung. Vergiss es.«

Ich rufe Adriano in Londrina an, wir reden, wir hören zu, wir suchen nach einer Antwort, für die es keine Frage gibt, sondern nur ein Gefühl. Dieses Gefühl der Angst. Ja, Angst. Ich habe

Angst davor, einen Fehler zu machen, der nicht nur mich, sondern jetzt auch meine Frau und meine kleine Tochter unglücklich machen könnte. Ist es richtig zu gehen, wenn es am schönsten ist? Oder muss man das Glück auskosten, solange es bei dir ist? Damals in Londrina, da war die Entscheidung so abenteuerlich einfach. Die Chance beim Schopf packen, ins Flugzeug steigen – fertig. Sechs Jahre später ist alles so furchtbar kompliziert. Es geht nicht mehr nur ums Geld, es geht um mehr. Es geht um alles, was ich bin – es geht um mich, um Fußball, um Cintia und Camilla.

Das Telefon klingelt, Branchini ist dran, ruft aus Mailand an. »Bayern München will dich haben«, sagt er, »willst du?«

München: nur zwei Stunden Autofahrt von hier entfernt. Bayern: eine Top-Adresse in Europa. Und ich könnte weiterhin in der Bundesliga spielen, deutsch sprechen, für meine Freunde erreichbar sein. Außerdem schaut man in Brasilien hin, wenn Bayern München Fußball spielt – ich werde also wahrgenommen, auch vom Nationaltrainer. »Das ist sie, deine Chance«, sagt Adriano, »greif zu, mach es.«

Ja, er hat Recht. Branchini ebenso, Cintia hat auch genickt, daheim in Londrina gibt es keinen, der gegen einen Wechsel zum FC Bayern München ist. Meine Entscheidung ist die Entscheidung aller anderen. Das »magische Dreieck« ist nur eine Erfindung, das »magische Dreieck« gibt es nicht, hat es nie gegeben, wird es auch nie geben. Und wenn doch, dann nur in ausgeschnittenen Zeitungsartikeln, die man ins Album klebt wie kleine Erinnerungen an einen unvergesslich schönen Betriebsausflug vergangener Tage.

Ich schenke dem Fredi reinen Wein ein, erzähle ihm alles, fühle mich dabei wie auf einem Beichtstuhl. Ein Fressen für die Kobolde, sie stürzen sich auf mich, wie sich hungrige Hunde auf den vollen Fressnapf stürzen. »Du machst einen Fehler, ja, einen Riesenfehler«, sagt der eine. »Du lässt deine Familie im Stich, Elber«, wispert ein anderer, so ein ganz fieser. »Was nützt dir das ganze Geld, wenn du alles wegwirfst, was dich glücklich gemacht hat?«, kommt es von tief drinnen, dort wo mein Herz schlägt. Und meine Augen sehen einen Fredi Bobic, dem das Entsetzen ins Gesicht geschrieben steht. Ich fühle mich mies, andererseits aber auch befreit. Und als Bala von der Geschichte Wind bekommt, spüre ich den Hauch jener Professionalität, die Fredi jetzt nicht zeigen kann, weil ihn die Gefühle leiten, die Emotionen, die Trauer über das angekündigte Ende eines wunderbaren Zusammenseins. Ich bin es, der uns trennt. Ich bin es, der geht. Ich bin es, der keine Rücksicht auf andere nehmen kann, weil es in diesem Geschäft nicht auf Rücksicht ankommt, sondern auf Voraussicht. »Wenn ein Verein wie Bayern dich will, dann musst du gehen«, sagt Bala, ohne mich dabei anzuschauen. Und dann, ein paar Wochen später, wirft er mir ein Bayerntrikot auf den Tisch, so, als würde Scheiße dran kleben, und sagt: »Da, damit du dich schon mal an deine neuen Arbeitsklamotten gewöhnen kannst.«

Auch ihn kotzt es an, dass ich gehe. Fredi, er und ich versprechen einander eines: Wir werden am Ende der Saison nicht einfach so auseinander gehen. Wir werden etwas holen, das uns bleibt. Ja, einen Titel werden wir im letzten gemeinsamen VfB-Jahr holen. Eine Trophäe. Die Meisterschale oder diesen hässlichen Pott, den DFB-Pokal.

MENSCHENSKINDER

Sie ist da – und hat mich zum Papa gemacht. Camilla ist geboren, alles dran, alles gesund, sie sieht wundervoll aus, und ihre Mutter hat die Geburt gut überstanden. Cintia hat nicht viel davon mitbekommen, weil die Ärzte auf Nummer sicher gehen wollten: Vollnarkose, Kaiserschnitt. Na egal. Ich habe eine Tochter, eine wunderschöne, gesunde Tochter. Als ich vom Krankenhaus zurück zu meinem Auto komme, sind beide Außenspiegel zerbrochen. Es gibt eben Leute, die können nicht einparken, machen dabei nicht nur ihr eigenes, sondern auch das Auto anderer kaputt und hauen dann einfach ab. Arschgeigen. Feiglinge. Ach was, warum sich jetzt aufregen? Deine Tochter ist auf die Welt gekommen, Elber. Ich steige ins Auto, bleibe sitzen, bekomme einen Weinkrampf. Dieses Gefühl, ich kann es nicht beherrschen, es macht mit mir, was es will. Ja, heul doch, du Suse du! Raus mit dem abgestandenen, salzigen Zeugs. Taschentuch! Wo habe ich die Taschentücher hingekramt? Und jetzt: Sonnenbrille her. Wenn du so, wie du jetzt aussiehst, in eine Polizeikontrolle braust und die grünen Jungs gucken dir in die Augen – was dann? Sagt der Herr Fußballprofi dann: »Tschuldigung bitte wegen der roten Augen, aber ich habe ganz doll flennen müssen?« Oder vielleicht das: »Keine Sorge, Herr Kommissar, rote Augen sind ganz normal, wenn man sich eben erst ordentlich einen reingekifft hat.« Nein, das wird der junge Papa natürlich nicht tun. Papa Elber ist kein Haschpapi, Papa Elber hört jetzt auf zu heulen, Papa Elber bleibt jetzt lieber hier noch ein paar Minuten ganz ruhig sitzen in einem flotten Sportflitzer. Such deine Sonnenbrille und gut. Ich weiß nicht warum, aber plötzlich, als hätte die Nummer 9 wieder einen dieser Volltreffer gelandet, will ich jubeln, die rechte Faust zur Siegerfaust nach oben schnellen lassen – und zack: Innenspiegel zertrümmert. Scherben auf der Hose, nichts mehr zu retten. Gut gemacht, Elber! Bist wirklich treffsicher. Und jetzt, Idiot, fahr endlich los. Und bitte langsam, hörst du! Vorsichtig! Man sollte mit einem geleasten Porsche besser keinen Unfall bauen. Zumal dann, wenn man ohne Rück- und Seitenspiegel unterwegs ist. Ich fahre nach Hause, wie besoffen. Ja, ich bin auch besoffen. Besoffen vor Glück. Und dieser Zustand kann ruhig noch eine Weile anhalten. Ich denke mal, wir werden da auch noch ein bisschen nachhelfen.

Jungs vom VfB – hier kommt Elber. Wir haben heute was zu feiern, ich geb bunte Getränke aus. Lassen wir Camilla hochleben. Und Prost.

POKAL DER TRÄNEN

Es klopft an der Hoteltür. Ich liege im Bett. Aus dem Klopfen wird ein Hämmern, ein Geräusch, als schlägt jemand mit der flachen Hand gegen diese hölzerne Pforte, die ich zweimal verriegelt habe. Ich bleibe liegen, ich will niemand sehen, ich mache nicht auf. »Giovane, los Giovane, komm endlich her«, ruft es da draußen auf dem Flur, »mach diese verdammte Tür auf, Giovane, hörst du? Jetzt komm schon, lass mich rein.« Fredis Stimme. Klingt nicht gut, ganz und gar nicht. Ungeduldig klingt sie, bisschen sauer auch. Aber auch verzweifelt. »Giovane, hey, los jetzt. Raus aus deinem Loch. Ich haue diese Scheißtür ein – hörst du. Ich tret sie aus den Angeln.« Fredi Bobic. Steht da im Flur vom Berliner Hotel Esplanade, vor meinem Zimmer, und macht Randale. Ich lasse ihn noch ein bisschen zappeln da draußen. Mal schauen, ob der Junge wirklich auch ein Treter sein kann, Hoteltüreintreter.

Ruhe da draußen, kein Ton mehr zu hören. Auch gut. Ich will nicht runter zur Party, wo sie unseren Pokalsieg über Cottbus feiern. Es gibt für mich nichts zu feiern. Nicht jetzt und auch nicht morgen, wenn die Mannschaft nach dem Rückflug aus Berlin auf dem Stuttgarter Marktplatz gefeiert werden soll. Lass sie feiern, die Jungs. Lasst Abertausende VfB-Fans die Innenstadt bevölkern, damit sie sich und unseren Pokalsieg bejubeln. Ich jedenfalls, ich bin nicht dabei. Der Elber hat sich im Finale so verabschiedet, wie er sich beim VfB Stuttgart vor drei Jahren eingeführt hat: mit einem Tor. Und jetzt: ade. Wenn ihr feiert, werde ich schon nach Frankfurt unterwegs sein, wo abends der Flieger nach São Paulo geht. Zu Hause in Winterbach sitzt Cintia schon auf den gepackten Koffern, wartet darauf, dass ihr Mann endlich kommt, damit wir abdüsen können. Ab nach Londrina, nur für ein paar Wochen. Und danach wird Stuttgart nicht mehr unsere zweite Heimat sein, sondern die jüngste Vergangenheit. Ich komme nicht mehr zurück nach Stuttgart, das Haus in Winterbach ist gekündigt. Nur ein paar Wochen noch, dann ist Mün-

chen unsere neue Stadt, Bayern mein neuer Verein. Nein, ich kann jetzt nicht runter und mit den Kumpels feiern. Mir ist nicht nach Feiern. Zum Heulen ist mir, beschissen geht's mir. Liegen bleiben tu ich. Hier im Bett liegen bleiben, die Decke anstarren. Der Fernseher läuft, bei mir läuft die Soße die Augen runter, der Rotz aus der Nase, ein Taschentuch brauch ich. Heulsuse!
Auf dem Weg zum Klo will ich kurz gucken, ob hinter der Zimmertür alles wieder okay ist. Alles so ruhig plötzlich, so seltsam still. Eben noch steht Fredi dahinter, schreit rum, will die Tür eintreten – und jetzt: Silencio. Totale Ruhe. Langsam, ganz langsam schiebe ich die Verriegelung zur Seite, drücke die Klinke, will nur einen kleinen Spalt zulassen, zwischen mir, Tür und Flur.

Im Türrahmen lehnt Fredi. Grinst. Hat 'ne riesige Zigarre im Mund und diesen Spruch auf den Lippen: »Na also. Hab gewusst, dass dich die Neugier packt.«

Fuß in der Tür, sein Arm um meine Schultern, schon ist er drin im Zimmer, das Schlitzohr. Glaubt man das? Macht erst Theater, steht dann einfach minutenlang mucksmäuschenstill vor der Tür und qualmt in aller Seelenruhe, wie ein Angler am Teich, der weiß, dass gleich jemand nach dem Köder schnappt. Er ist der Köder, ich bin am Haken – der Angler sagt: »Morgen schon ist alles vorbei. Aber jetzt, jetzt ist die Zeit, um ein letztes Mal zu feiern. Los, wir feiern deinen Abschied.«

Er schleppt mich runter zur Party. Mehr als 1000 Leute im Untergeschoss des Nobelschuppens veranstalten ein buntes Durcheinander, in dem nicht mein Abschied das Thema ist, sondern die Freude über den Pokalsieg. Die Leute berauschen sich am Glücksgefühl, mit bunten Getränken, der VfB-Präsident schwankt zwar schon erheblich, bekommt aber zu später Stunde trotzdem noch eine kleine Abschiedsrede für mich auf die Reihe.

Ich gehe hin zum Mayer-Vorfelder, alle nennen ihn nur »MV«, will ihm die Hand drücken. Er nimmt mich erst in den Arm, dann den Kopf zwischen beide Hände – und küsst mich auf die

Stirn. Wie ein Vater, ein Patron, der seinen Sohn aus dem Familienclan in die weite Welt schickt.

Ich ertränke die Trauer, wir sprühen uns die Haare bunt, ein paar von uns Spielern rasieren sich den Schädel kahl. Nein, diese Nacht ist nicht zum Schlafen da, diese Nacht ist ein Feiertag, der zeitlos in den nächsten Tag mündet. Mein Abschiedstag aus Stuttgart. Ich reise mit erheblichen Restalkoholwerten und einem respektablen Kater nach Brasilien, derweil stellt sich Fredi Bobic auf dem Marktplatz hinters Mikrofon, bittet bei den Leuten um Verständnis dafür, dass ich nicht hier sein kann, richtet Grüße vom Giovane aus, haut sich rein für mich. Eine Fußballmannschaft kann nicht aus elf Freunden bestehen. Aber manchmal, mit viel Glück, findest du in der Mannschaft, mit der du Fußball spielst, auch einen, der sich als ein Freund entpuppt. Das hier ist einer – aber das spüre ich erst jetzt, da ich weg bin, nie mehr zurückkommen werde.

Ich sitze im Flugzeug nach Brasilien, Cintia neben mir, meine kleine Tochter Camilla in den Armen, sie schläft. Ich tue so, als würde ich auch pennen. Es ist so eine Gewohnheit geworden, nach all den vielen Flügen zu den Auswärtsspielen, ins Trainingslager, was weiß ich wohin: einsteigen, Platz suchen, Start abwarten – Augen zu. Das Warten auf die Landung geht schneller vorüber, wenn du an nichts denkst, die Augen schließt, wenn du alles abschaltest, was dich unter Strom setzen könnte. Stecker raus, Beine lang, gut so. Nichts ist gut, jetzt, einen Tag nach meinem Abschied aus Stuttgart. Mit geschlossenen Augen sehe ich alle Bilder des Vortages vor mir ablaufen. Bunt, schrill, laut. Mein Tor im Finale, das letzte Tor für den VfB. Und Fredi, diesen Schlaks ohne Schultern, wenn man es nicht gesehen hat, würde man nie und nimmer glauben, dass so ein Typ kicken kann.

Ich tue so, als würde ich pennen. Jemand tupft mit einem Taschentuch mein Gesicht. Es ist Cintia. Sie lächelt, unser Kind in den Armen, sagt kein Wort. Sie lässt mich einfach das tun, was jetzt sein muss: still weinen. Mit jeder Träne geht ein Gefühl vom Jetzt ins Reich der Erinnerung. Die Kleine macht ihre Augen auf, schaut mich so komisch an. Als wollte sie sagen: »Papa, tut dir was weh?« Nein, mein Kind, schlaf weiter, alles in Ordnung. Morgen schon, morgen schon sind wir bei den Palmen.

Cintia:
DIE FRAU IST KEIN HINDERNIS

Die Rolle der Frau in einer Männergesellschaft wie Fußball? Meine Rolle an der Seite des Fußballers Giovane Elber ist: Ich will nicht stören. Jedenfalls nicht dort, wo ich ihm nicht helfen kann: beim Fußball. Dieser Sport überschüttet uns mit Geld, dieses Spiel hat uns reich gemacht, der Ball ist für meinen Mann nicht nur ein Arbeitsgerät, mit dem er seinen Job macht, sondern der Ball ist für Elber sein zweites Ich. Gib meinem Mann einen Ball – und schon siehst du, wie die beiden Kontakt miteinander aufnehmen, wie etwas passiert. Der Ball ist für Elber die eine Welt, in der anderen leben wir: seine Frau, seine Tochter, seine Familie. Elber lebt in beiden Welten gleichzeitig, ich hingegen habe nur dieses eine Leben: meines. Und da spielt Elber nicht, da ist er mein Mann. Sonst nichts. Ich liebe meinen Mann, wie ich nie zuvor etwas geliebt habe. Wenn ich ihn hasse, dann gibt es nur eines: Hass. Wenn wir miteinander streiten, dann ist da nur Streit. Und wenn wir beide eine Entscheidung zu treffen haben, dann nur diese: eine gemeinsame. Elber hat ein Angebot von Bayern München bekommen, sie wollen ihn unbedingt. Erst wusste er nicht, was er will. Dann hat er lange überlegt. Und nun, nun ist er total davon überzeugt, dass es besser ist, wenn wir unsere Zukunft in München suchen, nicht mehr hier in Stuttgart. Von der einen in die andere Stadt braucht man mit dem Auto vielleicht zweieinhalb Stunden. Je nach Verkehr. Hier sprechen sie schwäbisch, dort bayrisch. Beides ist Deutsch. Für mich ist die Wanderschaft kein Problem, und für einen Fußballprofi, der weiterkommen will, darf es kein Problem sein, dann den Verein zu wechseln, wenn diese Veränderung mehr Vorteile verspricht als Nachteile bringt. *Okay, ich fühle mich mittlerweile wohl hier in der neuen Heimat, bin sicherer als zu Beginn. Wir haben Freunde gefunden, es geht uns gut. Aber wer sagt denn, dass es uns zweieinhalb Autostunden entfernt von hier dann plötzlich schlecht gehen wird? Eine Frau sollte ihrem Mann nicht im Weg stehen, wenn er mit ihr zusammen nach oben gehen will. Elber ist Fußballer, Bayern München ist im Fußball ganz oben.* »*Also los geht's*«, *sage ich dann in diesen letzten Tagen vor unserem Umzug zu ihm,* »*ich packe hier in Winterbach die Sachen, und du fährst nach Berlin zum Finale und bringst diesen Pokal mit.*« *Mein Mann lächelt dieses Lächeln, das mir schon ganz am Anfang so gefallen hat an ihm. Ich weiß nicht, ob es richtig ist, was wir machen. Aber ich spüre, wir machen es zusammen, zu dritt. Wir sind eine Familie, die zusammenhält. Niemand kann diesen Zusammenhalt trennen, niemand, nur einer von uns. Es ist völlig egal, wo wir leben, Hauptsache, wir tun es zusammen.*

Camilla ist aufgewacht in ihrem Bettchen, ich gehe zu ihr. Und als ich zurückkomme, sitzt mein Mann vor dem Fernseher. Es läuft internationaler Fußball. Ich kuschele mich an ihn, er legt den Arm über mich, keiner von uns sagt etwas. Es ist die Harmonie der Wortlosigkeit. Und im Fernseher schreit jemand »*Tor!*« *Da ist es wieder, dieses Lächeln auf Elbers Gesicht.*

SECHS JAHRE DANACH

»Deine Frau wird oft alleine sein, sehr oft«, sagt Karl-Heinz Rummenigge, »also miete dir ein richtig großes Haus, so groß wie möglich. Damit sie beschäftigt ist, verstehst du?« Also, eines habe ich in all den Jahren nun wirklich kapiert: Wenn du als Neuer zu einem Klub kommst, und einer von den Vereinsbossen gibt dir einen Tipp, dann sollte man lieber nicht den Besserwisser spielen, sondern einfach nur eines tun: brav nicken. »Ja klar«, sag ich zu »Kalle«, so nennen ihn hier die meisten, »habt ihr was

Passendes für mich?« Er sagt, es gibt hier Leute, die werden sich kümmern. Wenig später werden Cintia und ich an etwas herangeführt, was zwar nicht unbedingt zu uns, aber zu München passt: die Gigantomanie. Meine erste Wohnung in Zürich hatte mehr Zimmer als ich Möbel. In unserem Reihenhaus in Winterbach war dann Platz für alle und viele. Cintia hat die Bude richtig schön dekoriert und gemütlich gemacht. Aber dieser Bungalow hier in Grünwald: So wie die Bayern eben – alles ist hier nicht nur eine Nummer größer, sondern eine völlig andere Dimension. Im Garten ist nicht nur Platz zum Kicken, sondern auch für einen Pool. Vorn im Eingangsbereich werde ich Cintia einen Wunsch erfüllen und ihr einen weißen Flügel reinparken. Die Garage: Nein, ich kaufe mir keinen Omnibus, auch keinen LKW. Obwohl beides hier reinpassen würde. Die Miete? Erst muss ich dreimal trocken schlucken, aber danach denke ich an die Zahlen, die da im Vertrag mit den Bayern drinstehen, den ich unterschrieben habe.»Okay, schön hier«, sag ich zu dem Immobilienmakler.»Klasse. Nehmen wir.«

Es ist der Sommer 1997. Sechs Jahre danach. Heute vor fast genau sechs Jahren hat Dona Ceia ihrem Jüngsten diesen muffig riechenden Stoffkoffer gepackt, wir haben ihn fast nicht zugekriegt, so voll ist er geworden. Und natürlich hat sich beim Zumachen der Reißverschluss irgendwo verhakt. Nichts ging mehr, nicht vor, nicht zurück. Man muss sich das mal vorstellen: Es ist der Tag, an dem du die Welt erobern willst. Am Flughafen wartet das Flugzeug, die Journalisten, Kumpels, Fans, Verwandte. Sie wollen sehen, wie du losziehst, Fotos vom Abschied machen, winken, rufen, sind bereit, dir ihre Tränen mit auf den Weg zu geben. Und du, du fummelst hier noch zu Hause an diesem karierten Scheißding rum, drohst an einem Reißverschluss zu scheitern. Vorwürfe an Dona Ceia (»Warum musst du das Ding auch so voll packen«), Gezeter aus der Küche (»Was sind das für Männer, die nicht mal einen Reißverschluss zumachen können«), wo noch der Reiseproviant in Tüten verpackt wird. Hektik, Aufregung, jeder hat Bammel, niemand gibt's zu.

Sechs Jahre ist es her, dass Familie de Souza ihren Jüngsten zum Flughafen nach Londrina begleitet hat, um ihm Lebewohl zu sagen. Selbstverständlich waren Fotografen von der Lokalpresse dabei. »Pass gut auf dich auf, Junge«, hat Dona Ceia gesagt, »hörst du?« Der Junge trug zu kurze Hosen, das Hemd war geborgt, die Winterschuhe waren ziemlich ausgelatscht. »Ja, ja, klar Mama.« Die Herrschaften vom AC Mailand waren dann alles andere als begeistert von dem, was da aus Londrina ankam. Fünfjahresvertrag – hahaha. Der Elber wurde erst drei Jahre lang nach Zürich verliehen, dann zum VfB Stuttgart verkauft. Der Preis? War mir doch wurscht. Sozusagen scheißegal. Du weißt als Spieler doch ohnehin nicht, wer jetzt wem wie viel bezahlt, noch geschuldet oder irgendwann versprochen hat. Präsidenten, Manager, Spielerberater, Zwischenhändler, Kontaktvermittler – Fußball ist ein Geschäft, in dem viele verdienen wollen. Die Spieler sind nur ein Teil dessen, was wirklich wichtig ist. Sie bekommen nicht alles gesagt, was zu sagen wäre, aber sie müssen sagen, was sie bekommen wollen. Wenn du Glück hast, so wie ich mit Branchini, dann hast du jemand, der dir sagt, was dein aktueller Marktwert ist, wie hoch dein Gehalt sein sollte. Dass die Medien dieses »magische Dreieck« erfunden haben, ist jetzt zauberhaft für mich. Ich bin so eine Art Attraktion in Deutschland, ein Hingucker. Ja, Publikumsliebling, kein billiger Jakob, kein Schnäppchen, kein Sonderangebot im Sommerschlussverkauf mehr, sondern einer mit Wert. Ich bin mehr wert als andere. Ich bin ein Fall für Bayern München. Sie zahlen gut, so gut, wie mich nie zuvor jemand bezahlt hat.

Und ich will nicht wissen, was andere an mir verdienen, ich weiß, was ich von nun an monatlich aufs Konto überwiesen bekomme. Viel Geld. Viel mehr als das Geld, was mir der AC Mailand damals geboten hat. Und schon das war unvorstellbar viel Geld für einen wie mich. Doch dann musste aus dem Straßenjungen ja ganz schnell ein Auslandsprofi werden, ein möglichst ausgebuffter, frecher Hund. Der Köter fraß den Köder aus Stuttgart, und war sehr zufrieden damit, nun drei-, wenig später viermal so viel Geld verdienen zu können wie in den Jahren zuvor. Geld kannst du nicht fressen, aber du musst es verdauen können. Nein, es liegt mir nicht im Magen, dass ich jetzt so viel Geld verdiene, wie ich nie zuvor in meinem Leben verdient habe. Nicht das Geld hat mich zu Bayern München gebracht, sondern sechs lange Jahre. Es hat sechs Jahre gedauert, bis ich da angekommen bin, wovon ich schon von Anfang an geträumt habe: Stürmer sein, bei einem richtig großen Klub. Danke, Zürich, für die Ausbildung. Sorry, Stuttgart, dass ich gegangen bin. Servus München, ich bin da. Und Mailand? Ihr könnt mich mal! Sechs Jahre nach meiner Ankunft bei euch wird der Elber genau das machen, was ihr ihm damals nie und nimmer zugetraut habt: Tore schießen, selbst gegen die Besten der Welt. Ich spüre es, wie ich meinen Herzschlag spüre, wenn mich etwas aufregt. Ich spüre, dass ich in Mailand noch etwas zu erledigen habe. Eines Tages werde ich zurückkommen. Und ich werde keine ausgelatschten Winterschuhe an den Füßen tragen, sondern Fußballschuhe, neuestes Modell.

DIE BAYERN

Hier ist kein Fredi, der dich schon am ersten Tag zum Essen mitnimmt. Hier sitzen keine Spieler in der Kabine, die du einteilen kannst in »*super*«, »*gut*« und »*nur Ersatz*«. Hier ist nicht der VfB Stuttgart, wo die Mannschaft wie eine Familie funktioniert. Hier ist Bayern München – wo alle und jeder nur auf eine einzige Sache konzentriert sind: Erfolg. Du hast nicht schön zu spielen, zu zaubern, zu tricksen, sondern du hast nach Schlusspfiff als Sieger vom Platz zu gehen. Egal wie, egal wo, völlig egal gegen wen. Es darf nicht sein, dass Bayern München nicht gewinnt. Mit dem ersten Unentschieden schon beginnt die Unzufriedenheit, das Spiel heißt zwar immer noch Fußball, doch der Fußball von Bayern München hat nur einen Zweck zu erfüllen: gewinnen. Beim

VfB wollten wir vor allem Spaß haben, schön spielen, den Zuschauern zeigen, wie herrlich Fußball sein kann, wenn man keine Angst hat, Fehler zu machen, und dabei auch Niederlagen in Kauf nimmt. So nach dem Motto: Egal, beim nächsten Mal wird's wieder gut. Hier jedoch, beim FC Bayern München, ist nach Niederlagen überhaupt nichts und niemand mehr gut, sondern nur noch mies drauf. Allen voran dieser elegante Herr aus Italien: weiße Haare, weise Sprüche – aber ich ärgere mich schwarz über unseren Trainer Giovanni Trapattoni. Der Mann lässt so Fußball spielen, dass einer wie ich nur noch mit einem steifen Hals durch die Gegend rennt. Mit hohen Bällen will er den hohen Ansprüchen des Klubs gerecht werden. Also wird fast nur noch hoch gespielt, von hinten raus hohe Flanken nach vorne, wo wir Stürmer stehen und hochschauen dürfen, wie da die Bälle über uns hinwegsegeln. Nackenschmerzen. Hartnäckige, chronische Nackenschmerzen sind mein ständiger Begleiter, da können die Masseure kneten, wie sie wollen – keine Linderung. Solange der Giovane vom Giovanni zum Hans-guck-in-die-Luft umfunktioniert ist, kann das nichts werden mit mir. Mal ganz abgesehen vom steifen Hals. Und einen richtig dicken Hals bekomme ich jedes Mal, wenn wir in Führung liegen, noch ungefähr 20 Minuten zu spielen sind. Dann wird bei einem Trapattoni nicht mehr gestürmt, sondern das Ergebnis verteidigt. So sicher das Amen in der Kirche, so regelmäßig taucht am Spielfeldrand das Schild mit der Nummer 9 auf. Auswechslung bitte! Bayern führt, bedeutet für mich »*Elber raus*«. Es kotzt mich an, immer wieder schon in der Kabine oder auf der Ersatzbank hocken zu müssen, wenn die Jungs auf dem Rasen unseren Sieg feiern. Unter »Trap« wird der Künstler zum Arbeiter, der Stürmer zum Verteidiger, der Ball zum Fluggerät – aber Bayern München im Frühsommer 1997 nicht Deutscher Meister. Weil die Bundesliga total verrückt spielt, den 1. FC Kaiserslautern, eben erst aus der zweiten Liga aufgestiegen, ganz nach oben schießt. Ein starkes Stück. Ich wiederhole in meinem ersten Bayernjahr das, womit ich mich beim VfB im Finale gegen Cottbus verabschiedet habe: Pokalsieg in Berlin. Und nach dem Schlusspfiff, in all dem Trubel, schnappe ich mir an der Außenlinie einen von den Wassereimern, schleiche mich von hinten an den Trapattoni ran, schütte ihm das Zeugs übern Kopf. »Trap« steht da wie ein begossener Dalmatiner im maßgeschneiderten Designeranzug. Überall Flecken, hier dunkel, dort hell. Sieht schick aus, finde ich. Wir lachen uns schief.

AUSGERECHNET HITZFELD

Trapattoni ist weg, der neue Trainer heißt Ottmar Hitzfeld. Es kann kein Zufall sein, es muss einen Sinn haben, vielleicht, nein ganz bestimmt, hat es mit dem Kreis zu tun, in dem sich mein Leben abspielt. Hitzfeld, ausgerechnet Hitzfeld. Bevor ich nach Zürich kam, war Hitzfeld dort Trainer. Er wechselt nach Dortmund, will mich zu sich lotsen, doch ich biege ab nach Stuttgart, wo auch Hitzfeld mal Spieler war. Und jetzt treffen wir dort zusammen, wo ich auf den Durchbruch warte und er als Erfolgsgranate gilt. Er hat als Borussentrainer die Dortmunder Mannschaft spielen lassen, sie zeigten Kombinationen, Ballstafetten, schönen Fußball, gute Ergebnisse, prima Siege. »Giovane«, sagt Hitzfeld zu mir, »wenn du willst, kannst du einer meiner wichtigsten Spieler werden.« Ob ich will? Klar will ich! Ich bin doch nicht bei den Bayern, um nicht zu wollen. »Aber wir müssen Fußball auch spielen dürfen«, sag ich zu ihm, »alle zusammen. Und nicht nur Fußball arbeiten.« Den Leuten, die zum Fußball kommen oder sich daheim einen gemütlichen Fernsehfußballabend machen, denen kannst du nach Feierabend doch nicht wieder nur Arbeit zeigen, diese Quälerei, Rennerei, solch einfallsloses Herumgekicke und Ballwegdreschen, hoch in die Luft. Nein, ich will hier im zweiten Bayernjahr nicht ständig weiter mit einem steifen Hals durch die Gegend ziehen. Lass uns spielen, Trainer, einfach spielen. Okay?

FENSTER AUF! ICH WILL SPRINGEN

Mach dieses Fenster auf – und ich springe raus. Augen zu, und dann: Fliegen, bis Schluss ist. Es wird einen kurzen, dumpfen Schlag tun, wenn ich von hier oben da unten aufklatsche. Es wird grässlich sein für die, die mich dann vom Asphalt abkratzen müssen. Aber das bekomme ich dann ohnehin nicht mehr mit. Ich werde tot sein, es wird ein schneller Tod gewesen sein. Und es wird auf jeden Fall besser sein als dieses langsame Siechtum, das nun auf mich wartet. Ich liege hier in den USA rum, in diesem Spezialkrankenhaus von Doktor Steadman. Er soll ein Experte sein, hat der Herr Doktor Müller-Wohlfart, unser Mannschaftsarzt in München, gesagt, »der Steadman ist eine Kapazität auf diesem Gebiet«. Das Gebiet ist mein linkes Knie. Oder anders gesagt: Das Gebiet war mal ein Knie. Jetzt ist es ein dicker Klumpen Fleisch mit Knochen drin, die mich nicht mehr tragen, sondern nur noch eines tun: weh. Nein, es sind nicht die Schmerzen, die mich umbringen. Es ist die Ungewissheit vor der Gewissheit, dass es bald wirklich vorbei sein kann mit der Karriere. Damals in Stuttgart, gleich im zweiten Saisonspiel, da war dieser Beinbruch mehr als nur ein Knacks. Aber die Ärzte haben mich nicht weggeschickt, sondern sofort operiert. Sie wussten, was zu tun ist, haben geschnitten, geschraubt, gedübelt und geflickt. Knochen wachsen wieder zusammen – doch was passiert mit einem Kniegelenk, das so aussieht wie meines ausschaut? Es sieht so aus, dass sich in München niemand rangetraut hat, an dieses Monstrum. Also Eis drauf und weg damit. Ganz weit weg. Ab in die USA, Bundesstaat Colorado, die Stadt heißt Vail. Hier liege ich jetzt im Untersuchungszimmer, verstehe nicht allzu viel, was der Kapazitäten-Doktor auf Englisch so alles von sich gibt. Mein Englisch ist immer noch nicht gut, aber gut genug, um das zu kapieren, was er ständig vor sich hinbrummelt: »A problem, a big problem.« Ein Problem, ein großes Problem also. Ich schaue zum Fenster, direkt in die Wolken. Macht es auf, das Ding. Ich will springen, ja, ich springe von hier oben aus dem Fenster. Doktor

Kein magisches Dreieck – drei Freunde

Endlich zusammen – mit Cintia in Winterbach

Cintia und das Bein aus Eisen

Unsere Hochzeit – am 22. Dezember 1994. Die Eltern sind natürlich mit dabei. Neben mir meine Mutter Ceia und mein Vater Ze, neben Cintia ihr Vater Osmar und Mutter Bernadette. Das Blumenmädchen ist meine Nichte Carol.

Ein Wunder – meine Tochter Camilla

Als Stürmer musst du cool bleiben

Jürgen Sundermann – was für ein VfB-Trainer!

Der erste Titel mit dem VfB und die erste Trophäe: Pokalsieg 1995

Eine letzte Zigarre

Ein letzter Kuss – für Gerhard Mayer-Vorfelder

Ein letztes Foto der drei Freunde – mit Krassimir Balakov und Fredi Bobic

Adeus Stuttgart

Steadman sagt, er werde morgen operieren. Und dass er jetzt nicht viel sagen kann, sondern abwarten muss, wie es da drinnen in meinem Knie wirklich aussieht. Klar sei, dass der Meniskus, ein paar Knorpel und die Außenbänder natürlich nicht mehr so sind, wie sie sein müssen. Und dass hier schon so viele Fußballer gelegen haben, die später dann wieder spielen konnten, als wäre nie etwas gewesen. Lothar Matthäus beispielsweise war mal hier, ich weiß. Aber niemand weiß, ob dieser bescheuerte Zusammenprall mit dem Hamburger Torwart vielleicht nicht doch meine letzte Aktion in der Bundesliga gewesen ist. Hamburg, ausgerechnet Hamburg. Der Hamburger SV war bis jetzt doch so eine Art Glücksbringer. Erstes Bundesligaspiel, gleich ein Tor. Scheiße ja, das ist es, was mich so fertig macht, dieser Kreis, der sich jetzt schon zu schließen beginnt: In Hamburg hat alles begonnen, in Hamburg ist es also auch zu Ende gegangen mit dem Elber und Deutschland.

Ich habe Angst vor morgen. Unheimliche Angst vor dem Danach. Reinhold Aumann, der frühere Bayerntorwart, ist meine Begleitperson hier. Er wurde von den Bayernchefs mitgeschickt, um mir zu helfen, mich aufzumuntern. Er schiebt mich im Rollstuhl durch die Flughäfen, sucht die Schalter, oft auch die Orientierung. Aumann spricht auch nicht viel besser englisch als ich, aber er schlägt sich wacker, versucht mich ständig aufzurichten. Es fruchtet nichts. Los, mach das Fenster auf, denk ich, und hilf mir beim Aufstehen.

Am Bett die Krücken, an der Tür mein Rollstuhl, mit dem ich durch die Klinik kutschiert werde. Es sollte hier jetzt wirklich niemand reinplatzen und das Zimmer lüften wollen. Ich weiß, es stinkt. Und ich kenne diesen Duft. Es ist der Geruch von Angst.

DIE KRISE

Freunde? Was ist das: Freunde? Sind es die Menschen, mit denen ich fast jeden Tag zusammen bin, mit denen ich mehr Zeit verbringe als mit meiner Familie, sind das meine Freunde? Wir fliegen ständig quer durch Deutschland und halb Europa, wir teilen uns Hotelzimmer, wir laufen nackt durch kalte Umkleidekabinen. Mal umarmen wir uns, mal gibt's Streit, mal ist gar nichts, nur Schweigen. Aber einfach nur still beisammen zu sein ist doch auch etwas, das nur wenige miteinander können. Also: Können Arbeitskollegen deine Freunde sein? Oder kann wahre Freundschaft nur dort wachsen, wo der Mensch zählt, nicht das, was er ist, wie er funktioniert? Der Elber funktioniert bei den Bayern als Stimmungsmacher, immer für einen Spaß zu haben, natürlich auch für ein Tor. Wenn du in einer Fußballmannschaft Tore schießt und kein Arschloch bist, dann gibt es keine Feinde für dich. Aber gibt es hier Freunde für mich? Na klar sind alle freundlich zu mir oder bemühen sich, so zu sein, dass es wie Freundschaft aussieht. Aber mit wem wollen sie befreundet sein: mit dem Fußballer, dem Promi, dem lustigen Typ, dem Spaßvogel? Der Vogel fliegt nicht mehr, der Spaß ist verflogen, Giovane ist weg vom Fenster, der Elber verletzt.

Ich, der Spaßvogel, ich glaub, ich krieg 'ne Meise. Sechs Monate, sagen die Ärzte, mit sechs Monaten Pause müsse ich schon rechnen, nach solch einer Knieoperation. Wisst ihr eigentlich, wie lange sechs Monate sind? Sechs Monate sind ein halbes Jahr! Ein Fußballspieler kann nicht ein halbes Jahr lang pausieren. Ein halbes Jahr Pause bedeutet: Du brauchst danach ein weiteres halbes Jahr, bis du wieder genug Spielpraxis gesammelt hast, die nötige Wettkampfhärte – mal ganz abgesehen davon, dass die anderen Stürmer in der Mannschaft nicht darauf warten, bis du wieder zurück bist, sondern sich jetzt voll reinhängen, Blut geleckt haben, dich vergessen machen wollen. Elber: War das nicht der, der sich damals so böse am Knie verletzt hat? Der Spaßvogel, der zum Pechvogel geworden ist?

Gibt es einen Freund, mit dem ich jetzt über alles quatschen kann? Auch darüber, wie es mit Cintia läuft? Mein Gott, wem kann ich das anvertrauen, was ich nicht mal meiner Frau anvertrauen kann? Weil das, worum es geht, auch mit ihr zu tun hat.

Es läuft nicht mehr mit Cintia. Jedenfalls läuft es nicht mehr so, wie es schon mal gelaufen ist, als wir glücklich waren. Damals, in Stuttgart. Die erste Schwangerschaft mit Camilla im Bauch – wir waren derart glücklich, dass nichts, absolut nichts das Glück hat stören können. Es war so schön, ihrem Bauch beim Wachsen zuzusehen. Nach dem Training heimzukommen, zu wissen: Hier, da schau her, da wächst deine Familie. Und dann kommt dieses Kind zur Welt, dein erstes, deine Tochter. Prall, gesund, schön, ein Wunder, ein Geschenk von Gott, dem Allmächtigen. Ja, ich habe damals tatsächlich nach langer Zeit mal wieder gebetet zu dem alten Herrn da oben. Ich habe ihm gedankt und alles Mögliche versprochen. Freunde? Wenn du im Glück schwelgst, deine Freude grenzenlos ist, dann siehst du keine Schranken – jeder um dich herum ist dein Freund.

Mittlerweile ist jeder irgendwo, ich jedoch ganz tief in der Scheiße. Mein bester Freund heißt Niemand.

Es ist jeden Tag niemand da, mit dem ich das teilen kann, was keiner ohne Not haben will: Probleme, nichts als Probleme. Mein Knie ist kaputt, die Karriere hängt nur noch an einem dünnen Faden, und die zweite Schwangerschaft von Cintia war eine einzige Katastrophe, mündete in einer Frühgeburt. Bin ich es gewesen, der so viel Stress verursacht hat, dass es dann zuviel geworden ist für meine Frau? Ich war in Gedanken nicht bei Cintia, nicht bei Camilla – und erst recht nicht bei diesem kleinen Wurm da, der erst noch geboren werden wollte. Ich war nicht bei meiner Familie, ich war nur bei mir, bei meinem Knie und dieser beschissenen Angst vor dem Nichts. Und jetzt? Da, Elber, da schau hin! Schau ganz genau hin! In diesem Brutkasten da, da liegt dein Sohn Victor, der drei Wochen zu früh auf die Welt gejagt wurde. So klein ist er, dieser Wurm, so bleich, so krank sieht er aus. In seiner Nase stecken Schläuche, aus seinem Mund hängt eine Kanüle, am Oberkörper haben sie die Elektroden festgeklebt, es piept überall in dieser Intensivstation, Ärzte huschen über den Flur, Krankenschwestern sind im Stress. Cintia liegt erschöpft in diesem Bett, sagt, der Kleine habe nur etwas zuviel Flüssigkeit geschluckt, müsse jetzt überwacht werden, es sei nicht so schlimm, wie es aussieht. Nicht schlimm? Es riecht hier nicht nach Angst, aber ich sehe sie, wie sie flackert, in den müden Augen meiner Frau. Ich kenne diese Angst. Es ist auch meine. Und deshalb, genau deshalb, kann ich sie nicht mit ihr teilen.

Doch mit wem sonst, wenn nicht mit Cintia?

Und zu Hause in Grünwald sitzen unsere Mütter, extra aus Londrina angereist, »um euch beiden bisschen im Alltag zu helfen«, wie sie sagen. Oh Mann, das wiederum riecht jetzt nicht nach Angst, sondern nach ziemlich viel Geschnatter, Neugier und anstrengenden Diskussionen um dies oder das. Nein danke, kein Bedarf. Mein Knie ist kaputt, meine Karriere gefährdet, ich bin ein lausiger Ehemann, ich sitze zu viel in Kneipen herum – und jetzt auch noch dieses Kind, mein Sohn, der krank auf die Welt gekommen ist. Ich habe viel zu viel Sorgen, als dass ich mich jetzt auch noch mit eurer Besorgnis versorgen lassen will. Ich haue ab, dorthin, wo die Jungs sind. Wenn ich schon keinen Stammplatz mehr in der Mannschaft habe, will ich wenigstens einen Platz an der Seite meiner Kollegen haben. Sie versorgen ihren Stammspieler der Kneipenmannschaft mit dem üblichen Feierabend-Tratsch. Das Restaurant »Eboli«: mein zweites Wohnzimmer; die Barhocker der Stadt: meine Ersatzbank. Die Nacht wird zum Tag, jeder Morgen mein Gegner – und Cintia? Sie wird von Tag zu Tag immer trauriger.

Ja, da ist in diesen eiskalten Münchner Wintertagen wohl viel mehr kaputt gegangen als nur mein linkes Knie. Und ich habe keine Ahnung, wer das alles wieder hinbiegen kann.

DIE DREI MINUTEN GEGEN MANU

Ein Spieler, der nicht spielen kann, spielt im Profifußball keine Rolle. Sie schicken dich zum Arzt, der schickt dem Verein die Krankmeldung und dich, dich schickt er irgendwann weiter zu jenen Leuten, die nur eines mit dir veranstalten: dich fit machen, so schnell wie irgend möglich. Der Spieler, der nicht spielen kann, wird zum Patienten, der sich quälen lassen muss. Ich hasse diese Reha-Zentren, diese Geräte, deren Gewichte, den immer gleichen Ablauf von Muskelaufbau, Koordinationsübungen, Schnellkraftschulung und Ausdauertraining. Fitmacher sind Sklaventreiber, Fitmacher sind Seelsorger, Fitmacher sind Partner und Feind zugleich – ich brauche sie, aber am liebsten wäre mir, ich hätte niemals einen kennengelernt. Der Spieler, der nicht spielen kann, weil sein Knie nicht mehr mitspielt, ist nun zu einem Spiel eingeladen, für das er alles gegeben hätte, um mitspielen zu dürfen: Champions League-Finale in Barcelona, Bayern München gegen Manchester United. Ich sitze mit dem ebenfalls verletzten Bixente Lizarazu auf der Zuschauertribüne, es sind nur noch ein paar Minuten zu spielen, Bayern führt 1:0, wir beide schauen uns an. »Los jetzt«, sage ich zu meinem französischen Humpelpartner, »lass uns runter auf den Platz gehen, die Trophäe küssen.« Bixente lacht, steht auf, wir drängeln uns, so schnell es eben geht, an den Leuten vorbei nach unten, durch die Katakomben zum Tunnel, der aufs Spielfeld führt. Wir kommen raus, schauen auf den Platz – die Anzeigetafel zeigt 2:1 für Manchester. Schlusspfiff, ManU ist Champions League-Sieger, die Spieler flippen aus. Und wir? Stehen nur da, können es nicht fassen, nicht begreifen. Keiner sagt etwas. Du stehst auf, gehst in Siegerstimmung runter auf den Platz, willst mit deinen Jungs ein Tänzchen machen – und bis du unten bist, hast du zwei Tore verpasst, die alles über den Haufen werfen. Ein paar Minuten nur haben gefehlt, dann wäre diese Saison ein grandioses Jahr gewesen, das größte überhaupt, was man als Vereinsmannschaft holen kann. Aber so: schlecht, alles ist nur noch schlecht. Sogar noch schlechter als schlecht. Ich sage es keinem, aber ich denke es: Die Saison endet im Mai 1999 genauso, wie es mir in dieser Saison ergangen ist – schlecht, einfach nur ein mieses, saudummes Schlecht. Schluss, aus, vorbei. Der Verein erlaubt mir, sofort nach dem Finale nach Brasilien zu fliegen, um mich körperlich wie seelisch wieder auf Vordermann zu bringen. Bayern spielt zwar noch in

Berlin das Pokalfinale, aber ich sehe nichts davon, absolut nichts. Um ehrlich zu sein: Es geht mir am Arsch vorbei. Für mich gibt es nur eines: Ich muss wieder fit werden, in sechs Wochen geht in München wieder das Training los. Ich will dabei sein, nicht im Krankenstand.

Cintia:
DIE FRAU, DER KAUGUMMI

Ich bin keine Frau, ich bin ein Kaugummi, der ständig an diesem Elber klebt. Wo er ist, habe auch ich zu sein. Ich und seine beiden Kinder, die auch meine Kinder sind. Aber der Papa von Camilla und dem kleinen Victor, dieser Elber ist nicht mehr der Mann, dem ich damals von Londrina nach Stuttgart gefolgt bin. Der Elber von damals hat sich um uns gekümmert. Er war da, wenn wir ihn gebraucht haben. Er hat das Baby gefüttert, gewindelt, beruhigt. Er hat sein Kind in den Arm genommen, ist nachts aufgestanden, wenn Camilla diese fürchterlichen Bauchkrämpfe hatte. Wenn heute Victor schreit und ich mich im Bett umdrehe, ist neben mir nichts. Kein Mann. Er ist irgendwo, nur nicht hier. Und Victor, sein Sohn, bekommt von mir nicht die Flaschen mit Babymilch, sondern meine Brüste. Er ist so schwach, so dürr, sieht so krank aus, ganz anders jedenfalls als damals seine neugeborene Schwester. Victor ist eine Frühgeburt, ein so schwaches Geschöpf. Und ich, seine Mutter, ich habe solch ein schlechtes Gewissen ihm gegenüber. Tut mir Leid, mein kleiner König, dass du in meinem Bauch nicht die Ruhe hattest, die ein Baby wohl braucht, um beruhigt zu reifen. Du hingegen hast Adrenalin bekommen, deine Mutter war so häufig auf Hundertachtzig. Weil sie sich Sorgen gemacht hat um ihre Ehe, um ihren Mann. Elber konnte nicht spielen, hatte diese hundsgemeine Knieverletzung. Und wenn der Elber verletzt ist, nicht spielen kann, dann ist er einfach unausstehlich. Nichts kann man ihm mehr recht machen, ständig diese miese Laune, dieses Grübeln – dieses Schweigen. Vor allem dieses Nichts-mehr-erzählen-Wollen

ist das Allerschlimmste. Neulich noch ein Spaßvogel, jetzt ein Stockfisch.
Ich schreie ihn an, diesen kalten Fisch, ich will wissen, was los ist mit ihm. Aber er stellt sich nicht, er geht lieber zur Gymnastik, zum Masseur und danach dorthin, wo er weiß, dass sich ein paar von der Mannschaft treffen. Mein Mann ist nicht mehr mein Mann, mein Mann ist ein Frau-Flüchtling. Flüchtet er etwa zu anderen Frauen? Zu diesen Singdrosseln, Wiesenschnepfen, Zasterzicken oder Thekenschlampen? Womöglich sind sie blond, zeigen viel Haut, wie damals diese Maria.
Adrenalinstöße jeden Tag, vielleicht haben ja auch sie ihren Teil dazu beigetragen, dass Victor nicht mehr drin bleiben wollte, sondern sich zeigen: Hier, ihr Armleuchter, hier schaut her – ich bin auch noch da! Ich stille dieses Kind, so oft es geht und so viel es will. Ich muss ihm etwas Gutes tun, wenn schon so vieles um uns herum mies läuft. Es ist keine Klage, sondern eine Feststellung: So lange es unserem Helden, dem Elber, gut ging, so lange er spielen konnte und Tore schießen – so lange war auch in unserer Familie alles gut. Doch jetzt, da er krank ist, sich Sorgen macht um seine Karriere – von diesem Zeitpunkt an geht es auch bei uns bergab. Wenn der umjubelte Held im Abseits steht, wird aus der stillen Hauptdarstellerin daheim erst eine Statistin, dann ein Dekostück. Das Dekostück geht bei jeder Schwangerschaft ziemlich in die Breite. Fast 20 Kilogramm müssen wieder runter. Ja, stimmt: Wenn du eben erst ein Kind zur Welt gebracht hast, hast du eben keine Figur eines Models mehr. Aber deswegen bin ich längst noch kein Auslaufmodell, hörst du, Elber!
Er hört, aber er reagiert nicht. Und ich mache weiter, rede von meinem Leben zwischen diesen zwei Türen. Die eine führt nach Londrina, die andere hierher nach München. Wo sind wir zu Hause, Mann? Wo hast du uns hingeführt? Du kannst uns nicht in der Welt umherführen – und uns dann einfach hier den ganzen Tag alleine sitzen lassen, abends auch noch mit deinen Kumpels umherziehen. Und wenn diese Kumpels wirklich Freunde wären, dann würden sie dir sagen: Geh nach Hause. Elber, kümmere dich um

deine Familie, deinen eben erst geborenen Sohn. Aber nein, das tun sie nicht, deine tollen Freunde.

Es kommt der Tag, an dem auch Elber der Kragen platzt: »Glaubst du eigentlich, mir geht es gut?«, schreit er, »meinst du wirklich, ich will so weitermachen?« Gewitter in Grünwald. Blitz und Donner im überdachten Goldenen Käfig. Keine Blitzableiter installiert. Es kracht gewaltig. Ehekrach. Dem Schreien folgt Schweigen, dem Schweigen die Leere, danach nur eine Erkenntnis: Wir brauchen jetzt Zeit. Einfach nur Zeit für uns.

Wir reisen dann alle zusammen ab nach Brasilien, wo Elber sein eigenes Rehabilitationstraining absolvieren soll. Er schuftet den ganzen Tag, er quält sich ab in diesem Gesundheitszentrum, wo noch andere bekannte brasilianische Fußballer ihre Verletzungen kurieren. Elber beginnt langsam wieder zu erzählen. Wie er mit dem ebenfalls verletzten Ronaldo die Gewichte stemmt, von der ganzen Schinderei, den Ärzten, den Fitmachern. Seine Laune bessert sich von Tag zu Tag. Und weil er meint, die Leute in Deutschland sollen nicht meinen, er mache hier in Brasilien nur Urlaub, deshalb lässt er auch einen Münchner Journalisten in unseren Alltag hinein. Der Typ ist klein, dicklich, etwas seltsam. Aber Elber tut so, als sei das sein Freund. Er sitzt an unserem Tisch, er isst mit uns und ist mit uns zusammen, ich verliere meine Scheu, wir reden so, wie man eben mit Menschen spricht, denen man Vertrauen schenkt. Außerdem sei dieser »Plunzi« auch ein Kumpel vom Lothar. Na also. Wenn der berühmte Matthäus einen Journalisten nah an sich ranlässt, dann wird das schon kein Problem werden, denke ich mir. Und so plaudern wir eben über alles, was in letzter Zeit wichtig war im Leben der fußkranken Fußballerfamilie. Wenig später steht in der BILD: »Ehekrise bei Elber«. Natürlich ist es die Cintia, die unzufrieden ist, die zickt, die zum Problem geworden ist. Dankeschön, »Plunzi«, das hast du wirklich prima gemacht. Hast es wirklich geschafft, unser Bild vom Journalismus wieder so hinzurücken, dass es schief hängt.

Was sind das eigentlich für Leute, die Vertrauen geschenkt bekommen und dafür bezahlt werden, es zu verkaufen? Wahrscheinlich ist er für seine Geschichte von den Chefs gelobt worden, so nach dem Motto: Guter Mann, der »Plunzi«. Jedenfalls hat er sich erst einmal lange nicht mehr bei uns blicken lassen, und danach so getan, als wäre nichts gewesen.

Stimmt, das war wirklich nichts. Aber eine Lehre für mich: Vorsicht, Cintia! Nicht alle, die freundlich tun, sind dir freundschaftlich gesinnt. Vielleicht gehört diese Freundlichkeit auch nur zu ihrem Job, den sie machen, um Geld zu verdienen. Oder um wichtig zu sein. Wo Licht ist, gibt es Insekten, sie stören nur, wenn du dich selber an ihnen störst. Schlag zu, wenn sie dein Blut wollen – aber sei ruhig, wenn sie nur schwirren. Sie gehören zu dieser Welt, wie auch du dazugehörst. Und du, Cintia, du bist nicht wichtig für das Licht, sondern im Leben dieser Lichtgestalt Giovane Elber, die keinen Schatten werfen darf, sich keinen Fehler erlauben darf, die funktionieren muss. Dein Mann ist hier, weil sie Tore von ihm wollen. Seine Frau, die Kinder? Nur Beiwerk. Die können alles machen, nur eines nicht: Probleme. Denn wenn ein Stürmer daheim Probleme hat, wird es problematisch für ihn. Der Fußball lebt nicht von Problemfällen, sondern von seinen Helden, vom Licht, von Glanz. Wenn sie morgen ihre Scheinwerfer woanders hinleuchten lassen, wird dein Mann nicht mehr prominent sein, sondern einer von gestern.

Manchmal sehne ich mich danach, dass schon heute dieses Gestern sein könnte. Es wäre so schön, unerkannt zu bleiben, wenn ich mit meinem Mann durch den Park bummele, in einem Straßencafé sitze oder im Supermarkt einkaufe. Nicht diese Blicke im Nacken, zu sehen, wie sie hinsehen, und dabei zusehen, dass man nicht sieht, wie sie gucken. Nein, es sind nicht die Blicke, die dich zum Objekt machen. Es sind die Menschen, die mit der Ware Fußball alles auf den Markt werfen, was ihnen in die Finger kommt oder zum öffentlichen Tratsch taugt. Ich will nicht, dass über uns getratscht wird, ich lege keinen Wert darauf, dass in der Disko immer ein Platz für uns freigemacht wird. Egal wie voll es ist. Es ist mir peinlich, so etwas. Einfach nur peinlich, im ersten Moment jedenfalls. Andererseits ist es auch ganz praktisch – wenn wir dann schon mal die Zeit zum Ausgehen haben.

DIE GIER KEHRT ZURÜCK

Der Mensch ist Mensch, weil er fühlen kann, zweifeln darf, überlegen muss. Der Mensch ist Mensch, weil er keine Maschine ist, kein Automat, an dem du dort einen Knopf drückst und dann dies bekommst. Wir bekommen einiges auf die Mütze: erst Mitleid, dann Spott, gern auch beißende Kritik oder schlaue Kommentare, warum es mit dem Siegen nicht mehr so klappt, wie es die Leute gern hätten. Beim FC Bayern München spielen eben Menschen Fußball, keine auf Erfolg programmierten Roboter. Das verlorene Champions League-Endspiel von Barcelona hat bei den Jungs mehr als nur einen Knacks hinterlassen. Das Selbstvertrauen hat gelitten, das Gefühl der Stärke ist futsch, die Mannschaft hängt derart in den Seilen, dass Ottmar Hitzfeld nur noch eines übrig bleibt: Durchhalteparolen. Es ist Sommer, doch der Trainer sehnt sich nach der Winterpause. »Wir müssen irgendwie in den Dezember kommen, ohne viele Punkte zu verlieren«, sagt er. Und: »Danach greifen wir wieder an.« Na prima, Herr Elber, da haben wir ja jetzt ganz tolle Aussichten auf ein glanzvolles Comeback, nicht wahr? Ich brenne vor Ehrgeiz, ich fühle mich stark, ich kann wieder rennen, gegen Bälle hauen; ich kann mich wieder leiden, und ich habe wieder zu der Person zurückgefunden, die mich niemals verlassen hat, sondern nur auf Eis gelegt war: der Fußballer. Die Gier in mir ist zurück, alles andere verdrängt. Doch in der Mannschaft gibt es keine Verwendung für mich. Noch nicht. Aber dann, nach diesem mehr als ein Jahrhundert währenden Warten, schickt mich Hitzfeld wieder in die Bundesliga. Gegen wen wohl? Na klar: den Hamburger SV. Und was geschieht? Mein erstes Spiel, und sofort schieße ich ein Tor. Für meine Psyche ist dieser Treffer das wichtigste Tor meiner gesamten Karriere überhaupt. Nicht des Tores wegen, des anschließenden Trubels und all der Schulterklopfer. Es ist die Tatsache, dass ich mich schon zweimal tot geglaubt hatte – oder zumindest dem Untergang geweiht – und trotzdem noch da bin. Nicht auferstanden wie einst Jesus, von höheren

Kräften geleitet. Ich selber bin es, der sich aufgebäumt hat, das Selbstmitleid besiegt und die Selbstzweifel beiseite geschafft hat. Die Kraft des Überlebens kommt aus deinem Willen zu leben. Der Rest ist Vertrauen auf Gesundheit oder auf Gesundung. Es hat geklappt, ich bin wieder gesund. Ich bin wieder zurück. Es ist nicht der alte Elber, aber auch nicht ein anderer. Ich bin ich – und jetzt will ich endlich bei den Bayern auch jemand sein. Gleich morgen wird der Elber beim Manager ins Büro reinschneien und mit Uli Hoeneß das bereden, was er mir gleich nach meiner Knieverletzung angeboten hat. Es war kein unmoralisches Angebot, kein Ausnutzen einer Notsituation, kein Trick und auch keine Finte, dass Uli Hoeneß genau dann, als ich hilflos am Boden lag, meinen Vertrag vorzeitig verlängern wollte. Er hatte Vertrauen in mein Comeback, wollte mich stark machen für die Zeit, von der er weiß, wie hart sie sein kann. Ich hätte ihn knutschen können, von oben bis unten, ihm die Füße küssen und »danke« sagen können, »vielen, vielen Dank«. Aber ich habe sein Angebot abgelehnt. Wie kann ich meinen Vertrag als Lizenzspieler beim FC Bayern München um drei weitere Jahre verlängern, wenn ich nicht einmal weiß, ob ich morgen wieder ohne Krücken und übermorgen ohne zu humpeln gehen kann? »Ich glaube, es ist besser, wenn wir noch ein Weilchen warten«, habe ich zum Uli gesagt, »ist das okay so?« Er hat genickt, ich habe gespürt: Sie vertrauen dir. Elber, sie vertrauen dir selbst dann, wenn du kein Stürmer mehr bist, sondern nur noch eine Krücke. Jetzt bin ich kein Fußkranker mehr, sondern wieder zurück im Spiel. »Kannst schon mal den neuen Vertrag raussuchen?«, sag ich zu Uli Hoeneß nach meinem Comeback gegen den Hamburger SV. Ich weiß jetzt, ich bin kein Sportinvalide, meine Knochen halten, die Muskeln sind wieder da, das Knie spielt mit. »Jetzt würde ich gern verlängern, wenn ihr überhaupt noch wollt.« Sie wollen, ich will. Es ist wie mit einer Liebesbeziehung, die auf dem Standesamt landet – nur dass keiner der Beteiligten kundtut: Bis dass der Verschleiß euch scheidet.

MISS GUNST

Ich zähle nicht die Pleiten, Pannen und Peinlichkeiten. Ich sortiere sie aus. Weg – und futsch. Haben niemals stattgefunden, spielen keine Rolle. Du kommst nicht hoch auf den Gipfel, wenn die Erinnerungen an zurückliegende Abstürze dir den Mut zum Risiko nehmen. Auf dem Weg zum Gipfel gibt es nun mal verflixt schwierige Klippen zu überwinden. Du kannst in Gletscherspalten fallen – und futsch. Oder das Wetter schlägt Kapriolen, zwingt dich zur Umkehr – und dann? Je näher der Gipfel, umso dünner wird die Luft. Also muss nicht nur deine Einstellung stimmen, sondern auch die Kondition, das Durchhaltevermögen, deine Ausrüstung. Ottmar Hitzfeld ist ein derart erfahrener Bergführer, dass wir am Gipfelkreuz der Liga unseren Rastplatz aufschlagen können. Zwar gibt es in der Champions League gegen Real Madrid eine Kopfnuss, doch das wirft jetzt keinen von uns mehr um. Bayern wird Deutscher Meister – es ist mein erster wirklicher Titel. Denn in den Jahren zuvor war ich wegen der Kniegeschichte ja nur halb dabei. Aber jetzt: volle Pulle. Mein viertes Pokalendspiel hintereinander gewinne ich, und das nächste Jahr, 2001, wird zum Erlebnis der anderen Art. Die Mannschaft ist so stark, dass Hitzfeld ein Problem damit bekommt, wen er nun spielen lässt und wen nicht. Er führt die Rotation ein, jeder darf mal ran, jeder muss mal raus. Bei anderen Klubs würde das vielleicht die Hierarchie durcheinander wirbeln, für Unzufriedenheit sorgen und Theater machen. Bei uns jedoch ist das Rotationsprinzip ein Regler, mit dem jeder von uns seine Kraft einteilen kann. Wir fühlen uns stark wie nie zuvor, wir gewinnen das Halbfinale der Champions League, stehen im Endspiel. Doch vor diesem Finale gegen Valencia gibt es erst einmal den anderen Countdown: letzter Spieltag der Bundesliga, Schalke 04 könnte mit einem Heimsieg gegen Unterhaching alles klar machen, wir spielen – na gegen wen wohl? Den Hamburger SV. Wenn wir nicht verlieren, sind wir Meister, im Falle einer Niederlage geht die Meisterschale nach Gelsenkirchen zum FC Schalke 04. Und was geschieht? Wir liegen 0:1 zurück, nur noch wenige Sekunden zu spielen. Schalke hat sein Spiel 5:3 gewonnen, feiert bereits ausgelassen seinen sicher geglaubten Triumph, weil irgendein Penner dort kundgetan hat, dass wir, die Bayern, in Hamburg verloren haben. Sekunden vor dem Abpfiff bei uns wird in Gelsenkirchen also bereits die Meisterschaft gefeiert. Schalke glaubt sich schon am Ziel. Doch dann, nur Gott weiß warum, macht unser Abwehrchef Patrick Andersson etwas, das er zuvor noch nie getan hat: Er will einen Freistoß schießen, unbedingt. Diese letzte Aktion des Spiels soll die seine sein. Haut also drauf, der Ball wird noch abgefälscht, landet tatsächlich zum 1:1-Ausgleich im HSV-Tor.

Schalke wird später von den Medien zum »Meister der Herzen« erklärt, wohl auch deshalb, weil dort Tränen der Enttäuschung vergossen werden. Uns hingegen nennen sie »Dusel-Meister«. Die Schönste aller Neider, sie heißt Miss Gunst. Das Fräulein triffst du überall in Deutschland – übrigens nicht nur auf Sportplätzen. Aber vielleicht, vielleicht gibt es ja doch den ein oder anderen jetzt Missgünstigen, der uns nächste Woche das gönnt, was Bayern München vor zwei Jahren missgönnt geblieben ist: den Triumph in der Champions League.

Das Finale gegen Valencia findet in Mailand statt. Hörst du, Lello? Mailand! Und du Teicalo, mein toter großer Bruder, mein Beschützer, bitte sei mit mir, wenn ich deine 9 auf dem Rücken in dieses Stadion trage, in dem vor fast genau zehn Jahren alles beginnen sollte, was dann niemals stattgefunden hat. Mailand! Ich kehre zurück in jene Stadt, die einen wie mich erst aus Londrina weggelockt hat, um danach keine Verwendung für so einen Fußballer zu haben. Zu klein, zu schmächtig, zu jung, zu grün. Jetzt schaut hin, schaut genau hin. Der Schwarze im roten Trikot mit der 9 ist der Junge von damals. Der Junge von unten. Der in Winterstiefeln bei euch ankam, viel zu kurzen Hosen, diesem geborgten Hemd, dem muffigen Koffer und in der Tasche ein paar von unserem Nachbarn Takahashi geliehenen Dollarscheinen.

Der Junge von unten ist nun Stürmer der Bayern. Wir werden ganz oben stehen. Oben auf dem Siegerpodest. Und nach diesem

Finale in Mailand strecke ich schreiend meine Arme in die Höhe, in den Händen diesen glitzernden Europapokal, der wie ein gleißender Scheinwerfer den Mailänder Nachthimmel zum Leuchten bringen wird. Vergiss nicht, deine Sonnenbrille zu tragen, Lello, wenn du von deinem Sitzplatz da ganz oben auf mich herunterschaust. Ich will kein Blender sein, verstehst du?

TRIUMPH IN MAILAND

Ich kann nicht einschlafen. Es geht einfach nicht. Ich liege in diesem Hotelbett hier und finde keine Ruhe. Schluss jetzt, Licht aus. Du musst schlafen, Elber, es ist wichtig, dass du jetzt schläfst. Der Schalter, im Kopf ist ein Schalter, den knipst du jetzt runter – und dann ist kein Strom mehr da für all diese Gedanken, dieses Hin, dieses Her, dieses: Wie es wohl morgen wird? Es wird, wie es wird, basta. Also Ruhe jetzt, hör auf mit diesem Gewälze von der einen auf die andere Seite. Und da, schau doch mal auf den Nachttisch zum Wecker: 2.20 Uhr. Spät genug, oder? Ich wache auf, wie einer aufwacht, den jemand aufgeschreckt hat. Oder wie einer, der glaubt, dass er verschlafen hat. Panischer Blick auf den Wecker: erst 9.05 Uhr. Phhh. Ich bin hellwach. Normalerweise bin ich wie gerädert, wenn es abends spät geworden ist und die Nacht unruhig. Aber das heute hier, das ist kein normaler Tag. Es ist der Tag des Endspiels um den Champions League-Titel – und es ist der Tag der Wiedergutmachung. Das Desaster von Barcelona, wo die Jungs das Finale gegen Manchester United erst in den allerletzten Minuten noch vergeigt haben, so etwas darf sich heute nicht wiederholen. Egal wie. Die Mannschaft trifft sich zum Frühstück, Training ist um zehn, anschließend Mittagessen, danach Mittagsruhe. Ein kleines Nickerchen? Sich kurz aufs Ohr hauen. Unmöglich. Ich finde keine Ruhe, renne in diesem Hotelzimmer auf und ab wie ein eingesperrtes Raubtier. Fängst du jetzt etwa an zu spinnen, Elber? Erste Anzeichen von Hospitalismus – ein Fall fürs Nerven-Hospital?

Ich gehe runter in die Hotellobby: keiner da. Dann also raus hier, noch ein klein wenig herumbummeln, die Füße vertreten. Vor einem Juweliergeschäft bleib ich hängen. Wenn ich eine Schwäche für Luxus habe, dann sind das Uhren. Nicht irgendwelche, sondern diese Meisterwerke der feinen Mechanik, wo ein Zahnrädchen ins andere greift, die miteinander komponiert werden, die eingebunden sind in ein perfekt funktionierendes Team – und am Ende steht etwas, ohne das kein Leben möglich ist: die Zeit. Ich habe also eine Schwäche für Armbanduhren. Für die schönen, die besonderen, die mechanischen. Leider sind das immer auch die teuersten. Da! Eine Chopard, limitierte Auflage, von dieser Uhr gibt es nur 50 Stück auf der ganzen Welt. Ja, warum eigentlich nicht? Ich schenke mir diese Uhr selber, als Prämie für den Champions League-Sieg. Es kann nicht sein, dass wir ein zweites Mal das Finale verhauen, es wird keine Niederlage geben. Wir werden gewinnen – und diese Uhr da, sie wird mich immer daran erinnern. Ich kaufe sie jetzt, denn morgen ist keine Zeit für so etwas, morgen wird gefeiert, bis wir wieder in München aufschlagen.

Zurück im Hotelzimmer schaue ich mir meine Prämie noch mal ganz genau an – ach du meine Fresse, das kann ja wohl nicht wahr sein! 50 Stück gibt es von dieser Uhr, jede hat eine eigene Nummer eingraviert. Und welches Exemplar habe ich mir ausgesucht? Nummer 13. Ausgerechnet die Unglückszahl 13.

Das Spiel, es geht schlecht los, sehr schlecht sogar. Strafstoß gegen uns, Valencia verwandelt zum 1:0. Später pfeift der Schiedsrichter für uns einen Elfmeter. Mehmet Scholl tritt an, »Scholli« ist normalerweise ein ganz sicherer Strafstoßschütze. Jetzt aber nicht – er verschießt. Wir lassen uns nicht verunsichern, spielen weiter mutig nach vorn und Valencia macht jetzt einen entscheidenden Fehler: Sie stellen sich hinten rein, wollen nur das 1:0 verteidigen. Mein Gott, eigentlich sind sie doch individuell stärker besetzt als wir, technisch besser, nun auch psychologisch im Vorteil. Aber sie spielen nicht mehr, sie mauern. Und wir sind als Mannschaft bockstark. Wieder Elfmeter, wieder für uns – Stefan Effenberg ist nun mal ein eiskalter Hund und macht das 1:1. Verlängerung, nichts passiert. Dann Elfmeterschießen. Ich hasse diese Art von Entscheidung. Es wird dem Fußball nicht gerecht, wenn nur Schüsse aus elf Meter Torentfernung und das Glück der Torhüter über Triumph oder Frustration bestimmen. Paulo Sergio verschießt, dann auch noch Patrick Andersson. Ausgerechnet Andersson, der uns mit seinem Glücksschuss gegen Hamburg die Meisterschaft gerettet hat. Und jetzt, »in diesem wichtigsten Spiel eures Lebens«, wie es Hitzfeld gesagt hat, ausgerechnet jetzt versagt er.

Teicalo, bist du da? Lello, hast du das gesehen? Und du, lieber Gott, kannst du jetzt nicht eingreifen und uns helfen? Denn eine andere Rettung gibt es jetzt nicht mehr, um dieses nächste Desaster zu verhindern. Lieber Gott, lass uns jetzt bitte nicht wegen dieser beschissenen Elfmeter ein für alle Mal diesen Knacks in der Seele bekommen. Dieses Gefühl, »du kannst große Spiele nicht gewinnen, du nicht«. Diese Mannschaft wird ineinander zusammenstürzen wie ein zuvor mühsam aufgestelltes Häuschen von Spielkarten. Asse, Buben, Könige, Zehner – ja, und auch die 9 wird nicht mehr das sein, was wir alle vor diesem Finale in Mailand waren: zuversichtlich. Eine wirklich gute Mannschaft, voller Stolz, voller Selbstbewusstsein. Lieber Gott, mach etwas!

Er schickt unserem Olli ein paar Tipps runter ins Tor. Und dann geschieht das Unfassbare: Oliver Kahn, dieser King Kahn, macht alle verrückt, hält, was auf seinen Kasten kommt – rettet uns den Sieg im Elfmeterschießen.

Tumulte, Tränen, Tänze, Triumphatoren. Ich bekomme Gänsehaut, vor meinen Augen läuft ein Film ab. Es sind die Bilder aus den Träumen von der Nacht zuvor. Danke Mailand. Wieder ein Kreis, der sich schließen durfte. Ich nehme den Pokal in beide Hände, ich halte ihn hoch in die Luft, ich blicke in den Himmel – und ich sehe nicht die Nacht, sondern gleißendes Licht. Es sind die Stadionscheinwerfer, die mich blenden.

Und Lello flüstert von irgendwoher: »Hast deine Sonnenbrille im Hotelzimmer vergessen, Blödmann.«

Wir gehen in die Kabine, laut johlend, nass, verschwitzt, total aufgedreht. Ganz hinten in der Ecke sitzt jemand. In sich zusammengesunken, Kopf nach unten, wie ein kleines Häufchen Elend. Charly, unser Zeugwart, schreit:»Hey Olli, was ist denn mit dir los?«Keine Antwort. Und dann:»Sag bloß, du hast jetzt ein Problem? Mensch, wir haben die Champions League gewonnen! Kapierst du? Die Champions League!« Ich schiebe mich an Charly vorbei, gehe zum kleinen Häufchen da hinten, mache meine Aufwartung bei seiner Exzellenz King Kahn, setze mich zu ihm. Und zwischen uns, genau auf Augenhöhe, steht dieser riesige Pokal. Olli schaut hoch, ich sehe ihn kaum, und er sagt:»Hey Giovane, ich brauche noch ein paar Minuten, um das alles zu begreifen, okay? Nur ein paar Minuten.« Während er versucht zu begreifen, greifen wir nach den entkorkten Flaschen und versuchen zu trinken, ohne groß zu schlucken. Die Party hat begonnen, diese nasse, riesige, lang andauernde, überschäumende Siegerparty einer Meute von Wölfen, die früher mal geprügelte Hunde waren – und doch nur Menschen sind. Aber sich jetzt als Helden fühlen.

DER MIT DEM POTT PENNT

Weg, alle weg. Gehst nur mal ganz kurz aufs Klo, quatschst auf dem Rückweg hier ein wenig, musst dann mit dem nächsten ein paar Takte wechseln, kommst danach zurück ins Restaurant – und wutsch, schon sind alle Jungs verschwunden.»Die haben sich schon auf den Weg zurück ins Hotel gemacht«, sagt Stefan Effenberg, das letzte Übrigbleibsel am Schlachtfeld, das zuvor unser adrett gedeckter Tisch war. Und rülpst.»Tschuldigung.«»Woll'n an der Hotelbar weitermachen.« Er würde dann gern auch mal weiterziehen.»Bringste das Ding da mit, ja?«, sagt er noch.»Und tschüs.« Ja, tschüs. Das Ding da ist unser Pokal, steht mutterseelenallein zwischen all den halbvollen Gläsern rum, den zerknüllten Servietten, den Flaschen und dem Müll auf der mit Flecken übersäten Tischdecke. Servus, du alter Pott. Vor ein paar Stunden noch warst du das begehrteste Stück überhaupt. Da haben sich die Männer scharenweise für dich über den Rasen geschmissen, hätten alles gegeben, nur um dich zu kriegen. Und jetzt? Stehst hier blöd rum, abgestellt zwischen Müll und Futterresten. Geht's dir gut, ja? Wenn ich jetzt ehrlich sein darf: Hast wirklich schon mal glänzender ausgesehen. Wie viele Typen haben eigentlich schon aus dir gesoffen? Weißt du wahrscheinlich gar nicht mehr, du Wanderpokal. Aber was mich interessieren würde: Damals, vor zwei Jahren, wie war's denn da so mit den Jungs von Manchester? Warst ja eigentlich schon in unseren Händen – na egal jetzt. Auf, los jetzt, wir gehen. Ab ins Hotel, heia machen. Na klar doch, schau mal auf die Uhr, nicht mehr lange und dann geht schon wieder die Sonne auf. Wir beide marschieren jetzt hier durch diese Tür raus, mit Cintia im Schlepptau. Wir steigen da draußen alle zusammen in ein Taxi – und basta. Effe hat gesagt, ich soll mich um dich kümmern. Effe ist der Cheffe im Ring, und ich pack dich jetzt an den Hörnern und schlepp dich ab.

Scheiße, bist du schwer. Kein Wunder, dass dich alle hier sitzen lassen. Draußen ist alles dunkel, kein Mensch zu sehen, kein Auto – geschweige denn ein Taxi. Na superprima! Gratulation auch. Elber mal wieder nach langer Zeit in Mailand, mit einem Schwips und diesem Pott da. Und jetzt? Erst mal setzen, überlegen. Ich sitze auf dem Pott, der ziemlich unbequem ist, weil er der Champions League-Pokal ist, zwei Henkel hat, und die stören doch sehr beim Draufhocken.

Da sitze ich nun – und plötzlich hupt es neben mir. »Giovane Elber, ich glaube, ich spinne«, ruft da jemand aus dem Auto, das jetzt neben mir auf der Straße hält, »sag mal, Junge, was machst du denn hier so früh am Morgen?« Ich schau hoch: Das ist Massimo, mein Versicherungsmensch aus München. Italiener ist er, hat unser Spiel angeschaut und außerdem hier in Mailand ein Auto gemietet. »Ich warte auf ein Taxi«, sag ich. »Na, dann steig ein. Um diese Uhrzeit fährt hier kein Taxi mehr.« Er bringt mich zum Hotel, sagt ständig: »Unglaublich, das glaubt mir kein Mensch«, oder auch: »Ist es zu fassen? Nein, ist es nicht.« Und dann, als Cintia, der Pott und sein Elber aussteigen, hat Massimo einen Geschäftsplan: »Wenn ich erzähle, dass hier der Champions League-

Pokal mit Elber drin war, hat die Karre gleich den doppelten Wert.« Oh, Massimo. Und danke, Massimo, danke für die Rettung. Ohne dich säße ich jetzt immer noch im Mailänder Morgengrauen am Straßenrand auf diesem Pott. Und außerdem muss ich jetzt für kleine Jungs.

An der Hotelbar ist noch einiges los. Die Jungs im Konditionstraining, sie geben alles, trinken mancherlei. Jens Jeremies kommt herangestürzt, fast wie beim Tackling, zeigt auf den Pott. »Gib ihn mir, Giovane. Ich habe ihn noch gar nicht gehabt.« Und dann tut er noch kund, dass er das gute Stück heute am liebsten gar nicht mehr hergeben würde. Ja, ja, nimm ihn schon, aber pass auf, dass er nicht runterfällt. Ein paar bunte Getränke und fette Zigarren später will jemand wissen, wo der Pokal ist. Wir rücken gemeinsam ab, unsere Marschrichtung: Hotelzimmer Jeremies. Vorsichtiges Klopfen an die Tür – keine Reaktion. Noch mal, etwas stärker – nichts. Volle Pulle mit der Faust ans Holz: Eine Frau macht auf. Seine Frau. Ziemlich verschlafen schaut sie aus, zeigt aufs Bett. Da schläft ihr Gatte mit dem Pott. Sanft einen Arm über ihn gelegt. Eine Frage, Jungs: Wer von euch bringt es jetzt übers Herz, diese Liebe zu trennen? Lass uns gehen. Morgen geht's zurück nach München, es wird ein harter Tag. Autokonvoi zum Marktplatz, Volkswandertag der Massen, Pressespektakel, Rummel hoch acht. Wir sollten nicht einpennen dabei, oder? Kommt, lasst uns pennen.

Cintia: ALLES IST GUT

Es ist gut. Alles ist gut. München ist nicht mehr so, wie es ganz am Anfang war. Ich weiß jetzt, dass es kein Fremdenhass war, dass dieses kleine Mädchen auf dem Spielplatz erst ganz normal mit Camilla gespielt hat und dann plötzlich nicht mehr wollte. »Geh weg, du stinkst«, hat das Kind zu meinem Kind gesagt, als es gemerkt hat, dass da eine ganz schwarze Frau zu Camilla gehört. Die schwarze Frau ist Rosangela, unsere helfende Hand im Haushalt, die wir aus Londrina mit nach München gelotst hatten. Das kleine Mäd-

chen hat wohl gedacht, Rosangela ist Camillas Mutter. Und mit Schwarzen spielt man wohl nicht so häufig im bayrischen Nobelwohnviertel Grünwald. Nicht Camilla hat gestunken, uns hat es gestunken, dass es in deutschen Wohnzimmern wohl Erwachsene gibt, die ihren Kindern allen möglichen Scheißdreck erzählen – und die dann die Nase rümpfen, wenn sie auf Fremdes stoßen. Oder diese hochnäsige Verkäuferin in einer Boutique. Ich gehe rein, will mich ein wenig umsehen, sie mustert mich kritisch, spricht mich an, merkt, dass ich unsicher bin und Ausländerin – und gibt mir eine Lektion: »Schauen Sie doch mal auf die Preise. Nur damit Sie wissen, was es hier kostet.« Es ist der Schein, der trügt. Es braucht zuweilen ein genaueres Hinsehen, damit man weiß, was wirklich ist. München jedenfalls ist von Jahr zu Jahr besser geworden. Jetzt ist es eine lebenswerte, liebenswürdige Stadt. Wir haben eine schöne Clique gefunden, wir sitzen oft bei uns im Garten zusammen, wir grillen, wir tanzen, wir lachen viel. Deutschland ist nicht mehr nur kalt, Deutschland ist nicht mehr zum Fürchten, die deutsche Sprache ist kein fremdes Tongemisch mehr. Und meine Kinder blühen auf, mein Mann hat Erfolg, das Leben ist schön. Verweile noch eine Weile, du Glück du, bleib noch bei uns. Wir haben den Anfang überstanden, die Krise gemeistert, unsere Ehe gerettet. Am liebsten würde ich die Zukunft vergessen und die Gegenwart festhalten. Doch da drüben, da drüben ist ja noch eine Tür, auf der das Wort »Brasilien« steht, »Heimat«. Diese Tür da, sie bleibt immer einen Spalt offen. Niemand sperrt sie zu. Niemand.

DER VIELFRASS SPUCKT MICH AUS

Im Sport ist es so: Sie können dich mit allem füttern, was der Sport an leckeren Dingen zu bieten hat. Siege, Erfolge, Titel, Ruhm, Popularität, Glück, Sympathie und Geld, viel Geld. Der Sport kann dich füttern, womit und wie viel er will – entscheidend ist nur eines: Du darfst nicht satt werden, dich nicht satt fühlen, auch niemals satt sein. Diese Unersättlichkeit, das ist der Grund, weshalb

Bayern München im Fußball eine Macht ist. Die Macht kann bröckeln, mal hier, mal dort. Aber die Mentalität der Mannschaft muss immer gleich sein: Wir wollen mehr, immer mehr. Ich bin jetzt ein Bayer. Ich gehöre zur Gattung dieser von einem unersättlichen Bandwurm gepeinigten Vielfraße. Da friss – und bleib hungrig. Schluck runter, so viel wie möglich – und gleich zum nächsten Bissen. Verdaue schnell, scheiß auf die Kritiker – Bayern München kann sich einverleiben, was es will, es bleibt hungrig, durstig, lechzend nach mehr. So, nur so ist es zu erklären, dass dieser Fußballverein nicht aufhört, erfolgreich zu sein. Es liegt nicht an ihm, es ist keine Arroganz, es ist einfach nur sein Charakter, sein Naturell und wohl auch seine Daseinsberechtigung. Es muss im Sport einfach jemand geben, dem andere nacheifern können, um selber Ziele zu haben. Besser zu sein als Bayern München, das ist ein erstrebenswertes Ziel für jeden unserer Gegner. Bayern zu schlagen, das ist ein erster Schritt auf diesem langen Weg. Die Bayern hassen, das ist einfach. Denn die Bayern sind welche, die lassen auch hassen. Denn wenn dir Ablehnung ins Gesicht schlägt, nackte Provokation, dann bist du nicht schläfrig, sondern hellwach – und bleibst motiviert. Fußball ist nicht nur ein Spiel mit Bällen, Fußball ist auch ein Spiel mit den Emotionen.

Vier Jahre schon bin ich nun beim FC Bayern München. Vier Jahre ist es her, dass ich beim Vielfraß ganz vorne angekommen bin. Er hat mich damals aufgenommen, mir sein Innerstes offenbart, ich habe in sein Herz geblickt, war sein Puls. Dieser Fußballverein hatte zu kauen an mir, ich lag ihm zuweilen schwer im Magen. Die Chefs mussten verdauen, bekamen Blähungen, als dieser Schwarm im Darm plötzlich anfing zu rumoren.»Mensch, Elber«, habe ich gedacht,»was kannst du hier in Bayern eigentlich noch erreichen?«Und dann:»Ist es vielleicht nicht doch gescheiter, dann zu gehen, wenn alle Ziele geschafft sind, als auf den Moment zu warten, bis sie dich abschaffen wollen? Vielleicht, weil du zu alt geworden bist, sie neue, frische Gesichter brauchen?«

Ich rede mit Franz Beckenbauer über meine Zukunft bei den Bayern. Auch darüber, ob es vielleicht besser wäre, den Verein zu verlassen. Er schüttelt ständig den Kopf, sieht alles anders, als ich es sehe. Und dann fragt er: »Giovane, was stört dich? Was willst du? Willst du mehr Geld?« Geld. Nein, es ist nicht das Geld, das mich antreibt. Jedenfalls nicht mehr. Ich verdiene hier bei den Bayern so viel Geld, dass es genug ist für alles und jeden. Ich will nicht unverschämt sein und noch mehr Geld haben. Aber ich mache mir Gedanken darüber, was aus einem Fußballer werden kann, dessen Zeit bei Bayern München abgelaufen ist. Was wird aus mir, wenn die Tore nicht mehr so fallen, wie es den Vielfraßen gefällt? Fest steht: Ich werde eines Tages nach Brasilien zurückkehren. Ich will eines Tages nach Brasilien zurückkehren. Ein Baum kann nur dort fest am Boden stehen, wo seine Wurzeln sind. Und wenn der Elber kein Stürmer mehr ist, muss er den Stürmen des Lebens nach dem Sport trotzen können. Dieses Leben als Fußballprofi hat mich stark gemacht, es hat mir gezeigt, wie man kämpft. Ich habe die Kobolde gesehen, sie aus meiner Seele vertrieben. Ich habe dem Druck standgehalten und die in mich gesetzten Erwartungen erfüllt. Ich muss mir nichts mehr beweisen – und ich muss allen anderen nichts mehr beweisen. Es ist vollbracht: Ich habe erfolgreich Fußball gespielt. Aber jetzt ist die Zeit gekommen, da ich den Druck von außen nicht mehr als Ansporn empfinde, sondern nur als störend. Ich könnte auch ohne diesen blöden Druck das leisten, was ich zu leisten in der Lage bin. Mein Druck wird von mir selber erzeugt, er kommt von innen heraus. Ich will bestehen, nicht versagen. Meine Kinder brauchen irgendwann ein festes Zuhause. Sie sollen nicht als Nomaden in die Pubertät hineinwachsen, mit ständig wechselnden Freundschaften, immer neuen Bezugspersonen. Es ist nicht gut für Kinder, wenn sie kein Geländer haben, an dem sie sich festhalten können, sondern nur ein Lagerleben, heute hier, morgen vielleicht schon dort – immer da, wo der Papa gerade sein Zelt aufstellt, weil er einen Arbeitsvertrag bekommen hat. Du kannst als Söldner glücklich sein, reich werden, womöglich berühmt. Aber ich will nicht, dass der Preis für den Sold zu hoch wird für all jene, die dafür bezahlen müssen.

Meine Kinder brauchen eine Heimat. Unsere Heimat ist Londrina in Brasilien. Und Brasilien ist eine ganz andere Welt als Deutschland. Und vielleicht wird für meine Familie der Wechsel in die andere Welt dann nicht ganz so hart, wenn ich es abfedern könnte. Vielleicht mit einem Leben in Spanien? Ja, Spanien könnte passen.

Die Lebensart der Südeuropäer ähnelt der brasilianischen, die Sprache hat Gemeinsamkeiten, das Wetter weniger Temperaturunterschiede als hier in München. Sonne, Palmen, Strand und Paella – das könnte vielleicht die Brücke sein, die mir und meiner Familie den Weg zurück zeigt. Oder ist das alles nur die Schnapsidee eines erfolgstrunkenen Vollidioten? Franz Beckenbauer sagt: »Bleib noch bei uns, Giovane. Es macht keinen Sinn, jetzt schon zu gehen.«

Ja, ja – Recht hat er, der Kaiser Franz, der Präsident Beckenbauer, der Weltmeister, der Pelé der Deutschen. Ich will nicht weg aus München. Es ist mit den Jahren doch auch meine Heimat geworden. Die Menschen, die Biergärten, diese Zuverlässigkeit, dieses Worthalten. Ein Ja ist ein Ja, ein Nein bleibt ein Nein. Du musst keine Angst haben, wenn es dunkel wird und die Gegend ist fremd, du brauchst keine Mauern um dein Haus zum Schutz vor Einbrechern, vor den Banken stehen keine Polizisten mit Maschinengewehren.

Nein, vergesst Spanien. Ich liebäugele nicht mit anderen Vereinen. Ich weiß einfach nicht mehr, was richtig ist oder falsch. So viele Jahre schon in Deutschland, jetzt höre ich sie plötzlich ticken, diese biologische Uhr. Und niemand ist da, der mir sagen kann, was die Stunde geschlagen hat. Stattdessen gibt's Schlagzeilen in der Presse: »Elber will weg von den Bayern.«

Die Medienstadt München. So gut wie nichts bleibt unter uns. Als Trapattoni Trainer war, konnten wir schon morgens vor Trainingsbeginn um zehn in der »Bild« lesen, was erst nachher bei uns in der Kabine los sein wird. Und wenn die »Bild« nichts hatte, hatten eben die Abendzeitung oder die Münchner »tz« etwas zu bieten. Manchmal hauen wir uns auf die Schenkel, weil es wirklich witzig ist, was die Boulevardpresse ihren Lesern als Wahrheit verkauft.

Ein anderes Mal regen wir Spieler uns mächtig darüber auf, dass es unter uns Stinkstiefel gibt, die ihren Kumpels von der Presse Informationen zustecken, die dann da draußen breitgetreten werden. Maulwürfe sind das, Maulwürfe, die Dreck von unten, wo er keinen stört, nach oben scharren, wo sich dann alle aufregen können über diese kleinen Haufen. Sind unsere Maulwürfe eigentlich wirklich so blind, dass sie nicht sehen, was sie anrichten?

»Elber will weg von den Bayern« – dieses Ding habe ich selber angerichtet. Die Bosse schütteln den Kopf, und der Elber ist darüber heilfroh, sagt: »Okay, dann bleib ich noch bis zum Vertragsende 2004.« Ich stecke mir ein neues Ziel, will endlich mal das schaffen, was mir bisher versagt geblieben ist: Torschützenkönig in der Bundesliga. Was ich nicht weiß, aber mit ein klein wenig Nachdenken eigentlich hätte wissen können: Auch Bayern München will etwas – hungrige Stürmer, frisches Futter, mit dem sich der Vielfraß auf die nie enden wollende Beutejagd machen kann. Elber? Kein anderer ausländischer Fußballprofi hat in der Geschichte der Bundesliga mehr Tore geschossen als ich. In sechs Jahren bei den Bayern bin ich nur zweimal nicht Erster, also Deutscher Meister geworden. Ich hatte dreimal den DFB-Pokal in den Händen, habe einmal sogar den Weltpokal küssen dürfen. Und ich bin im gleichen Jahr, 2001, mit dieser Champions League-Trophäe durch die Mailänder Morgendämmerung geirrt. Der Pott war meiner, unvergessen: Ich habe ihn besessen und bin drauf gesessen. Nein, es gibt auf dieser Welt nichts Neues mehr, das ich für die Bayern noch nach München holen könnte.

Ich selber hole mir im Mai 2003 noch den Titel des Torschützenkönigs der Bundesliga, teile ihn mit dem Bochumer Thomas Christiansen. Wir beide bekommen bei der Ehrung eine kleine Kanone in die Hand gedrückt. Knapp drei Monate später macht es *bumm*, ohne großes Getöse. Trainer Hitzfeld sagt in einem Fernsehinterview: »Es ist für alle besser, wenn Giovane geht.« Die Frage ist nur: wohin eigentlich?

Contusão tira Élber da Seleção

Jogador do Bayern sofreu ruptura do ligamento do joelho esquerdo e poderá ficar quatro meses sem jogar

Agência Estado

O atacante brasileiro Élber, do Bayern de Munique (Alemanha), passara hoje aos Estados Unidos por uma cirurgia no joelho esquerdo e ficará afastado do futebol por, no mínimo, quatro meses. Em jogo pelo Campeonato Alemão, neste fim de semana, ele sofreu ruptura do ligamento colateral externo do joelho, o que torna a operação obrigatória.

Élber segue hoje mesmo para os Estados Unidos e vai direto para o hospital. A equipe responsável pela cirurgia será a mesma que operou outro atacante brasileiro, Amoroso, da Udinese (Itália). Élber entrou em contato ontem com o médico do Corinthians e da Seleção, Joaquim Grava. "O médico que vai operá-lo é excelente", disse Grava.

Élber informou ao médico o seu quadro clínico e comunicou que não poderá atender à convocação para os amistosos contra Coréia do Sul e Japão, no fim do mês. Élber também deve desfalcar a Seleção na Copa América do Paraguai, junho.

Segundo Joaquim Grava, o tempo de afastamento de Élber dependerá da extensão da contusão. Se o ligamento cruzado tiver sido atingido também e tiver de sofrer um enxerto, Élber ficará de seis a oito meses fora dos campos.

"O médico do Bayer disse que o ligamento cruzado foi atingido, mas o exame não revelou se houve...

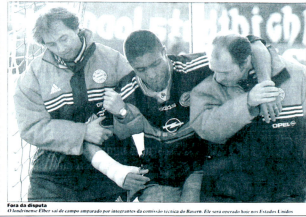

Fora da disputa
O londrinense Élber sai de campo amparado por integrantes da comissão técnica do Bayern. Ele será operado hoje nos Estados Unidos.

Warum ausgerechnet jetzt??? Erst die Hand gebrochen und jetzt auch noch diese schlimme Knieverletzung – das riecht nach Krise

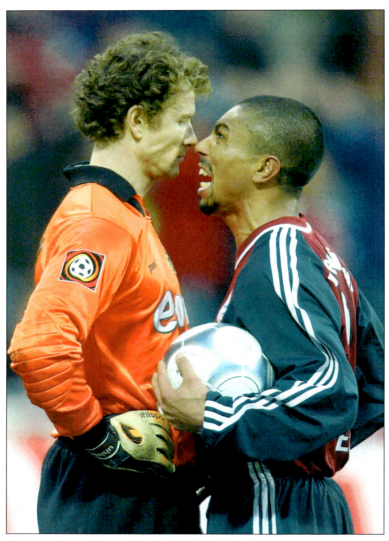
Jens Lehmann und ich – kleiner Disput

Bayern-Trainer Ottmar Hitzfeld (links) wechselt mal wieder.
Wer hat sich nur diese blöde Rotation ausgedacht?

Wiedersehen mit Balakov ...

... und mit Fredi

Ob ich noch eine Chance bekomme außer im Freundschaftsspiel?
Mit Ronaldo (rechts) bei der brasilianischen Nationalmannschaft

Bäääääähh ...

Bussi ...

Funkstille (mit Cintia und Camilla auf der Tribüne in München)

Wir haben die Schale ...

... und bekommen ein klein wenig zu trinken

Der mit dem Pott tanzt

Manchmal ist Fußball reine Glückssache

Besuch an Papas Arbeitsplatz: mein Sohn Victor kommt. Rechts Bixente Lizarazu

Und Werbung mache ich auch, mit einem Lächeln und gestylt wie Casanova

Die letzte (Familien-) Feier in München

Adriano, unser Freund und Ratgeber: Wir vermissen ihn

Und immer wieder Hamburg – der Kreis schließt sich

Auf dem Oktoberfest

Tschüß München – und ein Servus!

Von nun an wird in Lyon gefeiert. Letzter Spieltag, wir sind Meister geworden

Die Elbers in Frankreich: Man(n) trägt das Haar ein wenig länger, die Gattin lässige Klamotten

Mein erstes Jahr in Lyon, und wieder darf Metall geküsst werden:
Unsere Meistertrophäe, sie fühlt sich seltsam an.

DIE SACHE MIT HAMBURG

Fußball funktioniert überall auf der Welt nach festen Regeln. Fußball ist einfach, Fußball ist schön, Fußball kann alles sein – vor allem auch eines: unberechenbar. Von einer Sekunde auf die andere kommt alles anders als geplant. Erst wollte ich in Londrina Bankkaufmann werden, der Fußball hat mich nach Europa geschossen. Ich träumte von einer großen Karriere in Italien, bin bei den Grashoppers in Zürich angekommen. Beim VfB Stuttgart sollte mein Stern aufgehen, er versank in einem Krankenhausbett. Und als er wieder zu strahlen begann, wollte ich über Bayern München in die brasilianische Nationalmannschaft stürmen. Abgegrätscht, null Chance. Der brasilianische Nationaltrainer Mario Zagallo findet mich nicht außerordentlich gut, sondern durchschnittlich begabt. Zwar kommt er nicht umhin, mich mal einzuladen in die Selecao, doch als ich mit ihm dann mal allein vor dem Hotelfahrstuhl stehe, wir nach oben zu unseren Zimmern fahren, da tut er erst so, als sieht er mich nicht, spricht dann kein einziges Wort. Ein komischer Kauz. Einer, der mich links liegen lässt, egal wo ich stehe, renne oder fluche. Ich bin zwar kein Nichts in Brasilien, aber auch kein Jemand. Wer schon mit 17 nach Europa abdüst, hinterlässt keine Spuren im Land, keine Lobby, keine Lücke, die er in der Nationalmannschaft wieder auffüllen kann. Für die Brasilianer bin ich schon fast ein Deutscher. Sie brauchen keinen wie mich im Sturm. Sie haben genug andere. Es tut weh, aber es ist so: Nicht in Brasilien findet der Brasilianer Elber sein Glück, sondern in Deutschland wird der Südamerikaner Giovane zu einem waschechten Bayern in Lederhosen. Als er dann von dort weg will, geht es nicht – und als er in München bleiben will, schicken sie ihn weg. Nein, natürlich geschieht das nicht irgendwann, an einem x-beliebigen Tag. Sondern es ist der Tag im August des Jahres 2003, an dem sich ein Kreis schließt. Ich weiß nicht, wie dieser Kreis heißt. Ich weiß nicht, was dieser Kreis soll. Aber fest steht, dass es ein Kreislauf ist, in dem ich mich in all den Jahren bewegt habe. Es beginnt und es endet am selben Punkt. Der Punkt heißt Hamburger SV. Mein erstes Spiel in der Bundesliga, gleich mein erstes Tor – gegen den Hamburger SV. Meine Karriere scheint beendet – wegen einer Verletzung im Spiel gegen den HSV. Mir gelingt beim Comeback sofort ein Tor – gegen den HSV. Das schnellste Tor überhaupt gelingt mir nur elf Sekunden nach dem Spielanpfiff – gegen den HSV. Und jetzt ist Sommer 2003, nach langer Zeit und vielen erfolglosen Versuchen treffe ich endlich mal wieder auf des Gegners Platz ins Tor – beim Hamburger SV. Es wird mein letztes Tor für den FC Bayern München sein, zugleich mein Abschied aus der Bundesliga. Wie es begonnen hat, so endet es auch – mit einem Spiel und einem Tor beim HSV. Lello, hörst du mich? Oder Teicalo, sag du: Kann das alles wirklich nur ein Zufall sein?

TOD DURCH DIE KOBRA

Es ist nicht so, dass man ihm alles glauben darf. Adriano ist zwar aufrichtig, Adriano ist ernsthaft, Adriano ist ein durch und durch lieber Mensch – aber Adriano ist auch einer, der Stunden lang einen Regenwurm am Haken tauchen lässt und später nicht zugeben kann, dass kein Fisch angebissen hat. Und wenn er etwas Kleines herausgeholt hat, wird es von Erzählung zu Erzählung immer größer – so lange, bis Adriano vor seinen Kumpels als toller Hecht dasteht. Unser Adriano ist manchmal ein kleiner Lügner, aber zugleich ein großartiger Mensch, jemand, der es verdient hätte, mehr zu sein, als die anderen in ihm sehen. Adriano ist der kleine Bruder der Mutter meiner Frau. Er ist Cintias junger Onkel, er war schon immer ihr Vertrauter, Adriano ist mit den Jahren richtig wichtig geworden – auch für mich. Von Anfang an war Adriano jemand, der gesehen hat, dass diese Cintia und dieser Elber zueinander passen. Kraftvoll gekuppelt hat er, alles in Gang gesetzt, damit diese so schnippische Tochter seiner Schwester diesen schnöden Schwarzen so kennen lernt, wie man jemand kennen lernen muss, um ihn lieben zu lernen: langsam. Schön langsam. Es gibt nicht viele Menschen, deren Meinung für mich wichtig ist. Es gibt kaum jemand in Brasilien, nach dessen Anruf ich hier in Deutschland derart pünktlich die Uhr stellen kann.

Abpfiff, Duschen, Presseleute, Heimfahrt – und schon klingelt es. Adriano ist dran. »Gewonnen, stimmt's?« Oder: »Du hast ein Tor geschossen, los sag: Hast du wirklich ein Tor geschossen?« Ich weiß, wie teuer Telefongespräche von Brasilien nach Übersee sind. Vor allem mit dem Handy. Und Adriano hat so viel, aber ganz bestimmt nicht viel Geld. Also sag ich jedes Mal: »Bis gleich. Ich rufe zurück.« Und dann weiß ich, dass er nur darauf wartet, dass es jetzt unverzüglich gleich bei ihm klingelt. Also Anruf bei Adriano.

Dieser Mensch kann Dinge, die nicht viele können. Schon früh, sehr früh, hat er zu spüren bekommen, dass er anders ist als so viele andere Jungs in seinem Alter. Es hat Adriano irritiert, dieses Gefühl, ausgeschlossen zu werden, nicht so richtig dazuzugehören – und nicht mal zu wissen warum. Fußball, alle können ganz toll Fußball spielen. Nur er, er bekommt dieses blöde runde, hüpfende Ding da unten mit seinen Beinen nicht so geregelt wie die anderen auf dem Platz. Bei Ivan, dem Jungen ohne Beine, der nur auf den Händen laufen kann und der trotzdem glaubt, ohne Beine, Fußballspielen zu können – beim Ivan jedenfalls stöhnen all die anderen Jungs nicht so blöd rum wie bei ihm, wenn Adriano mal wieder einen Ball verstolpert hat. Ivan hat gewusst, dass er anders war als all die anderen. Und deshalb spielte er Fußball. Adriano aber wurde vielleicht nur deshalb anders als so viele andere, weil er nicht kicken konnte.

Manchmal ist Fußball ein Scheißspiel.

Nein, stimmt nicht. Kinder sind ehrlich, Kinder sind unverblümt, Kinder sagen das, was sie denken. Und kindliche Leitwölfe können hundsgemein sein, wenn sie auf jemand treffen, der schwächer ist als sie. Ein Leitwolf zeichnet sich dadurch aus, dass er führen will, stark sein will und eine große Klappe haben muss. Es spielt keine Rolle, ob was hinter der großen Klappe steckt, Hauptsache ist: Die Botschaft stimmt. Die Botschaft eines Leitwolfs muss lauten: Ich sage hier, was stimmt und was nicht.

Typen wie der Elber haben damals bestimmt, dass Typen wie Adriano ihre Zeit lieber mit etwas Sinnvollerem nutzen sollten, als Fußball zu spielen. Typen wie Adriano wurden von uns gnadenlos aussortiert, »Selektion« nennt man wohl so etwas. Wer nicht kicken kann, soll das tun, was er besser kann – so heißt das Gesetz der Straße. Wir in Brasilien kicken immer in Straßennähe. Weil, wo so viele Autos fahren wie in Brasilien, gibt es eben auch viele Straßen. Und ein guter Fußballer will immer da spielen, wo andere zuschauen können. Fußball macht auf einer Bühne eben mehr Spaß als unbeobachtet. Miese Fußballer will niemand sehen – nach diesem Motto sieben die Straßenfußballer Brasiliens sich selber aus. Und vielleicht ist das der Grund, warum der Fußball in meiner Heimat Brasilien nicht grob ist, sondern fein. Und immer auch eines: Weltspitze. Also musst du als Fußballer in Brasilien ein Ziel haben, nur eines: So gut sein, damit es Weltspitze werden kann.

Adriano ist Weltspitze. Jedoch nicht im Fußball. Sondern als Mensch. Adriano kann nicht kicken, aber sehen. Er ist ein Seher, er sieht in die Zukunft. Sag jetzt, Adriano, und sei ehrlich: Wie kann es sein, dass einer wie du so vieles voraussehen kann – aber den eigenen Tod nicht? Eigentlich weiß ich nicht ganz genau, wie Adriano plötzlich zu so einer Art Zauberer geworden ist. Aber jetzt wirft er manchmal diese kleinen Muscheln aus der geschlossenen Hand auf den Tisch, sie liegen alle irgendwie rum. Verschiedene Farben, verschiedene Formen, immer eine andere Komposition. Adriano wirft die Muscheln, schaut hin, überlegt – und sagt dir dann, was werden könnte. Erst später, wenn die Zukunft zur Gegenwart geworden ist, dann merkst du: Er hatte Recht. Irgendwann lief die Sache mit Adriano dann so: Er ruft mich gleich nach jedem Spiel an, sagt die Tendenz, Sieg oder Frust – und legt auf. Ich rufe dann sofort zurück – und bin von den Socken. Ich weiß nicht, wie er es macht, aber egal: Adriano, der jüngste Bruder meiner Schwiegermutter, konnte nie kicken, aber jetzt kann er sehen. Er ist ein Seher, ein Wisser, ein Versteher – und er ist einer von denen, die ihresgleichen suchen und sich deshalb einer Gemeinschaft angeschlossen haben. Eine Gemeinschaft ist genau das Gleiche wie eine Fußballmannschaft: Alle, die was können, machen es gemeinsam. Unser Adriano macht also Karriere in dieser Gemeinschaft, steigt ganz hoch, bis in die gemeinsame Champions League – und dann war dieses Finale: die Priesterweihe, Adriano sollte die Priesterweihe erhalten. Frag mich jetzt bitte keiner, was genau bei solch einer Priesterweihe alles anfällt. Beispielsweise an Kosten. Man muss erst lange für die Weihe kämpfen, dann diverse Eignungsprüfungen überstehen, und ganz am Schluss, wenn alles schon klar ist, dann wollen diese Priester eine Zeremonie zelebrieren. Dafür braucht solch ein Priester das Geld für Essen und Trinken einer Party, entsprechende Kleider, Kerzen, Schnickschnack und Saalmiete. Nie zuvor in all den vielen Jahren hat mich Adriano um Geld gefragt. Nie. Und wahrscheinlich hat er gespürt, dass ich mit den Jahren immer misstrauischer geworden bin, wenn mich jemand um Geld gebeten hat. Ja, im Nachhinein weiß ich, dass es ein Fehler war, so spendabel gewesen zu sein. Wenn jemand in Deutschland Werbung mit mir machen wollte, habe ich meist genickt, das Geld kassiert – und es weiter nach Brasilien geschickt. Dann kaufen sich deine Brüder schöne Autos, freuen sich riesig, finden es klasse, dass der Kleine nicht nur an sich denkt, sondern auch was gibt. Hat ja eh so viel. Stimmt. Aber geschenktes Geld hat nicht den gleichen Wert wie selber verdientes Geld. Und je mehr Geld du verschenkst, umso wertloser wird es. Ich habe mit meiner Geldverschenkerei das Leben für meine Leute in Brasilien nicht wirklich verbessert, sondern ich habe es ihnen zu einfach gemacht. Heute weiß ich: Es ist besser, den Leuten keine Fische zu schenken, sondern sie das Angeln zu lehren. Und es kotzt mich mittlerweile gnadenlos an, wenn ich mit den Kumpels in Londrina einen draufmachen will, und sie automatisch davon ausgehen, dass der Elber alles bezahlt, was da so getrunken und gegessen wird. Plötzlich trinken sie nicht mehr ihr Bier, wie sonst auch, sondern schütten sich die teuren Cocktails, die Drinks und all den anderen Kram in den Hals, den sie ohne mich nie und nimmer an der Theke bestellen würden. Hey Jungs, das ist nicht fair, das ist nicht in Ordnung. Das ist für mich zwar nicht zu teuer, aber ziemlich billig. Es ist vorbei, beendet.

Ich bin ich. Ich bin der Elber. Aber ihr behandelt mich nicht mehr wie einen von euch, wenn ich mal wieder bei euch bin. Eure Kinder sehen in mir den reichen Onkel, die Erwachsenen den spendablen Heimattouristen – und ich sehe kaum noch wirkliche Freunde, sondern nur bekannte Gesichter mit An- und Absichten. Adriano bittet mich um Geld. Damit er seinen Lebenstraum erfüllen kann: diese Priesterweihe. Erst sage ich: »Boah Mensch, nein wirklich, tut mir Leid. Ich kann dir nichts geben.« Adriano beißt zwar auf die Unterlippe, akzeptiert jedoch meine Entscheidung. Natürlich sorge ich später dafür, dass er das Geld bekommt. Adriano flippt fast aus vor Freude, ist so glücklich, malt mit seinen Worten in den buntesten Farben das Bild jener Party, die morgen dann stattfinden soll. Von mir finanziert, mit dem ersten Geld, das Adriano jemals von mir bekommen hat. Nur einen Tag noch, dann ist es so weit. Und in dieser letzten Nacht vor der Priesterweihe muss Adriano noch seine allerletzte Prüfung hinter sich bringen: Ohne jeglichen Luxus, sich der Demut hingebend, in einer Hütte auf dem Boden schlafend, dem großen Tag entgegenfiebern.

Diese Nacht ist seine Todesnacht. Adriano wird in seiner Hütte auf dem Boden kauernd von einer Kobra gebissen. Bis man ihn ins Krankenhaus gebracht hat, gibt es keine Rettung mehr. Adriano stirbt im Alter von 36 Jahren am Biss einer Kobra.

Würde er noch leben, wenn ich ihm kein Geld gegeben hätte, wenn diese Priesterweihe für ihn unbezahlbar geblieben wäre?

Zum ersten Mal, seit wir uns kennen, wollte ich ihm behilflich sein, meinen Teil dazu beitragen, dass Adriano das tun kann, wie er leben will. All die Jahre hat er gelebt, auch ohne Geld von mir. Und nun? Nicht mein Geld hat ihm den Tod gebracht, es war eine Schlange. Und in meine Gedanken kriecht ganz langsam ein furchtbarer Verdacht dorthin, wo die Zweifel beheimatet sind: Mit Geld, lieber Elber, mit deinem Geld kannst du vielleicht Wünsche erfüllen, aber keine Lebensträume. Los, Adriano, sag! Ist es das, was dein Tod uns sagen will?

EIN TICKET NACH LYON

Was macht man jetzt mit so einem wie mir? 30 Jahre alt und Stürmer. Als 30-jähriger Stürmer bist du nicht mehr im Frühling deiner Karriere, auch nicht mehr im Sommer. Und die Sache mit dem

Zenit? Na ja. Ist der Elber jetzt schon drüber, oder genau auf der Höhe? Nichts Genaues weiß man nicht bei einem, dessen Unterschenkelknochen schon mal mehrfach verschraubt und das Knie total im Arsch war. Bedeutet die nächste Verletzung etwa schon sein endgültiges Aus? Ein Verein wie Bayern München kann nicht hoffen, dass nichts passiert, ein Verein wie Bayern München muss handeln, damit etwas passiert. Bayern München hat Roy Makaay gekauft. Ein toller Stürmer ist er, einer, der den Riecher hat für Tore. Solche Näschen sind nicht billig, wenn man sie in Spanien aus einem laufenden Vertrag herauskaufen muss. Der Vertrag des 30 Jahre alten Elber endet zum Saisonende. Das bedeutet: Entweder man findet jetzt noch schnell einen anderen Verein, der noch Geld locker macht, um ihn zu bekommen, oder man lässt alles, wie es ist. Und wenn man alles lässt, wie es jetzt ist, dann wird der alte Elber in zehn Monaten eben »Servus Leute, schön war's bei euch« sagen. Vielleicht heulen sogar noch ein paar Leute zum Abschied – fertig. Eine Ablösesumme gibt's dann aber nicht mehr, der Söldner kann nach Vertragsende gehen, wohin er will.

Die Bayern sind nicht blöd, Makaay aus La Coruna war nicht billig, meinen Stürmerkollegen Claudio Pizzaro und Roque Santa Cruz kann der Trainer Hitzfeld keinen Stammplatz auf der Reservebank als Perspektive anbieten, sie sind noch jung. Ihnen gehört die Zukunft, dem Elber nur die Vergangenheit. Also: Welche Argumente sprechen für mein Bleiben? Sympathie bei den Fans? Vergänglich. Verdienste für den Verein? Sind mit dem Gehalt beglichen. Ein netter Kerl? Ja schon, aber. Das Aber ist die Kohle aus Frankreich. Der AS Monaco hat signalisiert, dass er einen wie mich ganz gut gebrauchen könnte.

Monaco: das Fürstentum. Es ist Südfrankreich, es gibt Palmen, Meer, Strand und eine internationale Schule für Camilla, einen Kindergartenplatz für Victor. Außerdem hat Monaco gute Fußballer, sie wollen Meister werden, das Fürstentum Monaco hat eine tolle Lebensqualität – warum nicht dort leben, wenn sie mich hier nicht mehr sehen wollen? Ich komme morgens zum Training, Uli Hoeneß teilt mir mit, dass man wohl klar sei mit Monaco, »heute

Nachmittag geht dein Flieger«. Nachmittags rücke ich an, meinen kleinen Reisekoffer in der Hand. Doch auf dem Flugticket steht nicht Monaco, sondern Lyon. Es habe Probleme mit den finanziellen Auflagen des Europäischen Fußballverbandes gegeben, sagt man mir, Monaco könne mich nicht kaufen, bevor sie nicht einen anderen Spieler verkauft bekommen und somit ihre Transferbilanz ausgeglichen haben. Sechs Jahre lang München, heute Vormittag heißt es künftig Monaco, und ein paar Stunden später soll plötzlich Lyon von morgen an unsere Heimat sein?

Damals in Londrina dachte ich, es geht nach Mailand, dann wurde es Zürich. Jetzt habe ich mich in Gedanken mit Monaco beschäftigt, aber es ist Lyon, wo Arbeit auf mich wartet. Olympique Lyon: Das ist die Mannschaft in Frankreich, in der seit jeher Brasilianer ein fester Bestandteil des Fußballs sind. Mein Berater Branchini sagt: »Fahr hin, schau es dir an, sag mir Bescheid, ob es passt.« Ich fahre nicht hin, ich fliege. Und ich entscheide mich zu bleiben. Lyon hat große Ambitionen, tolle Fans, spielt in der Champions League, will französischer Meister werden. Das ist kein Larifari, das ist sportlicher Anspruch, das ist Hunger nach Erfolg, das ist ein Fall für mich. Sie wollen mich, ich will ihnen helfen, alles andere wird sich zeigen. Die Bosse regeln den Vertrag, die Bedingungen, den Schriftkram.

Und ich sitze am Abend in diesem Hotel zwischen Plüschsofas, Textiltapeten, Topfpflanzen und fröhlich plaudernden Franzosen in der Lobby, von deren Gespräch ich kein einziges Wort verstehe. Die freundliche Dame vom Empfang spricht mit mir englisch, bittet mich zum Aufzug, wir fahren hoch zum dritten Stock. Sie zeigt mir das Appartement, das wir nun gegen unser Haus in Grünwald eintauschen werden, bis ein neues Zuhause gefunden ist. Zwei kleine Zimmer, eine Küche, ein Bad. Es ist wieder soweit: Wir, die Familie de Souza wird zusammenrücken, ganz eng. Wir haben jetzt nur noch uns, und wir machen jetzt unser Ding. Das Ding heißt Lyon, eine Millionenstadt im Herzen Frankreichs. Mein Puls rast, die Dame geht raus, ich setze mich aufs Klo. Mein Kaugummi ist ausgelutscht. Kein Geschmack mehr, also fertig – und weg damit. Ich spucke ihn zwischen den Beinen hindurch ins Wasser, es platscht. Spülung. Der Ausgelutschte taucht ab, kommt hoch, tanzt im Strudel wie ein Derwisch, geht nicht unter, bleibt liegen. Und noch mal gespült, ganz lang: Er taucht ganz kurz, wirbelt umher, kämpft den Kampf gegen die Elemente, zeigt den Samba, überlebt. Er wurde gekauft, benutzt, war erst frisch, dann durchgekaut und ausgelutscht. Weg damit. Doch er will nicht weg sein, er ist noch da. Schwimmt da oben im Spülbecken rum, ein richtig zäher Bursche, dieser Gummityp. Ich hole ihn raus, lege ihn aufs Waschbecken.

In diesem Hotel in Lyon liegt ein gut durchgekauter Kaugummi herum, mir schießt ein Gedanke durch den Kopf. Da schau her, das bist du. Gekauft, gekaut, ausgespuckt. Sie haben den Spülknopf gedrückt, aber ich werde nicht untergehen. Los, Elber, kämpfe! Tanze ihn, zeig uns den Samba im Spülbecken des Fußballgeschäfts.

Wasser, ich muss einen Schluck trinken. Ihn runterspülen, diesen blöden Kloß im Hals. Gestern noch München, unser Zuhause, ein schönes Haus, Sicherheit, Freunde und alles, was man braucht zum Leben. Jetzt Lyon, fremde Stadt, ein Hotelappartement, keine Ahnung, wie alles wird. Oh Gott, was habe ich getan? Was tue ich meinen Kindern an? Meiner Frau? Meiner eben erst wieder richtig gut funktionierenden Familie? »Du machst alles kaputt, Blödmann«, flüstert jemand in mein Ohr. »Wie ein Kind, das mit Lego spielt.« Schnauze, du widerlicher Kobold! Hau ab! Lass mich in Ruhe! Ich bin kein Kind mehr, ich bin Fußballer. Du hast keine Ahnung, was das heißt: Fußballer sein. Verpiss dich, du Giftzwerg! Weg, los weg – raus aus meinem Kopf. Ich brauche keine Zweifel, ich will keine Angst, ich kenne dich, ich habe dich schon zigmal besiegt. Dieses Mal kommt ihr hier nicht rein, ihr Höllenkumpels und Miesepeters. Da, runter mit euch. Ich spüle euch hier und jetzt von diesem Klo in die Kanalisation hinunter. Viel Spaß in den Abwasserkanälen Lyons – und grüßt mir die Ratten. Ich spüle, ein Rauschen in der Toilette, ein Saugen, dann Stille. Nichts mehr zu hören. Nur ein Klopfen, erst leise, dann stärker. Und eine Stimme: »Herr Elber, ich bin es, der Zimmerservice.« Die junge Frau bringt keine Zweifel, sondern etwas zum Essen. Ich habe Reis bestellt, mit Fleisch drin.

Cintia: DIE KINDER, SIE LEIDEN

Es ist nicht das Ende, es ist ein Anfang. Und wenn du etwas Neues beginnst, kannst du das Alte nicht sofort abstreifen. Es klebt noch an dir, du riechst es, du fühlst es, du nimmt es mit, wo immer du auch bist. Wir sind jetzt in Lyon, aber München ist noch in uns. Die Kinder. Es ist so schwer für die Kinder, das alles zu verstehen. Erst fanden sie es aufregend, all die Spielsachen in diese Kisten zu packen. Es war wie ein Spiel für sie, ein Abenteuer, das es nur dann gibt, wenn wir uns auf die Reise machen. Für unsere Kinder endet die Abenteuer-Reise nicht in einem Märchenland, sondern eingepfercht zwischen Wänden. Wir leben jetzt im Hotel. Drei möblierte Zimmer, eine kleine Küche, fünf Personen: Mama, Papa, Camilla und Victor sowie Neusa, unsere treue Seele und Haushaltshilfe. Nein, falsch. Neusa ist keine Haushaltshilfe, Neusa ist Teil unserer Familie. Sie lebt mit uns, wir mit ihr, sie ist die zweite Mama für unsere Kinder und erste Ansprechpartnerin für mich. Sie ist da, wenn man sie braucht, sie kümmert sich um alles. Ja, sie ist unsere Überlebenshilfe. Und jetzt sind wir alle zusammen in dieser fremden Stadt, in diesem nächsten Land, dessen Sprache wir erst noch lernen müssen. München liegt hinter uns, Lyon steht vor uns. Solch eine große Stadt, so viele Menschen hier, wir sind neu, unbekannt, fremd.

Wir fangen neu an, alles beginnt noch mal ganz von vorn.

Die Kinder leiden. Wir haben sie aus ihrem Alltag gerissen, wir haben ihnen ihr Zuhause geraubt, wir haben ihnen alles Mögliche versprochen – und jetzt so etwas: ein Leben im Hotel, sie verstehen gar nichts. Nicht einmal das, was um sie herum gesprochen wird. Wir haben ihnen also auch die Sprache genommen, sie reden so, wie das hier kaum jemand versteht. Franzosen sprechen nun mal kein Portugiesisch, kaum Deutsch. Und Englisch? Na ja – zumindest Camilla, unsere Große, hat im ersten Schuljahr in München schon ein paar Brocken gelernt. Wir werden sie hier auf die internationale Schule schicken, wo so viele Kinder aus allen Nationen Unterricht bekommen. Sie wird sich schnell einfinden, sie wird ihresgleichen treffen – andere Kinder, deren Eltern ebenfalls auf Abenteuerreise sind. Doch bis es so weit ist, herrscht hier das Gesetz des Neuanfangs – und die Kinder leiden still: Weil sie keine Sprache mehr haben, ist das Schweigen ihre Art der Kommunikation. Aber diese Stille ist zugleich ein Schreien nach Hilfe. Camilla ist ständig krank, mal tut der Bauch weh, mal der Kopf, dann dies, später etwas anderes. Und der kleine Victor schaut mit seinen großen Augen in den Alltag, in diesen Augen fehlt der Glanz, das Blitzen, der Schalk. Aller Anfang mag schwer sein, dieser Anfang jedenfalls ist voller Tücken und Probleme. In Lyon gibt es kaum große Wohnungen zu mieten, fast alle sind nur zu kaufen. Aber wie sollen wir hier denn eine Bleibe kaufen, wenn nicht klar ist, wie lange wir überhaupt bleiben können? Wir werden wohl vor die Tore der Stadt ziehen müssen, in eines dieser Villen-Wohnviertel an der bergigen Peripherie, wo die wohlhabenden Geschäftsleute wohnen. Es kommt immer wieder mal vor, dass der ein oder andere eine Zeit lang ins Ausland geschickt wird, um dort Karriere machen zu können. Sie wollen irgendwann zurückkommen – und vermieten so lange ihre schönen Häuser. Okay – werde ich eben wieder zur Taxifahrerin, bringe meine Kinder unter die Menschen, pendele zwischen Schule, Kindergarten und Daheim. Aber ich muss mir die Fahrstrecken mit dem Auto ganz genau einprägen, ich sollte mich nicht im Verkehr verfransen, ich muss mich an die hiesigen Verkehrsverhältnisse gewöhnen, die Scheu vor der Hupe verlieren. Cintia, lasse dich nicht verrückt machen von all den Chaoten in den anderen Autos und rege dich nicht auf, wenn mal wieder eine Delle oder eine Schramme an unserem Auto ist. Hier ist nicht München, hier ist Lyon. Französische Großstädte funktionieren nicht so wie die bayrische Hauptstadt. Hier parkt man nach Gehör, hier machst du während der Fahrt die Zentralverriegelung runter, damit kein Strolch deine Autotür aufreißen kann, sich vom Sitz das Handy oder die Tasche klauen und abhauen kann. Hier ist Lyon, nicht München. Du kannst nicht auf die Ordnung vertrauen oder darauf, dass jeder darauf achtet, dass alles seine Ordnung hat. Hier in Lyon ist nicht Deutschland, hier in Lyon ist die Vorstufe zu Bra-

silien. *Also Cintia: lebe es, beklage dich nicht. Und kümmere dich um deine Kinder. Sie sollen keinen Schaden nehmen auf unserer Reise durchs Fußball-Abenteuerland. Denn dass es kein Märchenland ist, haben sie jetzt am eigenen Leib erfahren.*

SIE HÜPFEN, IN LYON

Adriano ist tot, ich darf leben. Und dieser Kreislauf des Lebens ist längst noch nicht geschlossen. Es kann kein Zufall sein, dass Bayern München mich nach Lyon verkauft, und ein paar Wochen später werden die Gruppen zur Vorrunde der Champions League ausgelost – Lyon landet im selben Topf wie Bayern München. Sechs Jahre lang habe ich für München gespielt, jetzt werde ich zwei Mal gegen die Bayern spielen.

Es ist kein Zufall, es ist Bestimmung. Es ist vorherbestimmt, dass es für mich noch etwas zu tun gibt. Und, natürlich, ich schieße für Lyon ein Tor gegen die Bayern – und zwar dort, wo ich in all den Jahren zuvor auch schon Tore geschossen habe: im Münchner Olympiastadion. Ich kann nicht jubeln, ich renne nach diesem Tor einfach weg, sinke zu Boden, gehe in die Knie, ich denke nichts, ich höre nichts, ich spüre keine Genugtuung, keine Revanchegefühle, keinen Stolz, rein gar nichts. Dann richte ich mich auf, die Kollegen stürzen auf mich zu, Umarmungen, Stimmengewirr, Leere in meinem Kopf. Ich schaue hoch, sehe die Zuschauer – sie jubeln mir zu. Kann das wahr sein? Die Fans der Bayern applaudieren mir, dem gegnerischen Torschützen. Sie schenken mir Sympathie, sie zeigen mir: Gut gemacht, Elber. Ich glaube, sie mögen mich. Ja, sie lieben mich selbst dann, wenn ich ihrer eigenen Mannschaft den Erfolg vermiese. Bayern München wird in dieser Saison, dem Jahr eins ohne Elber, zwar Spiele gewinnen, aber keinen einzigen Titel holen. Und Ottmar Hitzfeld muss gehen, wird ersetzt durch Felix Magath, der als Trainer beim VfB Stuttgart zwar auch keine großen Triumphe feiern konnte, aber meinen ehemaligen Verein mit jungen Spielern wieder dorthin geführt hat, wo er hingehört: ins internationale Geschäft und ins obere Tabellendrittel der Bundesliga.

Bundesliga. Es hat Wochen gedauert, bis ich hier in Lyon endlich mal Fußballbilder aus Deutschland ins Wohnzimmer bekommen habe. Wir wohnen nicht mehr unten in der Stadt in diesem Appartementhotel. Hoch oben auf dem Berg wohnen wir, haben ein schönes Haus gemietet, das die nächsten zwei Jahre frei ist, weil der Besitzer einen Job im Ausland angenommen hat. Weit und breit kein Nachbar zu sehen, das Grundstück ist riesig, der Blick runter auf die Stadt phantastisch. Und manchmal siehst du diese Dunstglocke über den Häusern stehen, wie ein Nebel, eine Wolke, ein Schwall verbrauchter Luft, die sich nicht vom Hof machen will, sondern zäh über die Köpfe der Menschen legt. Meine Kinder haben in den ersten Monaten seit unserem Umzug von München hierher so häufig Kopfschmerzen, warum? Camilla kränkelt, Viktor geht es nicht gut, die Ärzte verschreiben Medikamente. Doch jetzt sind wir oben auf dem Berg über Lyon, schauen runter auf die große Stadt, die Luft ist gut, die Kinder gewöhnen sich langsam an die neue Umgebung – und ich weiß nicht, was dieser Fritze mit meiner Fernsehanlage anstellt. Egal was er macht, wie oft er bastelt und herumexperimentiert: Ich bekomme einfach kein deutsches Fernsehen auf den Bildschirm.

Irgendwann klappt es dann trotzdem. Wie in Frankreich eigentlich immer alles klappt, irgendwann und irgendwie. Franzosen finden Parklücken, wo ich nie und nimmer eine Parklücke entdecken würde. Der Verkehr in der Innenstadt von Lyon funktioniert nach Regeln, die du nur dann gelernt hast, wenn mal wieder ein Seitenspiegel fehlt, die nächste Beule, ein weiterer Kratzer deine Karosse ziert. Frankreich ist nicht Deutschland, Frankreich funktioniert nicht nach dem Prinzip Ordnung, Frankreich ist eine große Nation – und ich bin einer, der die Franzosen jetzt erst einmal Stück für Stück, Tag für Tag kennen lernen muss.

Paul Bocuse, Lyons berühmtesten Koch, treffe ich eines Tages in seinem Restaurant. Man hat mich eingeladen zu einem Menü. Ich weiß nicht ganz genau, was wir hier so alles essen, aber nach dem so ungefähr 5000sten Gang, kommt der alte Herr – und zeigt mir später wie man ein Omelett macht.

Ey, ich habe ein Original-Omelett-Rezept von Paul Bocuse!

Und ich habe ein Problem am Arbeitsplatz: Olympique Lyon spielt nicht den Fußball, den ich zu spielen gewohnt bin.

Die Spieler, sie dribbeln, sie zaubern, der Ball ist ihr Freund, und einen Freund gibt man nicht gleich wieder her, wenn man ihn hat. Der Elber steht im Angriffszentrum, rennt, kämpft, sprintet in die Lücken der gegnerischen Abwehr, wartet auf das entscheidende Zuspiel – und wartet vergeblich. Elber! Geduld! Hier ist Lyon. Olympique ist französischer Meister, sie hatten Erfolg mit ihrer Art des Spiels. Und die Fans, sie sind einfach unglaublich. Sie stehen nicht beim Anfeuern, sie hüpfen und geben dir Feuer. Unentwegt hoch und nieder, immer wieder. Eine Kulisse in ständiger Bewegung, laut, frenetisch, begeisternd. Meckere jetzt nicht herum, Elber, wenn die Zuspiele nicht kommen. Bleib nicht stehen, hörst du? Bleibe ja nicht stehen und werde womöglich sauer auf die Kollegen. Schau hin zu den Fans, diese hüpfende Kulisse, hoch, runter, hoch, runter. Eine Kulisse wie das Leben. Dein Leben.

Bayern München wird im Jahr eins ohne Elber nichts nach Hause holen. Keinen Titel, keine Trophäe, auch in der Champions League ist Lyon eine Runde weiter, nicht mein Ex-Klub. Ich werde französischer Meister mit Lyon, mein erstes Jahr endet mit dem nächsten großen Erfolg. Aber meine Freude darüber ist nicht so, wie sie sein sollte, wie ich es von mir erwarte, wenn nach so vielen Strapazen endlich die Ernte eingeholt wird und alle anderen schauen zu. Ich spüre: Dieser Triumph ist nicht mein Triumph. Er ist das Ergebnis einer Arbeit, bei der andere weitaus wichtiger waren als ich. Neuzugang Elber hatte erst Eingewöhnungsprobleme, war dann ein paar Wochen verletzt, danach jemand, den man auswechselt, wenn er sein Tor gemacht hat.

Und jetzt, im zweiten Jahr Lyon, wechsle ich mich auch noch selber aus. Keine Ahnung wie, niemand weiß warum – aber beim Versuch aufs Tor zu schießen bleibe ich im Punktspiel gegen den FC Metz mit den Stollen im Gras hängen. Da ist es wieder, dieses

Knacken, dieser höllische Schmerz, dieser Dreizack des Teufels, der sich durchs rechte Bein bohrt. Wadenbeinbruch, lautet die Diagnose. Drei Tage später die Operation, wieder Gips, wieder ein Bein aus Eisen – wieder dort angekommen, wo alles begann: Verletzt in Stuttgart, verletzt in München, und nun auch in Lyon. Ist das der Kreis, der sich langsam zu schließen beginnt?

Tore. Unentwegt Tore. Wer im Fußball Tore schießt, ist wertvoll, wird geachtet – und wenn er kein Menschenverachter ist, auch geliebt. Es gibt auf dieser Welt kein größeres Geschenk, als geliebt zu werden. Ich weiß nicht, woher diese Liebe kommt, ich weiß häufig nicht, wie ich sie erwidern kann. Sie ist einfach da – und plötzlich Teil deines Lebens.

Mein Leben spielt jetzt in Frankreich, morgen vielleicht schon wieder woanders. Und übermorgen?

Nein, ich bin kein Kind mehr, ich bin erwachsen geworden. Ich bin nicht mehr der, der ich mal war. Aber ich bin immer noch Fußballer. Und ich lebe. Es muss einen Sinn haben, dass wir dieses Leben leben, andere schon ihren Tod erlebt haben. Lello ist als Kind gestorben, mein Bruder Tecal mit neun, Adriano wurde 36 Jahre alt. Sie sind nicht weg, sie sind noch da, unsichtbar zwar, aber spürbar. Und ich höre keine Stimmen mehr, aber ich fühle, da ist ein Flüstern. Ganz weit weg. Von irgendwoher. Es ist eine Aufforderung zum Weitermachen: »Lebe Elber. Los, lebe dein Leben«, flüstert jemand, »es gibt nur dieses eine Leben.«

Mein Leben? Fußball ist mein Leben. Dieses Leben ist ein Spiel, die Kugel rollt, und wer weiß, wo dieses Spiel endet? Londrina, Mailand, Zürich, Stuttgart, München, Lyon. Sechs Stationen ohne Rückfahrkarte. Und wenn dann Schluss ist mit Fußball, wird mein Leben nicht beendet sein, sondern kann mit mir dort weitermachen, wo es mich ohnehin schon die ganze Zeit hat leben lassen. Ich habe mir in Brasilien eine Farm gekauft, ich werde Rinder züchten statt Tore schießen.

Ich bleibe also auf dem Fleischmarkt.

Da kichert doch irgendjemand irgendwo?

Lello?

Giovane Elber hilft Straßenkindern – helfen Sie mit!
WWW.GIOVANE-ELBER-STIFTUNG.DE

IMPRESSUM

MENSCH, ELBER!
Giovane Elber – die autorisierte Biografie
Von Volker Dietrich und Petra Zimmermann
Mitarbeit Cintia und Elber Giovane de Souza

ISBN 3-89602-605-4

© Schwarzkopf & Schwarzkopf Verlag GmbH, Berlin 2004

Alle Rechte vorbehalten. Dieses Werk ist urheberrechtlich geschützt. Jede Verwendung, die über den Rahmen des Zitatrechtes bei korrekter vollständiger Quellenangabe hinausgeht, ist honorarpflichtig und bedarf der schriftlichen Genehmigung des Verlages.

BILDNACHWEIS

Titelbild: Wolfgang Schmidt / Innenteil des Buches: Pressefoto Baumann: 177, 178, 179 unten, 180, 181, 182, 184, 209 unten, 211, 212, 213, 214 oben, 215 oben, 217, 219 oben, 220, 221 unten • Herbert Rudel: 183 • Thomas Langer: 210 • Pressefoto Rauchensteiner: 214 unten • Werek/Bjoern Hake: 215 unten • Peter Kneffel / dpa: 216 oben • Bongarts / Alexander Hassenstein: 216 unten • Bongarts / Peter Schatz 222 unten • HJS Sportfotos: 218 • Fotoagentur Sven Simon: 222 oben • Giovane Elber-Stiftung / Richard Schrade: 223, 224 unten • Alle übrigen Bilder im Buch stammen aus dem Privatarchiv von Giovane Elber

KATALOG

Wir senden Ihnen gern unseren kostenlosen Katalog.
Schwarzkopf & Schwarzkopf Verlag GmbH / Abt. Service
Kastanienallee 32, 10435 Berlin
Telefon: 030 – 44 33 63 00
Fax: 030 – 44 33 63 044

INTERNET

Ausführliche Informationen zum Verlagsprogramm finden Sie im Internet
www.schwarzkopf-schwarzkopf.de

E-MAIL

info@schwarzkopf-schwarzkopf.de